Die Konstitutionalisierung des Zivilprozessrechts in Spanien und Deutschland vor dem Hintergrund der Europäisierung des Zivilprozessrechts

Studien zum vergleichenden und internationalen Recht -
Comparative and International Law Studies

Herausgeber: Bernd von Hoffmann, Erik Jayme
und Heinz-Peter Mansel

Band 143

PETER LANG
Frankfurt am Main · Berlin · Bern · Bruxelles · New York · Oxford · Wien

Bettina Maria Stade

Die Konstitutionalisierung des Zivilprozessrechts in Spanien und Deutschland vor dem Hintergrund der Europäisierung des Zivilprozessrechts

PETER LANG
Internationaler Verlag der Wissenschaften

Bibliografische Information der Deutschen Nationalbibliothek
Die Deutsche Nationalbibliothek verzeichnet diese Publikation in der Deutschen Nationalbibliografie; detaillierte bibliografische Daten sind im Internet über <http://www.d-nb.de> abrufbar.

Zugl.: Heidelberg, Univ., Diss., 2007

D 16
ISSN 0930-4746
ISBN 978-3-631-56433-2

www.peterlang.de

Meinen Eltern

Vorwort

Die vorliegende Arbeit wurde im Sommersemester 2006 von der Juristischen Fakultät der Universität Heidelberg als Dissertation angenommen. Literatur und Rechtsprechung konnten bis Oktober 2006 berücksichtigt werden.

Mein Dank gilt allen, die mich bei der Verwirklichung dieses Vorhabens unterstützt haben. Zu erwähnen ist zunächst der Deutsche Akademische Austauschdienst, der mir durch die Gewährung eines großzügigen Stipendiums einen Forschungsaufenthalt an der *Universidad Complutense de Madrid* ermöglichte. Die Ergebnisse dieses Forschungsaufenthaltes sind Grundlage dieser Arbeit. Danken für Rat und Tat während meiner Zeit in Madrid möchte ich Herrn Prof. Dr. *Fernando Gascón Inchausti,* der mir Zutritt zur Bibliothek der *Universidad Complutense de Madrid* verschaffte und stets ein offenes Ohr für Fragen hatte. Außerdem bin ich Herrn Prof. Dr. *Miguel Gómez Jene* von der *Universidad Nacional de Educación a Distancia* zu Dank verpflichtet. Er beriet mich im Vorfeld meines Aufenthaltes in Spanien, stellte den Kontakt zur *Universidad Complutense de Madrid* her und half mir in großem Maße während meiner Zeit in Madrid.

Danken möchte ich auch Herrn Prof. Dr. *Bernd von Hoffmann,* Herrn Prof. Dr. Dr. h.c. mult. *Erik Jayme* und Herrn Prof. Dr. *Heinz-Peter Mansel* für die Aufnahme in diese Schriftenreihe. Außerdem gilt mein Dank meinem Doktorvater Herrn Prof. Dr. *Burkhard Hess* für die Anregung zu diesem Thema, seine konstruktive Kritik und seinen Zuspruch.

Ferner möchte ich all meinen Freunden danken, die mich ermutigt haben, diese Arbeit zu beenden und mich bei den Korrekturarbeiten unterstützt haben. Stellvertretend für viele möchte ich an dieser Stelle Herrn Dr. *Maximilian Wagner* nennen, der mir stets ein guter Ratgeber war.

Schließlich möchte ich meinen Eltern danken, die mich immer vorbehaltlos unterstützt haben – ohne sie hätte ich diese Arbeit nicht verwirklichen können.

Bettina Maria Stade, Straßburg im April 2007

INHALTSVERZEICHNIS

ABKÜRZUNGSVERZEICHNIS

aA	andere Auffassung
aaO	am angegebenen Ort
a.F.	alte Fassung
AFDUAM	Anuario de la Facultad de Derecho de la Universidad Autónoma de Madrid
AnwaltsBl	Anwaltsblatt
Aufl.	Auflage
BOE	Boletín Oficial del Estado (staatliches Gesetzes- und Verordnungsblatt)
BGBl.	Bundesgesetzblatt
BGH	Bundesgerichtshof
BGHZ	Entscheidungen des Bundesgerichtshofes in Zivilsachen
BVerfG	Bundesverfassungsgericht
BVerfGE	Entscheidungen des Bundesverfassungsgerichtes
BVerfGG	Bundesverfassungsgerichtsgesetz
CE	Constitución Española (Spanische Verfassung)
DB	Der Betrieb
DGWR	Deutsches Gemein- und Wirtschaftsrecht
DVBl.	Deutsche Verwaltungsblätter
DRiZ	Deutsche Richterzeitung
EGMR	Europäischer Gerichtshof für Menschenrechte
EMRK	Europäische Konvention zum Schutze der Menschenrechte und Grundfreiheiten
EuGH	Europäischer Gerichtshof
EuGRZ	Europäische Grundrechtszeitschrift
F. J.	Fundamento Jurídico
FS	Festschrift
GG	Grundgesetz
Hg.	Herausgeber
HStR	Handbuch des deutschen Staatsrechts
JuS	Juristische Schulung
JZ	Juristenzeitung
LEC/1881	Ley de Enjuiciamiento Civil (Spanisches Zivilprozessrecht aus dem Jahre 1881)
LEC/2000	Ley de Enjuiciamiento Civil (Spanisches Zivilprozessrecht aus dem Jahre 2000)
LOPJ	Ley Orgánica de Poder Judicial (Spanisches Gerichtsverfassungsgesetz)

LOTC	Ley Organica del Tribunal Constitucional (Gerichtsgesetz des spanischen Verfassungsgerichtes)
MDR	Monatsschrift für Deutsches Recht
n.F.	neue Fassung
NJ	Neue Justiz
NJW	Neue Juristische Wochenschrift
NJW - RR	NJW - Rechtsprechungsreport
NZA	Neue Zeitschrift für Arbeitsrecht
RabelsZ	Rabels Zeitschrift für ausländisches und internationales Privatrecht
RDP	Revista de derecho procesal: dirigida a Iberoamérica
REDC	Revista Española de Derecho Constitucional
RIW	Recht der internationalen Wirtschaft
RGD	Revista General de Derecho
R.V.A.P.	Revista Vasca de Administración Publica
STC	Sentencia del Tribunal Constitucional (Urteil des spanischen Verfassungsgerichtes)
STS	Sentencia del Tribunal Supremo (Urteil des obersten spanischen Gerichtshofs)
TC	Tribunal Constitucional
TdJ	Tribunales de Jusiticia
TS	Tribunal Supremo
TSJ	Tribunal Superior de Justicia
VerfV-E	Entwurf des Verfassungsvertrages für die Europäische Union
VIZ	Zeitschrift für Vermögens- und Immobilienrecht
WRV	Weimarer Reichsverfassung
WTO	World Trade Organisation
ZaöRV	Zeitschrift für ausländisches öffentliches Recht und Völkerrecht
ZEuP	Zeitschrift für Europäisches Privatrecht
ZIP	Zeitschrift für Wirtschaftsrecht
ZNR	Zeitschrift für Neuere Rechtsgeschichte
ZRP	Zeitschrift für Rechtspolitik
ZZP	Zeitschrift für Zivilprozess
ZZPInt	Zeitschrift für Zivilprozess International

Einleitung

Gegenstand der Arbeit ist ein Rechtsvergleich zwischen dem spanischen und deutschen Zivilprozess. Beide Länder haben fast zeitgleich zu Beginn des neuen Jahrtausends ihre Prozessordnungen grundlegend reformiert.[1] Der Schwerpunkt des Vergleichs liegt auf der Frage, inwiefern die Reformen in beiden Ländern jeweils auf die Verwirklichung prozessualer Menschenrechtsstandards wie des rechtlichen Gehörs oder der Waffengleichheit der Parteien abzielten. Diese Anpassung an verfassungsrechtliche Vorgaben bezeichnet man auch als Konstitutionalisierung.[2]

Die Prozessordnungen Spaniens und Deutschlands weisen in Hinblick auf ihre geschichtliche Entwicklung große Ähnlichkeit auf: Sowohl Spanien als auch Deutschland erließen im ausgehenden 19. Jahrhundert neue Zivilprozessordnungen, die unter verschiedenen politischen Systemen Bestand hatten - insbesondere auch unter den diktatorischen Regimes Francos und Hitlers. Jeweils nach Überwindung der Diktaturen schufen beide Länder demokratische Verfassungen.[3] Die alten Prozessrechte mussten sich dem staatsrechtlichen Wandel anpassen und sich erstmals an prozessualen Menschenrechtsstandards orientieren. Daraus resultiert die Frage, ob das Ergebnis dieses Konstitutionalisierungsprozesses vergleichbar ist und Spanien und Deutschland infolgedessen einheitliche Menschenrechtsstandards im Zivilprozess aufweisen.

Diese Frage ist nicht nur rein akademischer Natur: Spanien und Deutschland sind Mitglieder der Europäischen Gemeinschaft. Trotz immer weitreichenderer Gesetzgebungskompetenzen der EG liegt die Zuständigkeit auf dem Gebiet des Prozessrechts weiterhin bei den Nationalstaaten.[4] Die nationalen Gerichte wenden also weiterhin ihr nationales Prozessrecht an. Dies kann Konsequenzen etwa dann haben, wenn streitentscheidend materielles europäisches Privatrecht ist, das auf eine Richtlinie der EU zurückzuführen ist. Denn unterschiedliche Pro-

---

[1] In Deutschland trat am 1.1.2002 (BGBl. I 2001, S. 1887) eine umfassend reformierte ZPO in Kraft, Spanien ersetzte die LEC/1881 durch die LEC/2000 (Ley 1/2000, de 7 de enero, de Enjuiciamiento Civil; BOE num. 7, de 8 de enero) und schuf damit eine vollkommen neue Zivilprozessordnung.

[2] *Schuppert/Bumke*, Die Konstitutionalisierung, S. 25.

[3] Im Jahre 1949 trat das Grundgesetz in Kraft und im Jahre 1978 die spanische Verfassung.

[4] Art. 65 EGV überträgt nur Teilbereiche der justitiellen Zusammenarbeit in die Kompetenz der EG – so etwa die grenzüberschreitende Zustellung gerichtlicher oder außergerichtlicher Schriftstücke oder die Anerkennung und Vollstreckung gerichtlicher und außergerichtlicher Entscheidungen in Zivil- und Handelssachen. Auf dieser Ermächtigungsgrundlage basiert etwa die Verordnung EG Nr. 44/2001 über die gerichtliche Zuständigkeit und die Anerkennung und Vollstreckung von Entscheidungen in Zivil- und Handelssachen.

zessrechte können durchaus – etwa durch die Ausgestaltung des Beweisrechts[5] – in gleich gelagerten Fällen zu einer materiell anderen Entscheidung führen als dies in einem anderen Mitgliedstaat der Fall wäre. Durch große Unterschiede im Bereich des Prozessrechts können damit die Vereinheitlichungsbemühungen des europäischen Gesetzgebers in anderen Rechtsgebieten unterlaufen werden. Einheitliche prozessuale Menschenrechtsstandards – ob aus den nationalen Verfassungen oder aus der Europäischen Konvention zum Schutz der Menschenrechte (EMRK) - führen mittelbar zu einer Vereinheitlichung der nationalen Prozessrechte. Dies begünstigt nicht zuletzt auch die Durchsetzung des europäischen Rechts.

Gang der Untersuchung

Ernst Rabel, der die Disziplin der Rechtsvergleichung maßgeblich beeinflusste, ging davon aus, dass das Nachdenken über das Recht auch die Wirkungen verschiedener Geistesströmungen wie Feudalismus, Liberalismus oder Sozialismus auf das Recht beinhalten müsse, da jede von ihnen ein anderes Recht erzeuge.[6] Und Schlosser ist der Ansicht, dass sich diese Wirkungen am sinnfälligsten am Prozess erkennen lassen – das Verfahren der Rechtspflege spiegele „Niveau, Stil, Rechtskultur“ und „soziale Grundlagen einer Epoche getreu wider“.[7] Deshalb widmet sich die Arbeit zunächst einem Makrovergleich, der die Zivilpro-

---

[5] So haben etwa die englischen Gerichte weitreichende Auskunftsrechte und können eine weltweite Vermögensbeschlagnahme anordnen (sog. „Mareva Injunction“). Diese kann dem Kläger ermöglichen, seine Rechte effektiver durchzusetzen als in anderen Mitgliedstaaten der EU. Im Gegensatz dadurch kann die effektive Rechtsdurchsetzung aber auch verhindert werden – im italienischen Recht beispielsweise sind geringwertige Ansprüche kaum durchsetzbar. Vgl. zu dieser Problematik *Hess*, FS für Erik Jayme, S. 339 (347 f.) und *Wagner*, ZEuP 2001, S. 441 (446 f.).

[6] *Rabel*, Aufgabe und Notwendigkeit der Rechtsvergleichung (1925), abgedruckt in: Rabel, Gesammelte Aufsätze III (Hg. Leser, 1967), S. 3 (5). „Der Stoff des Nachdenkens über Probleme des Rechts muss das Recht der gesamten Erde sein, vergangenes und heutiges, der Zusammenhang des Rechts mit Boden, Klima und Rasse, mit geschichtlichen Schicksalen der Völker – Krieg, Revolution, Staatengründung, Unterjochung -, mit religiösen und ethischen Vorstellungen; Ehrgeiz und schöpferischer Kraft von Einzelpersonen; Bedürfnis von Gütererzeugung und Verbrauch; Interesse von Schichten, Parteien, Klassen. Es wirken Geistesströmungen aller Art – denn nicht bloß Feudalismus, Liberalismus, Sozialismus erzeugen jeder ein anderes Recht – und die Folgerichtigkeit eingeschlagener Rechtsbahnen, und nicht zuletzt die Suche nach einem staatlichen und rechtlichen Ideal. Alles das bedingt sich gegenseitig in sozialer, wirtschaftlicher, rechtlicher Gestaltung. Tausendfältig schillert und zittert unter Sonne und Wind das Recht jedes entwickelten Volkes. Alle diese vibrierenden Körper zusammen bilden ein noch von niemanden in Anschauung erfaßtes Ganzes.“

[7] *Schlosser*, ZNR 1982, S. 42 (42).

zessordnungen Spaniens und Deutschland in ihren verfassungsgeschichtlichen Entwicklungszusammenhang seit ihrer Schaffung im ausgehenden 19. Jahrhundert stellt.[8] Die Zivilprozessrechte beider Länder entstanden in der Zeit des Liberalismus und waren im 20. Jahrhundert totalitären Systemen unterworfen. Inwieweit die geistige Haltung dieser Epochen auf den Zivilprozess Spaniens und Deutschlands abfärbte, ist zunächst Gegenstand der Untersuchung. Denn nur anhand dieser Entwicklung wird deutlich, welchen Wandel die nach dem zweiten Weltkrieg entstehenden nationalen Verfassungen und die EMRK in Hinblick auf die Zivilprozessordnungen Spaniens und Deutschlands bewirkten. Im Anschluss werden die Bedingungen erläutert, die zu einem Prozess der Konstitutionalisierung auf nationaler und europäischer Ebene führen. Dazu gehören etwa die Stellung der Verfassungsgerichte in Spanien und Deutschland, der Rang der EMRK und die Stellung des Europäischen Gerichtshofs für Menschrechte (EGMR).

Der zweite Teil der Arbeit beinhaltet einen Mikrovergleich, in dem die Konstitutionalisierung des Zivilprozesses in beiden Ländern vom Zugang zu Gericht bis zur Zwangsvollstreckung untersucht wird. Ziel ist es herauszuarbeiten, inwieweit einheitliche Menschenrechtsstandards im spanischen und deutschen Recht bestehen und auf welchem Fundament sie basieren. Handelt es sich um rein nationale verfassungsrechtliche Standards, die durch den Tribunal Constitucional und das Bundesverfassungsgericht geschaffen wurden? Oder lässt sich ein Einfluss der EMRK und des EGMR erkennen, mit der Folge, dass die Zivilprozessrechte Spaniens und Deutschlands einem Prozess der Europäisierung unterliegen?

[8] Vgl. zum Begriff: *Zweigert/Kötz*, Einführung in die Rechtsvergleichung, § 1 II.

1. Teil: Die Konstitutionalisierung des Zivilprozessrechts

A) Konstitutionalisierung durch Constitución Española[9] und Grundgesetz

Wer versucht, das Phänomen der Konstitutionalisierung zu erklären, wird als ihre Voraussetzungen zunächst formale Kriterien wie den Geltungsvorrang der Verfassung oder ein starkes Verfassungsgericht nennen. Dies allein reicht jedoch nicht aus, um sich dem Begriff der Konstitutionalisierung zu nähern. Damit eine Verfassung nicht nur Rechte auf dem Papier verbürgt, muss sie von allen staatlichen Organen und auch von den Bürgern als Wertgrundlage für das gesamte Gemeinwesen betrachtet werden. Erst dieses Verfassungsverständnis führt dazu, dass die Verfassung übergeordneter Maßstab jeder staatlichen Entscheidung ist und dadurch das einfache Recht durchdringt.[10]
Als die ZPO und die Ley de Enjuiciamiento Civil[11] 1877 bzw. 1881 entstanden, herrschte ein grundlegend anderes Verfassungsverständnis vor: Die Verfassung galt einzig als Mittel, die Staatsaktivität zu begrenzen. Handlungspflichten sollte sie dem Staat nicht auferlegen. Die modernen Verfassungsurkunden hingegen formulieren Leitgedanken und Richtlinien und drängen auf ihre Verwirklichung. Dadurch verpflichten sie den Staat zu handeln. Erst sie können durch das ihnen zugrunde liegende Verfassungsverständnis einen Prozess der Konstitutionalisierung anstoßen.[12] Seit Entstehung von ZPO und LEC/1881 unterlag das Verfassungsverständnis damit einem tief greifenden Wandel, der sich auch in den Zivilprozessordnungen Spaniens und Deutschlands widerspiegelt.

I. Verfassungsentwicklung und Zivilprozess

1. Die Entwicklung der ZPO bis zum Erlass des Grundgesetzes

a) Die verfassungsrechtlichen Rahmenbedingungen im Jahre 1877

Als die ZPO 1877 erlassen wurde, war die Reichsverfassung von 1871 in Kraft. Sie sah keine Verfassungsgerichtsbarkeit vor und ein Grundrechtskatalog existierte nicht. Grundrechte waren lediglich in einfachen Reichsgesetzen und einzelnen Landesverfassungen enthalten.[13] Der Reichsgesetzgeber war damit nicht

---

[9] Spanische Verfassung.
[10] *Schuppert/Bumke*, Die Konstitutionalisierung, S. 25.
[11] Im folgenden LEC/1881 abgekürzt.
[12] *Grimm*, Zukunft der Verfassung, S. 405 ff.; *Schuppert/Bumke*, Die Konstitutionalisierung, S. 25 f.
[13] *Frotscher/Pieroth*, Verfassungsgeschichte, 3. Aufl., Rdnr. 409 f.

an Grundrechte gebunden.[14] Hatte die Paulskirchenverfassung in § 130 noch die unmittelbare Verbindlichkeit der Grundrechte innerhalb der deutschen Einzelstaaten festgelegt[15], besaßen sie nunmehr lediglich „akademische Bedeutung".[16] Nur die einfachen Reichsgesetze – insbesondere das Strafgesetzbuch[17] und das Gerichtverfassungsgesetz[18] des ausgehenden 19. Jahrhunderts – enthielten prozessuale Gewährleistungen wie das Rückwirkungsverbot (§ 2 StGB), das Recht auf den gesetzlichen Richter (§ 16 GVG), die Unabhängigkeit der Gerichte (§ 1 GVG) und die Öffentlichkeit der Gerichtsverhandlung (§ 170 GVG). Diese Rechte dienten vor allem der Abwehr gegen den Staat und bauten den liberalen Rechtsstaat aus.[19] Ein umfassendes Recht auf effektiven Rechtsschutz oder Zugang zu Gericht war damit im ausgehenden 19. Jahrhundert noch nicht verfassungsrechtlich garantiert. Diese Tatsache sowie das Fehlen einer Grundrechtsbindung des Staates und einer Verfassungsgerichtsbarkeit ist Ursache dafür, dass ein Prozess der Konstitutionalisierung nicht angestoßen werden konnte.[20] In Hinblick auf den Zivilprozess umso mehr, als noch nicht einmal die einfachen Reichsgesetze einen Anspruch auf Justizgewährung enthielten.

b) Die ZPO – ein Kind des Liberalismus

Die ZPO war ein Kind ihrer Zeit und ist in ihrer ursprünglichen Fassung von der liberalen Staatsauffassung jener Tage geprägt. Der Zivilprozess war Privatangelegenheit der Parteien, staatliche Einflussnahme unerwünscht und ein öffentliches Interesse an der Wahrheitsfindung wurde verneint.[21] Auch die dogmatischen Grundlagen für die Konstitutionalisierung des Prozessrechts wurden erst im 19. Jahrhundert gelegt. Erst zu diesem Zeitpunkt setzte sich die Vorstellung durch, dass das Zivilprozessrecht dem öffentlichen Recht zuzuordnen ist. Savigny ging Mitte des 19. Jahrhunderts noch davon aus, dass Klagerecht das subjektive materielle Privatrecht in einer durch seine Verletzung veränderten Gestalt, im Zustand der Verteidigung gegen den Verletzer sei.[22] Zu diesem Zeitpunkt

---

[14] *Dietmair*, Die juristische Grundrechtsperson, S. 61.

[15] Aufgrund des Widerstandes insbesondere von Preußen und Österreich wurden die Grundrechte der Paulskirchenverfassung allerdings nach zwei Jahren formell aufgehoben. Vgl. dazu *Frotscher/Pieroth*, Verfassungsgeschichte, Rdnr. 315 ff.

[16] *Dietmair*, Die juristische Grundrechtsperson, S. 61 f. m.w.N.

[17] Strafgesetzbuch vom 1. Januar 1872 (RGBl. 1871, S. 127).

[18] Gerichtsverfassungsgesetz vom 27. Januar 1877 (RGBl. 1877, S. 77).

[19] *Frotscher/Pieroth*, Verfassungsgeschichte, Rdnr. 421.

[20] *Hoffmann-Riem*, JZ 2003, S. 269 (272 f.).

[21] MünchKommZPO – *Lüke*, Einl., Rdnr. 11; *Leipold*, JZ 1982, S. 441 (442 f.).

[22] *Savigny*, System des heutigen Römischen Rechts, Bd. V, S. 5 f.; Savigny führt aus, S. 6: „...lassen sich zwei Bedingungen angeben, die jeder Klage vorausgesetzt werden: ein Recht

war damit die Auffassung vorherrschend, dass ein Klagerecht nur existiert, wenn ein subjektives Privatrecht besteht.[23]
Dieses prozessuale Denken wandelte sich erst im Laufe des 19. Jahrhunderts - zunächst durch die Anspruchslehre Windscheids. Sie schaffte die Voraussetzungen dafür, materiellen Anspruch und Klage voneinander zu trennen und das Prozessrecht auf diese Weise vom Zivilrecht zu emanzipieren.[24] Windscheid unterschied zwischen einem Klagerecht im materiellen Sinne, das gegen über einem Privaten bestehe und einem prozessualen Klagerecht, das das Recht auf Hilfe des Staates darstelle.[25] Auf dieser Grundlage konnte sich die Vorstellung durchsetzen, dass die Erhebung einer Klage keine Rechtsverletzung des Privatrechts mehr erfordert und die Klagebefugnis spezifisch prozessuale Voraussetzungen hat, die dem öffentlichen Recht zuzuordnen sind.[26] Dies stellte eine dogmatische Kehrtwende dar, da eine Öffnung zum öffentlichen Recht erfolgte und der Zivilprozess nicht mehr ausschließlich als Privatsache der Parteien galt.
Zeitgleich wurde im öffentlichen Recht auf dem Weg zum modernen Staat das subjektiv öffentliche Recht entwickelt.[27] Da der Bürger sich der Staatsgewalt unterwerfe, erhalte er im Gegenzug Ansprüche gegen den Staat.[28] Diese Vorstellung übertrug sich auf die Zivilprozessualisten, die das prozessuale Klagerecht

---

an sich, und eine Verletzung deselben. Fehlt das erste, so ist eine Rechtsverletzung undenkbar, fehlt die zweite, so kann das Recht nicht die besondere Gestalt einer Klage annehmen."

[23] *Montero Aroca*, Derecho procesal civil en el siglo XX, S. 61; *Simshäuser*, Zur Entwicklung, S. 55. Diese Einheit ist darauf zurückzuführen, dass das Zivilprozessrecht zu diesem Zeitpunkt noch keine eigene prozessuale Systematik entwickelt hatte und deshalb auf den Begriff des subjektiven Privatrechts zurückgriff.

[24] *Simshäuser*, Zur Entwicklung, S. 149.

[25] Zusammenfassend: *Simshäuser*, Zur Entwicklung, S. 71 ff. (78) m.w.N.

[26] *Bülow*, ZZP 31 (1903), S. 191 (192); Das Zivilprozessrecht wird heute unumstritten als öffentliches Recht eingeordnet. Vgl. dazu nur: *Jauernig*, Zivilprozessrecht, 28. Aufl., S. 8; *Rosenberg/Schwab/Gottwald*, Zivilprozessrecht, § 1 Rdnr. 25, jeweils m.w.N.

[27] *Gerber*, Über öffentliche Rechte (1852), S. 65 formuliert zu den Monarchenrechten, die dem König zustehen: „Das Monarchenrecht trägt vollständig den Charakter der öffentlichen Rechte; es ist ein Recht, das dem Einzelnen nicht als solchem, sondern als Glied der organischen Verbindung des Volkes zusteht, das niemals der bloßen Privatdisposition unterworfen sein kann, und ebenso sehr Verpflichtung als Berechtigung ist."

[28] *Gerber*, (Grundzüge des deutschen Staatsrechts, S. 229) wird im Jahre 1880 deutlicher: „Das Eigenthümliche des Letzteren (des staatlichen Herrschaftsrechts, Anm. der Verf.) besteht nun darin, dass es keineswegs mit der Unterwerfung der seinem Kreise angehörenden Personen abschliesst, sondern mit der Subjektion und durch sie zugleich eine Reihe der wichtigsten Befugnisse verleiht, die staatsbürgerlichen, insbesondere die politischen Rechte, welche gewissermaßen den Charakter einer Gegengabe haben." Gerber wird als grundlegend für die Lehre vom subjektiv-öffentlichen Recht betrachtet. Vgl. dazu *Bauer*, DVBl. 1986, S. 208 (209), Fn. 11 m.w.N.

als subjektiv öffentliches Recht auf Rechtsschutz gegen den Staat verstanden, das der Bürger im Gegenzug für den Verzicht auf Selbsthilfe erhalte.[29]
Damit erfolgte die Anerkennung eines Anspruch auf effektiven Rechtsschutz erst im Laufe des 19. Jahrhunderts, als sich der moderne Staat auszubilden begann, wozu neben der Entwicklung des subjektiv öffentlichen Rechts auch die Gewährung von Grundrechten, Herausbildung liberal-rechtsstaatlicher Prinzipien und die kategorische Trennung von privatem und öffentlichen Recht gehörten.[30] Diese staatsrechtlichen Gedankenströmungen beeinflussten die Prozessrechtswissenschaft, die aufgrund dessen die prozessualen Grundlagen dafür schaffte, dass in den späteren modernen Verfassungen das Recht auf effektiven Rechtsschutz, Zugang zu Gericht und einen Zivilprozess mit allen verfassungsrechtlichen Garantien anerkannt wurde.[31]
Zum Zeitpunkt des Erlasses der ZPO im Jahre 1877 waren jedoch weder die verfassungsrechtlichen noch dogmatischen Grundlagen hinreichend ausgebildet, um einen Prozess der Konstitutionalisierung anstoßen zu können.

c) Entwicklungen des Prozessrechts in der Weimarer Republik

aa) Grundlagen der Weimarer Verfassung

Erste Konsequenzen der Abkehr des Zivilprozesses vom Privaten lassen sich bereits in der Weimarer Republik erkennen. Einhergehend mit dem Erlass der Weimarer Reichsverfassung zu Beginn des 20. Jahrhunderts zeichneten sich erste Sozialisierungstendenzen des Zivilprozesses ab. Die Weimarer Reichsverfassung enthielt im zweiten Hauptteil Grundrechte und Grundpflichten, normierte soziale Grundrechte und verankerte in Art. 109 I WRV die Gleichheit aller Deutschen vor dem Gesetz. Im 7. Abschnitt des ersten Hauptteiles waren Vorschriften über die Rechtspflege enthalten wie die Unabhängigkeit der Richter, das Recht auf den gesetzlichen Richter und die Errichtung eines Staatsgerichtshofes. Durch die Normierung von sozialen Grundrechten und Grundpflichten fand eine Abkehr vom rein liberalen Staatsverständnis hin zu einem sozialen Rechtsstaat statt.[32] *Badura* formuliert dazu: „Der individualistische Liberalismus sollte durch das neue Prinzip der gebundenen Freiheit überwunden werden, um

---

[29] *Degenkolb*, Beiträge zum Zivilprozess (1905), S. 12 ff. (14) spricht „vom wechselseitigen Tauschgeschäft zwischen Staat und Partei" – d. h. für den Verzicht auf die Selbsthilfe erhält die Partei das Klagerecht. Vgl. zur Entwicklung zusammenfassend: *Simshäuser*, Zur Entwicklung, S. 111 (112) m.w.N.
[30] *Bauer*, DVBl. 1986, S. 208 (209).
[31] *Montero Aroca*, El derecho procesal en el siglo XX, S. 64.
[32] *Frotscher/Pieroth*, Verfassungsgeschichte, Rdnr. 495.

den Bedürfnissen der Zeit gerecht zu werden und den Erfolg des revolutionären Sozialismus zu verhindern.[33]
Allerdings verstanden Rechtsprechung und Lehre dieser Zeit viele Bestimmungen des zweiten Hauptteiles nicht als aktuelles Recht, sondern als unverbindliche Programmsätze und ließen sie deshalb in der Rechtsanwendung außer Acht.[34] Die Grundrechte galten nicht als Grundsatznormen[35] – eine Ausstrahlung auf das einfache Recht erfolgte nicht. Auch der Weimarer Reichsverfassung lag damit kein Verfassungsverständnis zugrunde, das dazu geeignet war, einen Prozess der Konstitutionalisierung anzustoßen.

bb) Der Einfluss Kleins auf den deutschen Zivilprozess

Die Reformen des Zivilprozesses in der Weimarer Republik lassen sich zwar nicht unmittelbar auf die Verfassung zurückführen, aber die Verpflichtung der WRV zum sozialen Gedanken spiegelte sich in den Reformen jener Zeit wider.[36]
Darüber hinaus beeinflusste Franz Klein, der im ausgehenden 19. Jahrhundert die österreichische ZPO geschaffen hatte, den deutschen Zivilprozess. Klein betonte den sozialen Zweck des Prozesses und die daraus resultierende Verpflichtung des Staates, zur Beilegung von Rechtsstreitigkeiten eine „staatliche Wohlfahrtseinrichtung" zur Verfügung zu stellen.[37]
Dieses Gedankengut führte im Jahre 1924 zur „Emminger Novelle"[38], die die ZPO an die neuen staatsrechtlichen Verhältnisse anpassen sollte.[39] Der Gesetzgeber reagierte damit auf die nach dem Ersten Weltkrieg aufflammende Kritik am bestehenden Zivilprozessrecht, die sich insbesondere gegen die Langsamkeit und Lebensferne der Zivilgerichtsbarkeit richtete.[40] Eckpunkte der Reform wa-

[33] *Badura*, Staatsrecht, S. 88 f.
[34] *Frotscher/Pieroth*, Verfassungsgeschichte, Rdnr. 497.
[35] *Böckenförde*, Grundrechte als Grundsatznormen, in: Staat, Verfassung, Demokratie, S. 160; *Hoffmann-Riem*, JZ 2003, S. 269 (272).
[36] *Rosenberg/Schwab/Gottwald*, Zivilprozessrecht, § 5 Rdnr. 7.
[37] *Klein*, Zeit- und Geistesströmungen im Prozesse, S. 24 f.: „So wächst aus den Impulsen des Gegenwartslebens selbst die Überzeugung hervor, daß der Prozeß eine unentbehrliche staatliche Wohlfahrtseinrichtung ist, daß alle einzelnen und die Gesamtheit daran interessiert sind, wie der Rechtsgenuß, diese Bedingung für die Wohlfahrt eines jeden, mit Erfolg verteidigt und behauptet werden könne. Gutes Recht und guter Prozeß gehören zusammen..."; Vgl. dazu *Sprung*, ZZP 92 (1979), S. 4 (9 ff.).
[38] Verordnung über das Verfahren in bürgerlichen Rechtsstreitigkeiten vom 13.2.1924 (RGBl. I, S. 135). Der Name ist zurückzuführen auf den damaligen Reichsjustizminister Erich Emminger. Vgl. dazu *Vormbaum*, Die Lex Emminger, S. 4 ff.
[39] *Rosenberg/Schwab/Gottwald*, Zivilprozessrecht, § 5 Rdnr. 7.
[40] Stein/Jonas/*Brehm*, Einl. vor 1, Rdnr. 159.

ren die Stärkung der Richtermacht und die Einschränkung der Parteiherrschaft. Die Konzentrationsmaxime wurde eingeführt und die materielle Prozessleitung gem. § 139 ZPO erhielt ihre heutige Form.[41] Die Neufassung des § 139 ZPO übertrug die bis dahin nur für den Amtsrichter geltenden Hinweispflichten auf alle Zivilprozesse: Der Zivilrichter musste von nun an auf sachdienliche Anträge hinwirken und das Sach- und Streitverhältnis mit den Parteien erörtern. Insgesamt intendierte die Emminger Novelle - insbesondere durch die Erweiterung der richterlichen Hinweispflichten - eine Entwicklung hin zum sozialen Zivilprozess.[42] Denn Normzweck des § 139 ZPO ist es, Hilfestellung für die rechtlich unkundige oder trotz anwaltlicher Vertretung irrende Partei zu bieten und damit das Gebot der prozessualen Waffengleichheit zu verwirklichen.[43] In der Rechtspraxis jener Zeit lässt sich jedoch eine auf Grundlage der umfassenden Neuerungen eintretender Wandel der höchstrichterlichen Rechtsprechung nicht feststellen: So übte sich die Rechtsprechung in Hinblick auf den Umfang der richterlichen Hinweispflichten in „vorsichtiger Zurückhaltung".[44] Der erwartete Umbruch trat damit nicht ein. Und auch eine Konstitutionalisierung des Prozessrechts stellen die beschriebenen Neuerungen nicht dar. Zwar gingen die Reformen einher mit dem neuen sozialen Verfassungsverständnis, sie basierten allerdings nicht unmittelbar auf der Verfassung, da die Weimarer Reichsverfassung noch nicht auf die gesamte Rechtsordnung ausstrahlte.

d) Prozessrecht und Nationalsozialismus

Während des Nationalsozialismus wurde zwar eine grundlegende Reform des Zivilprozesses gefordert – aber nie verwirklicht.[45] Es lassen sich jedoch die Ein-

---

[41] Stein/Jonas/*Brehm*, Einl. vor § 1, Rdnr. 159 ff. Die Reform war jedoch nicht unumstritten – insbesondere in der Wissenschaft regte sich Widerspruch. Schmidt etwa vertrat die Auffassung, die Emminger Novelle enthalte „eine Kampfansage an die beherrschenden Ideen des bisherigen Prozeßrechts" (*Schmidt*, ZZP 49 (1925), S. 1 (10)).

[42] MünchKommZPO-*Lüke*, Einl. Rdnr. 48.

[43] *Peters*, Wachsende Beachtung der richterlichen Hinweispflicht, in: FS für Beys, Bd. 2, S. 1243 (1244 f.).

[44] *Peters*, Richterliche Hinweispflichten und Beweisinitiativen im Zivilprozess, S. 52.

[45] Vgl. zur Entwicklung der ZPO unter dem Nationalsozialismus Stein/Jonas/*Brehm*, Einl. Vor § 1, Rdnr. 172 ff. Eine der wichtigsten Reformen der ZPO stellt die Novelle von 1933 dar. Sie zeigte sich allerdings von nationalsozialistischen Ideen weitgehend unbeeinflusst und orientierte sich stark am Reformentwurf des Jahres 1931, der sich wiederum an die österreichische ZPO anlehnte (Stein/Jonas/*Brehm*, aaO, Rdnr. 172 f.). Damit wirkte der Nationalsozialismus zwar nicht mit tief greifenden Reformen der ZPO selbst auf den Zivilprozess ein – allerdings griffen zahlreiche Regelungen des Dritten Reiches die richterliche Unabhängigkeit an.

flüsse der nationalsozialistischen Ideologie in der Prozessrechtslehre jener Zeit erkennen.[46] Insbesondere die Verhandlungsmaxime stieß in der Prozessrechtswissenschaft auf Ablehnung.[47] Gegenstand der Verhandlungsmaxime ist, dass die Parteien für die tatsächlichen Urteilsunterlagen sorgen und dafür die alleinige Verantwortung tragen. Das Gericht darf nur solche Tatsachen seiner Entscheidung zugrundelegen, die von den Parteien vorgebracht wurden. Beweisbedürftig sind nur solche Tatsachen, die der Gegner der behauptenden Partei bestreitet.[48] Diese in den liberalen Ursprüngen der ZPO wurzelnde Prozessauffassung erachtete man als unvereinbar mit der nationalsozialistischen Ideologie. Denn nationalsozialistischen Denkmustern folgend war Zweck des Prozesses nicht die Durchsetzung von Rechten des Einzelnen, sondern die Wahrung der Gemeinschaftsordnung. Deshalb forderten Teile der Prozessrechtswissenschaft, sich von der individualistischen Betrachtungsweise des Prozesses zu trennen.[49]

2. Die Entwicklung der LEC/1881 bis zum Erlass der spanischen Verfassung von 1978

a) Der Liberalismus des ausgehenden 19. Jahrhunderts

aa) Verfassungsrechtliche Grundlagen

In Spanien lässt sich zunächst eine ähnliche Entwicklung verzeichnen. Als die LEC 1881 entstand, war die Verfassung von 1876 in Kraft. Sie orientierte sich im Gegensatz zu ihrer Vorgängerin, der Verfassung von 1857, nicht mehr am Grundsatz der Gewaltenteilung – der Begriff „poder judicial" (rechtsprechende Gewalt) fand in der Verfassung von 1876 keine Erwähnung mehr.[50] Souverän war nunmehr wieder der König - die Verfassung diente insgesamt der Restauration des Königshauses der Bourbonen. Sie wurde von königstreuen politischen Parteien entworfen – die Macht wechselte zu diesem Zeitpunkt zwischen der konservativen und der liberalen Partei.[51]

Im ersten Teil der liberalen Verfassung von 1876 waren die klassischen Abwehrrechte des Bürgers gegen den Staat verbürgt, die allerdings gem. Art. 16 CE 1876 unter bestimmen Voraussetzungen vom König außer Kraft gesetzt werden durften. Und auch aus Art. 14 CE 1876 ergab sich eine beachtliche Be-

46 *Leipold*, JZ 1982, S. 441 (446).
47 *de Boor*, Die Auflockerung, S. 30; *Bernhardt*, DGWR, Bd. 1 (1935/36), S. 70 f.
48 *Jauernig*, ZPO, 28. Aufl., § 25 III.
49 *Bernhardt, aaO, S.71; de Boor*, Die Auflockerung, S. 30.
50 *Montero Aroca*, Derecho jurisdiccional I, S. 33.
51 *Rubio Lara*, RGD Nr. 668 (2000), S. 5595 (5595).

schränkung des Grundrechtsschutzes. Nach dieser Vorschrift sollten „einfache Gesetze die gegenseitige Achtung der Grundrechte der Spanier untereinander gewährleisten, ohne dabei die Rechte der Nation und die wesentlichen Eigenschaften der Staatsgewalt zu beeinträchtigen“[52]. Diese Generalklausel führte dazu, dass die jeweilige Regierungspartei den Grundrechtsschutz nach ihren politischen Bedürfnissen ausgestalten konnte.[53] Der Grundrechtskatalog war zwar umfangreich und enthielt insbesondere die klassischen Freiheitsrechte – ein Recht auf effektiven Rechtsschutz, wie ihn die heutige spanische Verfassung in Art. 24 enthält, existierte jedoch nicht. Darüber hinaus hatte die Verfassung keinen Vorrang gegenüber einfachem Gesetzesrecht. Ein Verfassungsgericht existierte nicht.[54] Damit war die spanische Verfassung von 1876 ebenso wenig wie die deutsche Reichsverfassung von 1871 darauf angelegt, das gesamte Recht zu durchdringen, sondern diente in erster Linie der Begrenzung der Staatsmacht.

bb) Die LEC/1881 – ein „liberales Gefäß des 19. Jahrhunderts“

Goldschmidt nannte den spanischen Zivilprozess „ein liberales Gefäß des 19. Jahrhunderts, in das der alte Wein des gemeinen Prozesses der vergangenen Jahrhunderte eingeschenkt wurde“.[55] Das spanische Prozessrecht des 19. Jahrhunderts war auf dem Weg von der Feudaljustiz zum liberalen Prozess auf halbem Wege stehen geblieben: Im Gegensatz zu den anderen kontinentaleuropäischen Ländern übernahm der spanische Prozess des 19. Jahrhunderts nicht die Grundsätze des napoleonischen Zivilprozesses wie etwa die Mündlichkeit, Unmittelbarkeit, Konzentration oder teils freie Beweiswürdigung, sondern orientierte sich an althergebrachten spanischen Rechtstraditionen. Grundlage des Prozesses war auch in der LEC/1881 der „solemnis ordo iudiciarius“, der sich im 12. Jahrhundert aus dem römischen-kanonischen Recht entwickelt hatte und im 13. Jahrhundert in den sog. „Siete Partidas“ in die spanische Gesetzgebung aufgenommen wurde.[56] Prozessmaximen dieses Verfahrenstyps sind die Schriftlichkeit, Mittelbarkeit und die gebundene Beweiswürdigung.[57]

Darüber hinaus war der Prozess weitestgehend frei von staatlichen Einflüssen: Dies wurde besonders augenfällig daran, dass die Prozessleitung mehr den Par-

---

[52] *Sommermann*, Der Schutz der Grundrechte, S. 40.

[53] *Sommermann*, Der Schutz der Grundrechte, S. 40.

[54] *Jiménez Asensio*, R.V.A.P. Nr. 62 (2002), S. 157 (161 ff.).

[55] *Goldschmidt*, Derecho procesal civil, S. 10.

[56] *Gimeno Sendra*, La Ley, 1999-1, S. 1794 (1794); *Miras*, Entwicklung, S. 38 ff.; *Montero Aroca*, El nuevo proceso civil, S. 43.

[57] *Gimeno Sendra*, La Ley, 1999-1, S. 1794 (1794).

teien als dem Richter unterlag.[58] Der Mitverfasser der LEC/1855 Gómez de la Serna prägte den Satz: „Der Richter darf von Amts wegen gar nichts." Dieses Postulat galt auch für die LEC/1881, die im Wesentlichen die Prozessphilosophie der LEC/1855 übernahm.[59] Bei Erlass der LEC 1881 standen sogar die Fristen im Ermessen der Parteien, was erst im Jahre 1924 durch die Einführung des Offizialimpulses gemildert wurde.[60] Der Richter durfte nun das Verfahren selbständig von einem Verfahrensabschnitt in den anderen überleiten, ohne dass es einer Mitwirkung der Partei bedürfte.[61] Diese Reform stellte jedoch nur eine geringe Schwächung der Parteien dar. Den Streitstoff und den Streitgegenstand beherrschten weiterhin die Parteien.[62]

Die geringen Kompetenzen des Richters lassen sich damit erklären, dass der Liberalismus jeder staatlichen Aktivität misstraute.[63] Der Prozess wurde damit ebenso wie in Deutschland im 19. Jahrhundert als Privatangelegenheit der Parteien betrachtet, diente lediglich einer kleinen Oberschicht zur Streitbeilegung[64] und war von verfassungsrechtlichen Einflüssen weitgehend frei.

Die Staatsfreiheit des Prozesses spiegelte sich auch in der Prozessrechtsdogmatik des 19. Jahrhunderts wider. Während die Lehre in Deutschland bereits im 19. Jahrhundert begann, zwischen materiellem Anspruch und Klage zu trennen und damit den Weg für die Anerkennung eines subjektiv öffentlichen Rechtes auf effektiven Rechtsschutz bahnte, betrachtete man in Spanien das Klagerecht weiterhin als identisch mit dem subjektiven materiellen Recht des Klägers.[65] Erst im Jahre 1925, nachdem deutsche und italienische Werke ins Spanische übersetzt worden waren, setzte sich die Auffassung durch, dass es einen eigenständigen Klageanspruch gegen den Staat gibt, der nicht vom Bestehen eines subjektiven materiellen Rechts abhängt.[66] Dies schaffte die Grundlage dafür, das Prozessrecht als öffentliches Recht zu betrachten. Dieses Umdenken ist – ebenso wie in

---

[58] *Montero Aroca,* Análisis crítico, S. 80.
[59] *Miras*, Die Entwicklung, S. 128.
[60] *Miras*, Die Entwicklung, S. 134.
[61] *Miras*, Die Entwicklung, S. 134; bis dahin war es so, dass die Prozessvertreter ein Verfahren durch kollegiale Absprache ruhen lassen konnten – dadurch nahmen sie häufig mehr Mandate an, als sie überhaupt bewältigen konnten. Dies führte zu einer Prozessverschleppung.
[62] *Miras*, Die Entwicklung, S. 135.
[63] *Montero Aroca,* Análisis crítico, S. 82.
[64] *Montero Aroca,* El derecho procesal en el siglo XX, S. 59.
[65] *Miras*, Die Entwicklung, S. 139.
[66] *Miras*, Die Entwicklung, S. 140; In den 30er Jahren begann Leonardo Prieto-Castro y Ferrándiz mit der Übersetzung deutscher Lehrbücher. Außerdem veröffentlichte James Goldschmidt, der vor den Nationalsozialisten nach Spanien geflohen war, sein „Teoria general del proceso" in spanischer Sprache.

Deutschland – Grundlage für die spätere Öffnung des Prozessrechts gegenüber verfassungsrechtlichen Einflüssen.[67]

b) Das Erstarren der LEC/1881 in der II Republica und unter dem Regime Francos

In der spanischen Prozessrechtswissenschaft führte der oben erwähnte Einfluss italienischer und deutscher Prozessualisten in den 30er Jahren zwar zu einer Öffnung gegenüber äußeren Einflüssen: Der Grundsatz der Mündlichkeit, der Unmittelbarkeit und die Stellung des Richters fanden breite literarische Zustimmung.[68] Dennoch unterlag der Zivilprozess in Spanien keinen bedeutenden Reformen.[69] Trotz sich ändernder Verfassungen[70] gab es bis 1978 keinen tief greifenden sozialen oder ökonomischen Wandel, der auf das Prozessrecht eingewirkt hätte. Grundlage jeder politischen Situation in Spanien war eine liberal-kapitalistische Ideologie.[71] Dies gilt auch für die republikanische Verfassung, die 1931 in Kraft trat. Sie orientierte sich konzeptionell an der Weimarer Verfassung und normierte neben den klassischen Freiheitsrechten auch wirtschaftliche und soziale Grundrechte, die jedoch bloße Programmsätze waren.[72] Daneben errichtete sie ein Verfassungsgericht und führte eine abstrakte und konkrete Normenkontrolle nach dem Beispiel Österreichs ein.[73] Trotz dieser Ansätze, die auch als Vorbild für die Verfassung von 1978 dienten und durchaus einen Prozess der Konstitutionalisierung hätten anstoßen können, entfalteten die Grundrechte ihre Wirkung in der nur 5-jährigen Friedenszeit nicht. Bereits im Jahre 1933 wurde durch das „Gesetz über die öffentliche Ordnung" der Ausnahmezustand nach Art. 42 der Verfassung ausgerufen und die Grundrechte ganz oder teilweise suspendiert.[74]

---

[67] *Montero Aroca*, El derecho procesal en el siglo XX, S. 64. Heute gibt es hin Hinblick auf das Klagerecht sogar „konstitutionelle Theorien", die das Klagerecht als verfassungsrechtlichen Anspruch auf Rechtsprechung verstehen. Vgl. dazu *Bujosa Vadell*, La protección jurisdiccional, S. 111 f., Fn. 16 m.w.N. und ausführlicher Darstellung der Ansichten.

[68] *Miras*, Die Entwicklung, S. 140.

[69] *Montero Aroca*, Derecho jurisdiccional II, S. 25 f; *Miras*, Die Entwicklung, S. 138 f.

[70] Vgl. dazu: *Sommermann*, Der Schutz der Grundrechte, S. 1 - 62.

[71] *Montero Aroca*, Análisis crítico, S. 76.

[72] *Sommermann*, Der Schutz der Grundrechte, S. 43.

[73] Nach Art. 121 lit. a) wurde ein „recurso de inconstitucionalidad" (Klage der Verfassungswidrigkeit) eingeführt. Es konnten neben der Staatsanwaltschaft und der Regierung auch Einzelpersonen sowie Personenvereinigungen – auch wenn sie nicht unmittelbar beschwert sind – eine Normenkontrolle einleiten. Vgl. dazu *Sommermann*, Der Schutz der Grundrechte, S. 45 f.

[74] *Sommermann*, Schutz der Grundrechte, S. 47.

Auch gab es in der Diktatur Francos keine wesentlichen Modifikationen des Zivilprozesses: Die eingangs erwähnten Reformvorschläge der Prozessrechtswissenschaft setzten sich unter Franco nicht durch. Erklärt werden kann dies damit, dass im autoritären System Francos kein Interesse daran bestand, den Umgang mit der rechtsprechenden Gewalt zu erleichtern.[75] Zudem gab es keinen wirksamen Grundrechtsschutz, der zu Veränderungen des Zivilprozesses hätte führen können. Zwar wurde durch Punkt V S. 1 LPMN[76] die Würde des Menschen begründet, diese aber unter den Vorbehalt des Gemeinwohls der Nation gestellt.[77] Damit war der Inhalt der Grundrechte zur freien Disposition der Staatsgewalt gestellt und einfache Gesetze regelten, was für die Ausübung der Grundrechte erforderlich war.[78]

Bis zum Erlass der spanischen Verfassung von 1978 fanden damit keine grundlegenden Reformen des Zivilprozesses statt – und das obwohl sich in der zweiten Hälfte des 20. Jahrhunderts die spanische Zivilgesellschaft vollkommen änderte. Spanien wurde vom Agrarstaat des 19. Jahrhunderts zum Industriestaat.[79] Der Prozess wurde zur Massenerscheinung und die LEC/1881, die auf eine Agrargesellschaft zugeschnitten war, war diesen Veränderungen nicht gewachsen.[80] Dennoch zögerte der spanische Gesetzgeber auch nach Ende des Francoregimes, ein neues Zivilprozessrecht zu erlassen und behalf sich mit der Reformierung einzelner Schwachstellen.[81] Eine grundlegende Reform des Zivilprozesses war damit mehr als überfällig, um der veränderten sozialen Wirklichkeit in Spanien gerecht zu werden.[82]

---

[75] *Miras*, Die Entwicklung, S. 143.

[76] Ley de Principios del Movimiento Nacional. Es gab keine Verfassung, sondern es wurde 7 Grundgesetze (Leyes fundamentales) erlassen. Vgl. dazu *Sommermann*, Schutz der Grundrechte, S. 49 ff.

[77] *Sommermann*, Schutz der Grundrechte, S. 55.

[78] *Sommermann*, Schutz der Grundrechte, S. 57. Diese einfachen Gesetze wurden durch die „Cortes" erlassen. Diese waren nicht aus demokratischen Wahlen hervorgegangen – ein Parlamentsvorbehalt, der in den heutigen politischen Systemen Spaniens und Deutschland die Grundrechte absichert, existierte damit nicht. Dies stellt eine weitere Schwächung des Grundrechtsschutzes dar.

[79] *Bernecker*, Geschichte Spaniens, S. 354 f.

[80] *Montero Aroca*, El derecho procesal en el siglo XX, S. 58 f.

[81] Ley 34/1984, de 6 de agosto, in der das Verfahren des geringen Streitwertes zum Regelverfahren wurde, sowie Ley 10/1992, de 30 de abril, in dem die Voraussetzungen für Eilmaßnahmen verändert wurden. Die Gesetzgebungsmotive beider Gesetze wiesen bereits auf Reformbestrebungen hin, jedoch sollten diese mit dem „notwendigen Taktgefühl" ausgearbeitet werden.

[82] *Diéz-Picazo Giménez*, TdJ 1999 – 2, S. 79 f.

3. Der Umbruch: Erlass von Grundgesetz und spanischer Verfassung

Der entscheidende Quantensprung zur Konstitutionalisierung des Zivilverfahrens erfolgte durch den Erlass des Bonner Grundgesetzes von 1949 und der spanischen Verfassung von 1978. An diesen Verfassungsurkunden wird die Änderung des Verfassungsverständnisses deutlich, die in Kontinentaleuropa im Wesentlichen nach dem Zweiten Weltkrieg erfolgte. Bis dahin war das Verfassungsverständnis durch die französische Revolution geprägt: Das Parlament und seine Gesetze hatten die Vorherrschaft im Staat, die Verfassung war nicht mehr als ein Gesetz der politischen Organisation, sie führte nicht die Normenhierarchie an und es gab keine Verfassungsgerichtsbarkeit, die die Parlamentsgesetze überprüfen konnte.[83] Auch galten Grundrechte bis dahin nicht als subjektive Rechte, sondern als objektiv-rechtliche Grundsatznormen, die durch den Gesetzgeber im Rahmen der Gesetze ausgestaltet werden sollten – unmittelbar anwendbares Recht waren sie nicht.[84]
Insbesondere durch das Fehlen einer Verfassungsgerichtsbarkeit unterschieden sich die kontinentaleuropäischen Verfassungen wesentlich von der nordamerikanischen Verfassung. In den USA entschied der Supreme Court bereits im Jahre 1803 in der Entscheidung Marbury v. Madison[85], dass ihm ein Prüfungsrecht in Hinblick auf Parlamentsgesetze zustehe. Diese Entscheidung wird als Geburtsstunde der modernen Verfassungsgerichtsbarkeit bezeichnet, da sie zum ersten Mal den Widerstand gegen das – immerhin durch das Volk legitimierte – Parlament wagte.[86] Voraussetzung für die Anerkennung des Prüfungsrechtes ist freilich, dass man die Verfassung als höherrangiges Recht und Maßstab einer Kontrolle anerkennt und als Kontrollmacht ein Verfassungsgericht errichtet.[87] Erst dieses moderne Verfassungsverständnis schuf die Voraussetzung für die Konstitutionalisierung der Rechtsordnung, da erst die Überprüfbarkeit des Gesetzgebers sicherstellt, dass die Grundsatznormen der Verfassung tatsächlich in Gesetzesrecht gegossen werden.
In Kontinentaleuropa setzte sich die amerikanische Betrachtungsweise jedoch zunächst nicht durch.[88] In Deutschland wird zwar – unter Bezugnahme auf die Situation in den Vereinigten Staaten - in der Paulskirchenversammlung über die

---

[83] *Jiménez Asensio*, R.V.A.P. Nr. 62 (2002), S. 157 (161 ff.); *Hoffmann-Riem*, JZ 2003, S. 269 (272).
[84] *Böckenförde*, Grundrechte als Grundsatznormen, in: Staat, Verfassung, Demokratie, S. 160; *Hoffmann – Riem*, JZ 2003, S. 269 (272 f.).
[85] 5. U.S. (1. Cranch) 137 (1803).
[86] *Hoffmann - Riem*, JZ 2003, S. 269 (270).
[87] *Hoffmann - Riem*, JZ 2003, S. 269 (271).
[88] Obwohl zahlreiche Vertreter den Vorrang der Verfassung propagierten; Vgl. dazu *Hoffmann-Riem*, JZ 2003, S. 269 (271).

Einführung einer Verfassungsgerichtsbarkeit diskutiert, das „Scheitern der Paulskirchenverfassung bedeutet jedoch ebenfalls das Scheitern der Verfassungsgerichtsbarkeit".[89] Erste Tendenzen hin zu einer Verfassungsgerichtsbarkeit zeichnen sich in Deutschland im Jahre 1925 ab, als das Reichsgericht[90] zum ersten Mal von einem richterlichen Prüfungsrecht für Parlamentsgesetze ausging, obwohl eine solche abstrakte Normenkontrolle in der Weimarer Reichsverfassung nicht vorgesehen war.[91] Zur Verwerfung eines Gesetzes durch das Reichsgericht ist es allerdings erst Jahre 1929 gekommen[92] und im kurz darauf anbrechenden Dritten Reich machte das Reichsgericht keinen Gebrauch mehr von diesem Prüfungsrecht.[93] Ähnlich stellen sich die Ereignisse in Spanien dar. Das konstitutionelle Verständnis der französischen Revolution blieb bis zum Erlass der spanischen Verfassung im Jahre 1978 erhalten – in der kurzen Zeit der spanischen Republik von 1931 bis 1939 konnte das moderne Verfassungsverständnis keine Wurzeln fassen.[94]

Die Anerkennung der Verfassung als Primat innerhalb der Normenhierarchie und die Einrichtung von Verfassungsgerichten erfolgten erst durch das Bonner Grundgesetz und die spanische Verfassung von 1978.[95] Neben diese formalen Voraussetzungen tendieren beide Verfassungen zur Ausstrahlung auf die gesamte Rechtsordnung und werden als Wertgrundlage für das gesamte Gemeinwesen verstanden.[96] Die Verfassungen sind unmittelbar anwendbares Recht und dienen nicht mehr nur als Auftrag an den Gesetzgeber. Sie binden die gesamte Staatsgewalt (Art. 9.1 CE und Art. 1 Abs. 3 GG), insbesondere also auch die Gerich-

---

[89] *Hoffmann-Riem*, JZ 2003, S. 269 (272).

[90] RGZ 111, 320 (323).

[91] *Wendenburg*, Die Debatte, S. 34. Die WRV sah einen Staatsgerichtshof vor, der jedoch niemals eingerichtet wurde. Dessen Zuständigkeiten wurden auf das Reichsgericht übertragen. Die wichtigsten Kompetenzen waren: Verfassungsstreitigkeiten innerhalb eines Landes, zwischen den Ländern, dem Land und dem Reich zu entscheiden, sowie Entscheidungskompetenzen in finanziellen Streitigkeiten zwischen Bund und Ländern.
In Europa wird als erstes in Österreich im Jahre 1920 ein Verfassungsgerichtshof eingerichtet, der eine Prüfungskompetenz für Parlamentsgesetze hatte. Das Gericht wurde in Gesetzesentwürfen als „Hüter der Verfassung" bezeichnet. Text und Inhalt des Verfassungsgesetzes waren im Wesentlichen von Hans Kelsen formuliert (vgl. dazu ausführlich *Wendenburg*, aaO, S. 27 ff.).

[92] RGZ 124, 173 (178).

[93] *Wendenburg*, Die Debatte, S. 92 f.

[94] *Jiménez Asensio*, R.V.A.P. Nr. 62 (2002), S. 157 (171).

[95] *Jiménez Asensio*, R.V.A.P. Nr. 62 (2002), S. 157 (171); *Hoffmann – Riem*, JZ 2003, S. 269 (273).

[96] *Böckenförde*, Geschichtliche Entwicklung, in: Staat, Verfassung, Demokratie, S. 29; *Saraza Jimena*, Doctrina constitucional, S. 19 f.; STC 80/1982. Nach STC 21/1981 F.J. 8 „ist nicht zu verkennen, dass die Grundrechte ein System von Werten mit universeller Reichweite sind (....), die die gesamte Rechtsordnung durchdringen müssen".

te.[97] Dadurch wird die einfache Rechtsordnung mit verfassungsrechtlichen Werten durchzogen - oder anders formuliert konstitutionalisiert.
Hervorzuheben ist, dass das Verständnis von Verfassung als objektiver Wertekatalog nicht von den Verfassungsgebern vorgegeben war, sondern maßgeblich durch Rechtsprechung und Staatsrechtslehre gesteuert wurde.[98] Dadurch wird deutlich, dass der Text der Verfassungen, der Grundrechte verbürgt und die herausragende Stellung des Verfassungsgerichte festsetzt, nicht allein zur Konstitutionalisierung führt, sondern dass das Vorverständnis der handelnden Akteure von Verfassung wesentliche Voraussetzung für den Konstitutionalisierungsprozess ist. Im Folgenden wird deshalb die Rolle der Verfassungsgerichte, der Fachgerichte, des Gesetzgebers und der Prozessrechtswissenschaft im Rahmen des Konstitutionalisierung des Zivilprozesses untersucht.

II. Die Akteure der Konstitutionalisierung des Zivilprozesses

1. Die Verfassungsgerichte in Spanien und Deutschland

a) Formale Kompetenzen

Insbesondere die Verfassungsgerichte Spaniens und Deutschlands haben maßgeblichen Einfluss auf den Konstitutionalisierungsprozess.[99] Ihre Aufgabe ist es, die Verfassung zu konkretisieren – ein „Paradox", da dies bedeutet, dass sie an etwas gebunden sind, was sie gleichzeitig konkretisieren müssen.[100]
Die herausragende Rolle der Verfassungsgerichte im Rahmen des Konstitutionalisierungsprozesses wird formal zunächst an den Kompetenzen deutlich, die ihnen durch das Grundgesetz und die Constitución Española von 1978 zuerkannt werden. Beide Gerichte können Gesetze auf ihre Verfassungsmäßigkeit hin überprüfen und für nichtig erklären. Sowohl in Spanien als auch in Deutschland besteht die Möglichkeit der abstrakten und konkreten Normenkontrolle (Art. 93 I Nr. 2 GG und Art. 100 GG in Deutschland, sowie Art. 161.1 a) CE und 163 CE).
Daneben haben beide Länder eine Verfassungsbeschwerde eingerichtet, mit der die Bürger nach Erschöpfung des Rechtswegs Gesetze auf ihre Verfassungsmä-

---

[97] *Saraza Jimena*, Derecho civil y procesal civil constitucional, S. 20.
[98] *Böckenförde*, Grundrechte als Grundsatznormen, in: Staat, Verfassung und Demokratie, S. 160; *Saraza Jimena*, „Doctrina constitucional, S. 19 f.
[99] *Jiménez Asensio*, R.V.A.P. Nr. 62 (2002), S. 157 (159).
[100] *Schuppert/Bumke*, Die Konstitutionalisierung, S. 48 f.

ßigkeit hin überprüfen können (Art. 93 I Nr. 4 a GG und Art. 161.1 b CE).[101] Im spanischen Verfassungsrecht ist in diesem Zusammenhang zu beachten, dass sich die Verfassungsbeschwerde nicht unmittelbar gegen ein formelles Gesetz richten kann.[102] Greift der Bürger mit der Verfassungsbeschwerde einen Rechtsakt an und ist der zuständige Senat des Tribunal Constitucional der Auffassung, dass der angegriffene Akt auf Anwendung eines verfassungswidrigen Gesetzes basiert, leitet er gem. Art. 55 Abs. 2 i.V.m. Art. 37 ff. LOTC eine „autocuestión de inconstitucionalidad" ein. Daraufhin wird das Gesetz in einem gesonderten Verfahren auf seine Verfassungsmäßigkeit überprüft.[103]
Daneben können mit der Verfassungsbeschwerde in Spanien und Deutschland gerichtliche Urteile überprüft werden. Verstoßen sie gegen Grundrechte, können beide Verfassungsgerichte das Urteil für nichtig erklären (Art. 55 LOTC, § 95 BVerfGG). Das Bundesverfassungsgericht kann darüber hinaus in seinen Urteilen verbindliche Gesetzgebungsaufträge erteilen und so den Gesetzgeber zu verfassungsgemäßen Handeln auffordern.[104] Diese weitreichenden Kompetenzen der Verfassungsgerichte führen dazu, dass Spanien und Deutschland im internationalen Vergleich mit die umfangreichsten Verfassungsgerichtsbarkeiten besitzen.[105]

b) Der Prüfungsumfang der Verfassungsgerichte als Voraussetzung für die Konstitutionalisierung

Neben diesen formalen Aspekten sind für den Umfang der Prüfungskompetenz der Verfassungsgerichte jedoch frühe Urteile beider Verfassungsgerichte ausschlaggebend. In Deutschland sind insbesondere zwei Urteile zu nennen. Zum einen stellte das BVerfG im Rahmen des Elfes-Urteils[106] sehr früh fest, dass ein Verstoß gegen objektives Verfassungsrecht – also etwa das Rechtsstaatsprinzip - über Art. 2 I GG gerügt werden kann. Zum anderen erkannte es im Lüth-Urteil[107]

---

[101] Vgl. dazu ausführlich: *Brückner*, Vergleich zwischen den Verfahren, S. 121 ff. (insbesondere S. 130 f.).
[102] *Sommermann*, Der Schutz der Grundrechte, S. 320.
[103] Der Senat ruft das Plenum mit der Frage an, ob das dem angegriffenen Rechtsakt zugrunde liegende Gesetz verfassungswidrig ist. Das Plenum entscheidet über die Frage der Verfassungswidrigkeit in einem eigenständigen Verfahren – losgelöst von der Verfassungsbeschwerde, die das autocuestión - Verfahren angestoßen hat. Der Beschwerdeführer der Verfassungsbeschwerde kann sich nicht in das autocuestión – Verfahren einbringen. Vgl. dazu *Esteban/González-Trevijano*, Curso de derecho constitucional español, S. 239 f.
[104] BVerfGE 85, 80 (87 f.).
[105] *Sommermann*, Der Schutz der Grundrechte, S. 330.
[106] BVerfGE 6, 32 (41).
[107] BVerfGE 7, 198 (205).

die mittelbare Drittwirkung der Grundrechte im Privatrecht an, die als objektive Werteordnung auf das gesamte Recht ausstrahlen. Die letztgenannte Entscheidung ist zwar für das Prozessrecht als öffentliches Recht nicht unmittelbar bedeutsam.[108] Jedoch verdeutlicht sie das Verfassungsverständnis des Bundesverfassungsgerichtes als wesentliche Voraussetzung des Konstitutionalisierungsprozesses.
In Spanien lässt sich eine ähnliche Entwicklung verzeichnen: Der Tribunal Constitucional stellte bereits im Jahre 1981 klar, dass die verfassungsrechtlichen Vorschriften alle Staatsgewalt binden und unmittelbares Recht sind – nicht bloße Programmsätze für den parlamentarischen Gesetzgeber.[109] Das spanische Verfassungsgericht lehnte sich dabei an die Rechtsprechung des Bundesverfassungsgerichtes an und betrachtete die Grundrechte „als ein System von Werten und Grundsätzen universeller Reichweite (...), die als verfassungsrechtliche Grundentscheidungen unsere gesamte Rechtsordnung zu leiten haben“[110]. Dies war in der jungen spanischen Demokratie zunächst nicht unumstritten. Die Audiencia Territorial de Sevilla war 1982[111] der Auffassung, dass das die Verfassung bloße Programmsätze und Prinzipien enthalte, an denen sich die zukünftige Arbeit der öffentlichen Gewalt orientieren solle. Unmittelbare Einwirkung auf das Privatrecht bestehe damit nur, soweit der Einfluss der Verfassung auf zukünftige Gesetze verwirklicht werde. Das Urteil der Audiencia Territorial de Sevilla wurde im selben Jahr durch den Tribunal Supremo – das höchste spanische Zivilgericht - bestätigt.[112] Der Tribunal Constitucional hob das Urteil des Tribunal Supremo auf und stellte klar, dass die Verfassung unmittelbar anwendbares Recht für alle Staatsgewalt ist und nicht nur unverbindlicher Programmsatz. Dieser Betrachtungsweise schloss sich der Tribunal Supremo im Jahre 1984 an.[113] Damit stellten die Verfassungsgerichte in Spanien und in Deutschland durch ihr Verfassungsverständnis bereits früh die Weichen für den Prozess der Konstitutionalisierung in beiden Ländern.

---

[108] Zur Klassifizierung des Prozessrechts als öffentliches Recht: A I 1 b und A I 2 a bb.
[109] STC 21/1981.
[110] STC 21/1981. Das Verständnis der Grundrechte als objektive Werteordnung waren kurz zuvor von Hans Peter Schneider und Luis Aguiar de Luque in das spanische Schrifttum eingeführt worden. Vgl. dazu: *Sommermann*, Der Schutz der Grundrechte in Spanien nach der spanischen Verfassung von 1978, S. 226 ff.
[111] Setencia de la Audiencia Territorial de Sevilla, de 31 de enero de 1982.
[112] STS, de 8 de abril de 1982.
[113] STS, de 16 de febrero de 1984.

c) Auswirkungen der weitreichenden Prüfungskompetenz

Die weitreichende Prüfungskompetenz der Verfassungsgerichte beeinflusst zunächst den Gesetzgeber nach Erlass eines Urteils. Erklärt das Verfassungsgericht eines seiner Gesetze für nichtig oder erteilt ihm einen Gesetzgebungsauftrag, muss er diese verfassungsrechtlichen Vorgaben erfüllen. Dies könnte man als Nachwirkung der verfassungsgerichtlichen Rechtsprechung bezeichnen.[114] Daneben besteht allerdings auch eine Vorwirkung der verfassungsgerichtlichen Rechtsprechung. Im Vorfeld eines Gesetzes wirken die Verfassungsgerichte als „unsichtbare Dritte" mit und beeinflussen damit den Gesetzgeber, bevor sie überhaupt eine Entscheidung treffen.[115] Als Beispiel dafür im Rahmen der ZPO-Reform ist § 321a ZPO zu nennen, den der Gesetzgeber in „vorauseilendem Gehorsam"[116] erließ, da damit zu rechnen war, dass das Bundesverfassungsgericht die bestehende Rechtslage des innerprozessualen Grundrechtsschutzes nicht mehr akzeptieren würde.[117]
Daneben beeinflusst die verfassungsgerichtliche Rechtsprechung auch die Fachgerichte. Legt das Bundesverfassungsgericht eine Norm verfassungskonform aus, so werden die Fachgerichte auf eine bestimmte Rechtsprechung festgelegt. In Spanien bestimmt Art. 5.1 LOPJ[118] sogar ausdrücklich, dass die Gerichte Gesetze und Verordnungen in Übereinstimmung mit der Interpretation der Norm durch den Tribunal Constitucional auslegen müssen. Die Einflussnahme der verfassungsgerichtlichen Rechtsprechung auf die Fachgerichte stellt einen weiteren Prozess der Konstitutionalisierung dar.[119]

d) Einfluss auf den Zivilprozess

Durch ihre herausragende Stellung setzen die Verfassungsgerichte in Spanien und in Deutschland auch im zivilprozessualen Bereich Maßstäbe. Das Bundesverfassungsgericht entwickelte aus dem Grundgesetz das Recht auf effektiven

---

[114] Zum Begriff der Nach- und Vorwirkungen der Rechtsprechung des Bundesverfassungsgerichtes: *K. v. Beyme*, Der Gesetzgeber, S. 300 ff.
[115] *Schuppert/Bumke*, Die Konstitutionalisierung, S. 50 f.; *K. v. Beyme,* Der Gesetzgeber, S. 305 ff.
[116] *Voßkuhle*, NJW 2003, S. 2195 (2195).
[117] Vgl. dazu 2. Teil B III 1.
[118] Ley Organica de Poder Judicial. (Spanisches Gerichtsverfassungsgesetz). Der Gesetzgeber wird gem. Art. 81 CE bei unmittelbar die Verfassung ausführender Regelungen einem Organgesetzerfordernis unterworfen. Das besondere an einem Organgesetz ist, dass es nur mit 2/3 Mehrheit verabschiedet, geändert oder aufgehoben werden kann.
[119] *Jiménez Asensio*, R.V.A.P. Nr. 62 (2002), S. 157 (172); *Schuppert/Bumke*, Die Konstitutionalisierung, S. 60 f.

Rechtsschutz, das Recht auf ein vorhersehbares Verfahren, das Recht auf einen fairen Prozess und den Rechtsschutzanspruch.[120] Daneben hat es die klassischen Prozessgrundrechte konkretisiert, wie das Recht auf den gesetzlichen Richter gem. Art. 101 GG, den Anspruch auf rechtliches Gehör gem. Art. 103 GG und aus Art. 3 GG die prozessuale Waffengleichheit hergeleitet.[121]
Schließlich hat das BVerfG den materiellen Grundrechten prozessuale Wirkung zuerkannt. Nach der Rechtsprechung des Bundesverfassungsgerichtes besteht ein unlösbarer Zusammenhang zwischen den materiellen Grundrechten und dem Verfahrensrecht.[122] Dies bedeutet, dass die Auslegung des Verfahrensrechtes nicht dazu führen darf, dass ein Grundrecht verkürzt wird, weil es prozessual nicht durchsetzbar ist.[123]
Auch in Spanien wird das Prozessrecht durch verfassungsgerichtliche Rechtsprechung konstitutionalisiert. Insbesondere zu Art. 24 CE, der das Recht auf effektiven Rechtsschutz enthält, gibt es umfangreiche prozessuale Rechtsprechung.[124] Ursache hierfür durfte die geringe verfassungsrechtliche Qualität der LEC/1881 sein[125], die nach 1978 den sozio – ökonomischen Bedingungen der spanischen Gesellschaft nicht mehr entsprach und als nicht mit rechtsstaatlichen Grundsätzen vereinbar galt.[126] Deshalb bestand Bedarf für eine umfangreiche Rechtsprechung des Verfassungsgerichtes im Bereich des Zivilprozessrechts. Dies führte schließlich dazu, dass das Prozessrecht nicht mehr ohne Kenntnis der Rechtsprechung des Tribunal Constitucional interpretiert werden konnte.[127]

---

[120] *Schumann*, Der Einfluss des Grundgesetzes, in: 50 Jahre Bundesgerichtshof, S. 3 (15).
[121] *Schumann*, Der Einfluss des Grundgesetzes, in: 50 Jahre Bundesgerichtshof, S. 3 (19).
[122] BVerfGE 49, 244 (247).
[123] BVerfGE 89, 1; Umfassende Beispiele bei *Schumann*, Der Einfluss des Grundgesetzes auf die zivilprozessuale Rechtsprechung, in: 50 Jahre BGH, S. 3 (25).
[124] *Díez Picazo*, Revista español de Derecho Constitucional, Nr. 40 (1994), S. 12.
[125] *Asensio Jiménez*, R.V.A.P. Nr. 62 (2002), S. 157 (175).
[126] *Montero Aroca*, El Ley de Enjuiciamiento Civil en su centenario, S. 67 f.; Dies galt für das Prozessrecht insgesamt. So wurde auch der spanische Verwaltungsprozess als nicht mit den Erfordernissen des effektiven Rechtsschutzes für vereinbar gehalten. Vgl. dazu *Sommermann*, Der Schutz der Grundrechte, S. 294 ff. m.w.N.
[127] *Jiménez Asensio*, R.V.A.P. Nr. 62 (2002), S. 157 (175). Aus diesem Grund gibt es zahlreiche systematische Darstellung der Rechtsprechung des Tribunal Constitucional in Hinblick auf das Prozessrecht. Vgl. dazu: *Alonso Garcia*, „El Articulo 24.1 de la Constitución en la jurisprudencia del Tribunal Constitucional, in: Estudios sobre la Constitución Española, Homenaje al Profesor Eduardo Garcia de Enterria, S. 973; *Carreras del Rincón*, Comentarios a la doctrina procesal; *Saraza Jimena*, Doctrina Constitucional; *Garberí Llobregat*, „Jurisprudencia en materia procesal civil“, in: Aranzadi Civil, Vol.II, 1996, S. 27.

2. Der Gesetzgeber

In einer durch Gesetzesrecht geprägten Rechtsordnung ist auch der Gesetzgeber wichtiger Akteur des Konstitutionalisierungsprozesses.[128] Jedoch stellt nicht jedes Gesetz einen Akt der Konstitutionalisierung dar, weil ein sich darin widerspiegelnder Konflikt auf der Ebene des Verfassungsrechtes als Grundrechtskollision dargestellt werden kann. Insbesondere im Zivilprozess, bei dem zwei Parteien gegeneinander streiten, würde eine solche Betrachtung dazu führen, dass die meisten prozessualen Vorschriften auf einem Konstitutionalisierungsprozess beruhen. Effektuierungen des Rechtsschutzes zu Gunsten des Klägers treten häufig in Kollision zu Grundrechtspositionen des Beklagten – etwa wenn zur Erzielung einer zügigen Rechtsdurchsetzung die Präklusionsvorschriften verschärft werden und dadurch das rechtliche Gehör des Beklagten verkürzt wird.[129] Der Erlass eines Gesetzes stellt vielmehr erst dann einen Prozess der Konstitutionalisierung dar, wenn es einen verfassungswidrigen Zustand beseitigt oder eine stärkere Ausrichtung auf verfassungsrechtliche Anforderungen erfolgt.[130] Als Beispiel für eine Konstitutionalisierung des Zivilprozesses in diesem Sinne lässt sich in Spanien der Erlass der Zivilprozessordnung im Jahre 2000 nennen. Der spanische Gesetzgeber beginnt die Gesetzesbegründung mit dem Hinweis auf die Verfassung: „Der Anspruch aller auf effektiven Rechtsschutz, welcher durch Art. 24.1 der Verfassung gewährleistet wird, verlangt eine neue, effektive Zivilgerichtsbarkeit."[131] Diese starke Ausrichtung auf die Verfassung lässt sich damit erklären, dass die LEC/1881 aufgrund ihrer Unübersichtlichkeit seit Erlass der spanischen Verfassung im Jahre 1978 als nicht mit rechtsstaatlichen Grundsätzen vereinbar galt, da sie keine Rechtssicherheit gewähren könne.[132] Deshalb kann man die Neuordnung des spanischen Zivilprozesses insgesamt als Konstitutionalisierungsprozess bezeichnen. In Deutschland ist dies zwar nicht in einem solch umfassenden Sinn der Fall – allerdings lassen sich einzelne Korrekturen des Verfahrensrechts nach dem zweiten Weltkrieg als Konstitutionalisierung umschreiben. In diesen Zusammenhang kann man etwa die Einführung des § 758 a ZPO im Jahre 1999 stellen, wonach für Wohnungsdurchsuchungen im

[128] *Schuppert/Bumke*, Die Konstitutionalisierung, S. 45 f.

[129] Vgl. zum Spannungsfeld zwischen Präklusion und rechtlichem Gehör *Waldner*, NJW 1984, S. 2925 ff.

[130] *Schuppert/Bumke*, Die Konstitutionalisierung, S. 46.

[131] Exposición de Motivos de la Ley 1/2000, de 7 de Enero, de Enjuiciamiento Civil, BOE num. 7, de 8 de enero, Absatz I.

[132] *Montero Aroca*, Análisis critico, S. 68; In diesem Sinne auch *Diéz Picazo-Giménez*, TdJ 1999 -1, S. 79 f., der die Situation unter LEC/1881 als chaotisch beschreibt. Vgl. zur Ausrichtung des neuen Zivilprozesses auf die Verfassung auch: *Montón Redondo*, TdJ 2002, Nr. 7, S. 1 (1).

Rahmen der Zwangsvollstreckung eine richterliche Anordnung erforderlich ist. Zurückführen lässt sich die Regelung des § 758 a ZPO auf ein Urteil des Bundesverfassungsgerichtes im Jahre 1979[133], in dem es klarstellte, dass die Unverletzlichkeit der Wohnung des Art. 13 GG auch im Rahmen der Zwangsvollstreckung zu beachten ist. Daraus folgt nach Art. 13 II GG das Erfordernis einer richterlichen Anordnung. Der Gesetzgeber hat die Rechtsprechung des Bundesverfassungsgerichtes durch die Einführung des § 758 a ZPO in Gesetzesrecht gegossen und dadurch das das Verfahrensrecht konstitutionalisiert.[134]

3. Die Fachgerichte

Auch die Fachgerichte sind am Konstitutionalisierungsprozess beteiligt, da sie an die Vorgaben der Verfassung gebunden sind. Zwischen den Verfassungsgerichten und den Zivilgerichten besteht in dieser Hinsicht damit Aufgabenparallelität.[135] Den Fachgerichten kommt nach dem Verfassungsverständnis von Grundgesetz und Constitución Española jedoch an erster Stelle die Umsetzung der verfassungsrechtlichen Vorschriften zu, da eine Kontrolle durch das Verfassungsgericht erst nachträglich erfolgt.[136] Damit hat auch die ordentliche Gerichtsbarkeit durch Erlass von Grundgesetz und spanischer Verfassung eine neue Rolle erhalten. Das durch die französische Revolution geprägte Verfassungsverständnis vertraute dem Parlament als demokratisch legitimierten Gesetzgeber blind und misstraute der rechtsprechenden Gewalt.[137] Montesquieu, dessen Ideen für die französische Revolution geistesgeschichtlich und politisch bestimmend waren, vertrat die Ansicht, dass „die Richter der Nation nicht mehr seien als ein Instrument, dass die Worte des Gesetzes ausspricht, unbeseelte Geschöpfe, die weder die Kraft noch Gültigkeit der Gesetze beeinflussen können".[138] Das Gesetz war der Wille des souveränen Volkes, dem durch das Parlament Ausdruck verliehen wurde. Die Richter hatten diesen Willen wortgetreu umzusetzen, ohne einen eigenen Spielraum zu haben. Dieser „technische Richter" des Liberalstaates hat durch den Erlass von Bonner Grundgesetz und CE 1978 eine verfassungsrechtliche Dimension erhalten und dadurch seine Rolle grundlegend geändert.[139] Durch die Anwendung von Verfassungsrecht in seinen Urteilen trägt der Richter unmittelbar zur Konstitutionalisierung der Rechtsordnung bei. Trotz der

---

[133] BVerfGE 51, 97 (107).
[134] In diesem Zusammenhang steht auch die Einführung der Gehörsrüge nach § 321a ZPO.
[135] *Schuppert/Bumke*, Die Konstitutionalisierung, S. 55 f.
[136] *Jiménez Asensio*, R.V.A.P. Nr. 62 (2002), S. 159 (175).
[137] *Jiménez Asensio*, R.V.A.P. Nr. 62 (2002), S. 159 (161).
[138] *Montesquieu*, Vom Geist der Gesetze, S. 71.
[139] *Jiménez Asensio*, R.V.A.P. Nr. 62 (2002), S. 157 (178).

Konzeption von Grundgesetz und CE 1978 nahmen die Fachgerichte ihre neue Rolle nicht immer wahr. In Deutschland war der BGH im Rahmen der Auslegung der ZPO zunächst sehr zurückhaltend gegenüber verfassungsrechtlichen Einflüssen.[140] Gründe für diese Zurückhaltung könnten darin liegen, dass das Zivilprozessrecht bereits 1877 erlassen wurde und damit sehr viel ältere dogmatische Grundlagen als das Grundgesetz aufweist. Überdies war die ZPO in ihrer ursprünglichen Fassung von einer liberalen Prozessauffassung geprägt: Freie Bürger stritten selbstverantwortlich um ihre Rechte – unabhängig von staatlicher Einflussnahme. Schumann vermutet[141], dass der BGH die ZPO zurückgehend auf ihre Ursprünge als „technisches Recht", welches keinen Einflüssen durch die Verfassung unterliegt, missverstanden habe.[142]
Deutlich wird diese Haltung in frühen Urteilen des BGH. In einer Entscheidung[143] aus dem Jahre 1956 stand in Frage, ob § 606 I 2 ZPO a.F. gegen den Gleichberechtigungsgrundsatz aus Art. 3 II GG verstößt. § 606 I S. 2 ZPO a.F. schrieb vor, dass die Gerichte des Aufenthaltsortes des Mannes in Ehesachen zuständig sind, soweit keine der Parteien ihren Wohnort am letzten gemeinschaftlichen Aufenthaltsort hat. In diesem Fall war also immer die Ehefrau gezwungen, dem Mann an seinen Gerichtstand zu folgen. Der BGH nahm keinen Verstoß gegen den Gleichberechtigungsgrundsatz aus Art. 3 II GG an: Die Zuständigkeitsvorschrift des § 606 ZPO wolle vor allem erreichen, dass nur ein ausschließlicher Gerichtsstand in Ehesachen begründet werde. Der Gesetzgeber könne sich dabei von verschiedenen Zweckmäßigkeitserwägungen leiten lassen. Die Zuständigkeit der Gerichte sei eine „abstrakte Ordnung (...), willkürlich geschaffen vom positiven Gesetzgeber".[144] Die heute anerkannte menschenrechtliche Bedeutung von Gerichtsständen[145] spielte in der Judikatur des BGH damit noch keine Rolle.[146]

---

140 *Schumann*, Bundesverfassungsgericht, Grundgesetz und Zivilprozeß, S. 70.
141 *Schumann*, Der Einfluß des Grundgesetzes, in: 50 Jahre BGH, S. 3 (30).
142 *Stein*, Grundriss des Zivilprozessrechtes und des Konkursrechtes, S. XIV (Vorwort zur 1. Aufl. 1921) war zu Beginn des 20. Jahrhunderts noch der Ansicht: „Der Prozeß ist für mich das ‚technische Recht' in seiner allerschärfsten Ausprägung, von wechselnden Zweckmäßigkeiten beherrscht, der Ewigkeitswerte bar."
143 BGH, FamRZ 1956, S. 186.
144 BGH, FamRZ 1956, S. 186 (187).
145 *Hess*, FS für Erik Jayme, S. 339 (346).
146 Diese Haltung des BGH auch in einem weiteren Urteil aus dem Jahre 1956 deutlich (BGH, FamRZ 1956, S. 223): § 11 BGB a. F. bestimmte, dass ein eheliches Kind den Wohnsitz seines Vaters teile. Die Vorinstanz hatte entschieden, dass § 11 BGB a.F. keine Anwendung mehr finden könne, da seit dem 16. 3. 1953 beide Elternteile die elterliche Gewalt über die Kinder ausüben und damit auch gemeinsam über den Wohnsitz entscheiden. Der BGH war demgegenüber der Auffassung, dass die Wohnsitzregelung des § 11 BGB a. F. allein auf der Zweckmäßigkeitserwägung beruhe, dass ein vom Sorgerecht und tatsächlichen Aufenthaltsort

Diese ablehnende Haltung des BGH führte immer wieder zu Korrekturen durch das Bundesverfassungsgericht. So missbilligte das Bundesverfassungsgericht Anfang der 80er Jahre die Annahmepraxis des BGH in Hinblick auf Revisionen. Der BGH lehnte Revisionen ab, um seine Arbeitsbelastung steuern zu können. Das BVerfG hielt diese Auslegung der Revisionsvorschriften für grundsätzlich zulässig – allerdings nicht bei Revisionen, „die nach der in diesem Stadium gebotenen Prüfung Aussicht auf Erfolg im Endergebnis besitzen".[147] Eine entgegenstehende Praxis des BGH verstoße gegen das Rechtsstaatsprinzip und den allgemeinen Gleichheitsgrundsatz.[148]
In Spanien bestehen ähnliche Probleme. Zwar sind die Fachgerichte gem. Art. 5 I LOPJ an die Verfassung gebunden und müssen die Gesetze in Übereinstimmung mit den verfassungsrechtlichen Vorschriften und Prinzipien auslegen sowie in Übereinstimmung mit den Entscheidungen des Verfassungsgerichtes. In Hinblick auf prozessuale Grundrechtsgewährleistungen scheint dies jedoch nicht immer zu gelingen, da die größte Zahl von Verfassungsbeschwerden in Spanien auf Art. 24 CE, der das Recht auf effektiven Rechtsschutz garantiert, gestützt wird.[149] Dies wird darauf zurückgeführt, dass die Gerichte die Rechtsprechung des Verfassungsgerichtes häufig nicht kennen und dadurch immer wieder dieselben Fragestellungen vor das Verfassungsgericht gelangen.[150]
Trotz dieser Probleme in Spanien und in Deutschland steht fest, dass die Fachgerichte auch im Rahmen der Auslegung der ZPO einen großen Einfluss auf den Prozess der Konstitutionalisierung nehmen können. Je mehr sie selbst die Verfassung heranziehen, desto größer wird ihre Selbstständigkeit gegenüber dem Gesetzgeber und Verfassungsgericht, da sie ihre Auslegung dann nicht mehr allein an den Gesetzen orientieren, sondern selbstständig die Verfassung anwenden – ohne auf Abmahnung durch die Verfassungsgerichte zu warten.[151]

---

unabhängiger gesetzlicher Wohnsitz des Kindes bestehen solle, insbesondere um Klarheit über die Zuständigkeit des angerufenen Gerichtes zu schaffen. § 11 BGB alte Fassung stelle damit eine formelle Ordnungsvorschrift dar, die keine sachliche Benachteiligung der Mutter wegen ihres Geschlechtes enthalte. Aus dieser Entscheidung folgert *Bosch* in seiner Urteilsanmerkung (FamRZ 1956, S. 223 (226), dass der „Richter offenbar doch überfordert ist, wenn ihm nun die Aufgabe zugewachsen ist, statt der Legislative den Art. 3 II GG neu zu konkretisieren".

[147] BVerfGE 54, 277 (281).

[148] BVerfGE 54, 277 (281).

[149] *Diez-Picazo*, REDC Nr. 40 (1994), S. 9 (12); Im Jahr 1980 betrug die Zahl der Verfassungsbeschwerden insgesamt 218, im Jahre 1990 2893. In den Verfassungsbeschwerden, die mit einem Urteil endeten war Art. 24. CE von 1981 bis 1990 in 56,22 % der Fälle verletzt.

[150] *Diez-Picazo*, REDC Nr. 40 (1994), S. 9 (16 f.).

[151] *Schuppert/Bumke*, Die Konstitutionalisierung, S. 56 f.

4. Die Rechtswissenschaft

Neben Gerichten und Gesetzgeber haben auch die rechtswissenschaftlichen Fächer Einfluss auf den Prozess der Konstitutionalisierung, da sie die dogmatischen Grundlagen des einfachen Rechts den verfassungsrechtlichen Vorgaben anpassen müssen.[152] In Deutschland gibt es deshalb zahlreiche Abhandlungen, die sich mit dem Verhältnis von Verfassungsrecht zum Prozessrecht befassen.[153] Jedoch war das Verhältnis zwischen Prozessrechtswissenschaft und Verfassung nicht immer reibungsfrei, da die es die Verfassung erfordern kann, traditionsreiche dogmatische Grundlagen über Bord zu werfen.[154] Zu verweisen ist beispielsweise auf die ablehnende Haltung der Prozessualisten zur Rechtsprechung des Bundesverfassungsgerichtes im Bereich des Zwangsvollstreckungsrechts: Kritik wurde dahingehend geäußert, dass die Judikatur des Bundesverfassungsgerichtes die Differenzierung zwischen klassischer Eingriffsverwaltung und Zwangsvollstreckungsrecht nicht immer hinreichend beachtet habe und den Schwerpunkt zu sehr auf den Schuldnerschutz gelegt habe.[155]

Auch in Spanien stellt die Prozessrechtswissenschaft eine wichtige Säule des Konstitutionalisierungsprozesses dar. Dies wird daran deutlich, dass als wissenschaftlicher Zweig innerhalb des Prozessrechts ein „derecho constitucional procesal" (verfassungsrechtliches Prozessrecht) existiert. Es beschäftigt sich mit den verfassungsrechtlichen Anforderungen an den Prozess – im Unterschied zum „derecho procesal constitucional" (Verfassungsprozessrecht), welches sich mit dem Prozess vor dem Verfassungsgericht beschäftigt.[156] Aus diesem Grund gibt es auch in Spanien zahlreiche Publikationen, die sich ausschließlich mit dem Einfluß der Verfassung auf das Prozessrecht beschäftigen und die Rechtsprechung des spanischen Verfassungsgerichtes zum Zivilprozess systematisieren.[157]

---

[152] *Schuppert Bumke*, Die Konstitutionalisierung, S. 57.

[153] *Benda/Weber*, ZZP 96 (1983), S. 285 ff.; *Bettermann*, JBl. 1972, S. 57.
Schumann, Bundesverfassungsgericht, Grundgesetz und Zivilprozess; *Schumann*, Der Einfluß des Grundgesetzes auf die zivilprozessuale Rechtsprechung, in: 50 Jahre Bundesgerichtshof, München 2000, S. 3 ff.; *Schwab*, Verfassung und Zivilprozess, 1984; *Stürner*, Verfahrensgrundsätze des Zivilprozesses und Verfassung, FS für Fritz Baur, 1981, S. 647 ff.; *Redeker*, Verfahrensgrundrechte und Justizgewährungsanspruch, NJW 2003, S. 2956.

[154] *Schuppert/Bumke*, Die Konstitutionalisierung, S. 57.

[155] *Gerhardt*, ZZP 95 (1982), S. 466 (475 ff.).

[156] *Montero Aroca*, Derecho jurisdiccional I, S. 319.

[157] *Alonso Garcia*, in: Estudios sobre la Constitución Española, Homenaje al Profesor Eduardo Garcia de Enterria, S. 973 – 1026; *González Rivas*, Revista de derecho procesal: dirigida a Iberoamérica, 2002 (1-3), S. 151 – 160; *Carreras del Rincón*, Comentarios a la doctrina procesal civil del tribunal constitucional y del tribunal supremo; *Fontan Silva*, La Ley Nr. 5197 S. 1- 6, Nr. 5198 S. 1 – 8; *Montón Redondo*, TdJ 2002 (7), S. 1 – 8; *Picó i*

III. Resümee

Die Entwicklung hin zu einem Prozess der Konstitutionalisierung des Prozessrechts verlief in beiden Ländern weitgehend parallel. Zum Zeitpunkt des Erlasses von LEC/1881 und ZPO von 1877 herrschte in beiden Ländern ein liberales Verfassungsverständnis vor, das auch auf die Verfahrensordnungen jener Zeit abfärbte. Auf staatsrechtlicher Ebene existierte in Spanien und Deutschland weder eine Verfassungsgerichtsbarkeit noch eine unmittelbare Grundrechtsbindung der öffentlichen Gewalt.[158] Beide Länder waren durch das Verfassungsverständnis der französischen Revolution beeinflusst, welches den Gesetzgeber als unantastbaren Souverän betrachtete und seine Kontrolle deshalb nicht vorsah.[159] Außerdem war bei Schaffung von LEC/1881 und ZPO von 1877 noch kein Recht auf effektiven Rechtsschutz anerkannt und prozessuale Gewährleistungen bezogen sich in erster Linie auf den Strafprozess. Damit war der Zivilprozess noch nicht in den Fokus des Verfassungsrechts gerückt, sondern galt allein als Privatangelegenheit der Parteien.

Zu einer Konstitutionalisierung des Verfahrens kommt es in beiden Ländern erst durch den Erlass von Grundgesetz und CE 1978. Beide sehen eine Verfassungsgerichtsbarkeit vor, die öffentliche Gewalt ist unmittelbar an Grundrechte gebunden und die Verfassungen werden als Werteordnung für das gesamte Gemeinwesen verstanden[160], die auch und insbesondere auf das Verfahrensrecht einwirkt. Diese Einwirkung erfolgt in erster Linie durch das Recht auf effektiven Rechtsschutz, das sowohl durch das Grundgesetz als auch durch die spanische Verfassung garantiert wird (Art. 19 IV GG und Art. 24 CE). In beiden Ländern war Grundlage der Anerkennung des Rechts auf effektiven Rechtsschutz auch die prozessuale Entwicklung, die Mitte des 19. Jahrhunderts in Deutschland begann und schließlich zu Beginn des 20. Jahrhunderts Spanien erreichte. Es setzte sich die Vorstellung durch, dass das Klagerecht nicht mehr von der Existenz eines materiellen Privatrechts abhängt und die Klagebefugnis spezifisch prozessuale Voraussetzungen hat, die dem öffentlichen Recht zuzuordnen sind.[161] Die

Junoy, Las garantías constitucionales del proceso; *Saraza Jimena*, Doctrina Constitucional aplicable en materia civil y procesal civil; *Vallespín Pérez*, El modelo constitucional de juicio justo en el ámbito del proceso civil.

[158] *Hoffmann-Riem*, JZ 2003, S. 269 (272 f); *Jiménez Asensio*, R.V.A.P. Nr. 62 (2002), S. 157 (161 ff.).

[159] *Jiménez Asensio*, R.V.A.P. Nr. 62 (2002), S. 157 (164). Der Autor bezieht sich auf kontinentaleuropäische Verfassungen, die vor dem 2. Weltkrieg Geltung hatten.

[160] *E.-W. Böckenförde*, Geschichtliche Entwicklung und Bedeutungswandel der Verfassung, in: Staat, Verfassung, Demokratie, S. 29; *Saraza Jimena*, Doctrina constitucional aplicable en materia civil y procesal civil, S. 19 f.; STC 80/1982; STC 21/1981, F.J. 8.

[161] *Bülow*, ZZP 31 (1903), S. 191 (192); Heute unstrittig anerkannt. Vgl. dazu *Jauernig*, Zivilprozessrecht, § 2 V; *Rosenberg/Schwab*, Zivilprozessrecht, § 1 Rdnr. 25, jeweils m.w.N.

Zuordnung des Zivilprozesses zum öffentlichen Recht bahnte den Weg dafür, die Lehre vom subjektiv öffentlichen Recht, die Gerber[162] Mitte des 19. Jahrhunderts entwickelte, auf den Zivilprozess zu übertragen: Man erkannte ein subjektiv-öffentliches Recht des Bürgers auf effektiven Rechtsschutz und Justizgewährung für den Zivilprozess an.[163] Dieses subjektiv öffentliche Recht fand Einzug in die modernen Verfassungen und konnte dadurch Einfluss auf das Zivilverfahren in Spanien und Deutschland nehmen. Damit ist neben dem Wandel des Verfassungsverständnisses auch der theoretische Umbau des Zivilprozesses entscheidend für die Einflussnahme der Verfassungen auf den Zivilprozess in Spanien und in Deutschland. Verfassungsverständnis und prozessuales Umdenken stehen in Hinblick auf die Konstitutionalisierung des Prozessrechts in einer Wechselwirkung: Der Wandel des Verfassungsverständnisses und moderne staatsrechtliche Strömungen haben das prozessuale Umdenken beeinflusst. Dieses Umdenken wiederum schaffte die Voraussetzung dafür, das Recht auf effektiven Rechtsschutz im Zivilprozess in die nationalen Grundrechtskataloge und auch die EMRK aufzunehmen. Dies stellt neben den verfassungsrechtlichen Rahmenbedingungen die Grundlage für eine Konstitutionalisierung des Prozessrechtes dar.

IV. Grenzen der Konstitutionalisierung

Der Prozess der Konstitutionalisierung unterliegt auch Grenzen. Je mehr als verfassungsrechtlich geboten erscheint, desto enger wird der Gestaltungsspielraum des Gesetzgebers. Dies kann zum einen daran liegen, dass der Gesetzgeber konkrete Gesetzgebungsaufträge des Bundesverfassungsgerichtes vollzieht, zum anderen aber auch daran, dass er selbst im amtlichen Begründungen seiner Regelungen auf verfassungsrechtliche Aspekte hinweist und sich dadurch selbst „einschnürt".[164] In Hinblick auf Urteile Karlsruhes besteht die Gefahr, dass „alles was das Bundesverfassungsgericht aus dem Grundgesetz, beispielsweise aus Art. 103 I GG, herausholt bzw. hineinlegt, als verfassungsharte Substanz zum Vorschein gebracht wird und in bedenklicher Weise die einfache Rechtsordnung auf ewig zementieren kann"[165]. Denn was einmal als verfassungsgeboten qualifi-

[162] *Gerber*, Über öffentliche Rechte, S. 65; *ders.*, Grundzüge des deutschen Staatsrechts, S. 229.

[163] *Degenkolb*, Beiträge zum Zivilprozess (1905), S. 12 ff. (14) spricht „vom wechselseitigen Tauschgeschäft zwischen Staat und Partei" – d. h. für den Verzicht auf die Selbsthilfe erhält die Partei das Klagerecht. Vgl. zur Entwicklung zusammenfassend: *Simshäuser*, Zur Entwicklung, S. 111 (112) m.w.N.

[164] *Schmidt-Aßmann*, Das allgemeine Verwaltungsrecht (1982), S. 38 ff.

[165] *Gerhardt*, ZZP 95 (1982), S. 466 (478).

ziert wird, kann schwer rückgängig gemacht werden. Insbesondere im Bereich des Verfahrensrechtes wird die Überladung mit verfassungsrechtlichen Inhalten kritisiert, da „ein verfassungsrechtlich zwingendes Urteil bei Verfahrensgestaltungen mit hinreichender Überzeugungskraft" kaum möglich sei, und dass „das Verfahrensrecht ein Gebiet sei, das aus sich selbst heraus verstanden werden muss."[166]

Deshalb sollte die Eigenständigkeit der Rechtsordnung eine Grenze für den Konstitutionalisierungsprozess bilden. Der demokratisch legitimierte Gesetzgeber muss einen Gestaltungsspielraum haben, der nicht durch ein vom Bundesverfassungsgericht angelegtes verfassungsrechtliches Korsett zu sehr eingeengt werden darf. Der politischen Mehrheit muss es möglich sein, Veränderungen in Gang zu setzen – dafür darf der verfassungsrechtliche Aktionsradius jedoch nicht zu eng sein.[167]

Neben diesen normativen Grenzen der Konstitutionalisierung bestehen auch rein faktische Grenzen. Die Umbildung der Rechtsordnung verursacht sachliche und personelle Kosten: Der Prozess der Konstitutionalisierung bindet Ressourcen, da einfache Gerichte, das BVerfG, der Gesetzgeber und die Rechtswissenschaft dadurch belastet werden.[168] Insbesondere in wirtschaftlichen Krisenzeiten wird die Beachtung von Grundrechten deshalb zur Kostenfrage. Dies darf allerdings nicht dazu führen, dass verfassungsrechtlich Gebotenes mit dem Hinweis auf die finanzielle Belastung der Staatshaushalte unterlassen wird, da die Wertentscheidungen des Grundgesetzes unabhängig davon Geltung besitzen und ihre Tragfähigkeit sich gerade in Krisenzeiten erweisen muss.

---

166 *Schmidt-Aßmann*, Das allgemeine Verwaltungsrecht als Ordnungsidee und System, S. 42.

167 *Schuppert/Bumke*, Die Konstitutionalisierung, S. 65 f.

168 *Schuppert/Bumke*, Die Konstitutionalisierung, S. 67. Diese Ressourcenbindung wird etwa auch deutlich an der Einführung des § 321a ZPO im neuen Recht: Die Verfassungsgerichte wurden jahrzehntelang belastet, bevor der Gesetzgeber reagierte und die Gehörsrüge einführte. Diese wiederum musste nachgebessert werden und auch heute stellt sie keine unproblematische Lösung dar. Dadurch findet eine Ressourcenbindung statt, an der Gerichte, Lehre, und Gesetzgeber seit Jahren beteiligt sind. Vgl. zu dieser Problematik 2. Teil B III 1.

B) Konstitutionalisierung auf supranationaler Ebene – die EMRK

I. Die Internationalisierung des Menschenrechtsschutzes

Der vorangegangene Abschnitt skizzierte die Grenzen der Konstitutionalisierung auf nationaler Ebene. Auf internationaler Ebene stellt die voranschreitende Globalisierung eine solche Grenze dar.[169] Der Begriff Globalisierung umschreibt eine immer engere Verflechtung von Wirtschaftssystemen, Gesellschaften und Staaten.[170] Rechtlich relevante Globalisierungsprozesse dieser Art sind im Bereich der Sicherheitspolitik etwa die Vereinten Nationen und die NATO, im Bereich des Welthandels die WTO. Diese Organisationen führen zu einer Bindung der Nationalstaaten an Entscheidungen supranationaler Akteure: Die Verhängung eines Wirtschaftsembargos etwa ist gem. § 41 der Satzung der Vereinten Nationen für die Mitgliedstaaten verbindlich.[171] Und auch das WTO-Recht sieht eine Bindung an im Rahmen von Streitbeilegungsverfahren getroffene Empfehlungen und einen Mechanismus zu ihrer Durchsetzung vor.[172] Daneben spielen regionale Systeme wie die EU eine Rolle, deren Mitgliedstaaten immer mehr Aufgaben auf die Europäische Union übertragen. Der Amsterdamer Vertrag etwa[173], der am 1. Mai 1999 in Kraft trat, führte zu einer Vergemeinschaftung im Bereich des freien Personenverkehrs. Für Gegenstände der Binnen- und Außengrenzen, der Visum-, Asyl- und Einwanderungspolitik sowie der Zusammenarbeit der Justizbehörden in Zivilsachen werden Regelungen nunmehr durch Richtlinie und Verordnung getroffen.[174] Entscheidungszentren liegen damit nicht mehr nur im nationalen Wirkkreis der Verfassung und sind ihren Bindungswirkungen entzogen.[175] Je mehr Aufgaben in dieser Form auf internationale Organisationen übertragen werden, desto mehr verringert sich der Einfluss der nationalen Verfassungen.[176]

---

[169] *Schuppert/Bumke*, Die Konstitutionalisierung, S. 68.

[170] *Hilf/Oeter*, WTO-Recht, § 1 Rdnr. 4.

[171] *Walter*, DVBl. 2000, S. 1 (2).

[172] Am 1. Januar 1995 trat die Vereinbarung über Regeln und Verfahren zur Beilegung von Streitigkeit in Kraft (DSU=Dispute Settlement Understanding), das auch die Möglichkeit umfassender Sanktionen vorsieht. Vgl. dazu *Hilf/Oeter*, WTO-Recht, § 27 Rdnr. 1 ff.

[173] BGBl. 1998 II, S. 386 ff.

[174] *Herdegen*, Europarecht, § 4 Rdnr. 23.

[175] *Walter*, DVBl. 2000, S. 1 (2 f.).

[176] Im Zusammenhang mit dem Steuerungsdefizit nationaler Verfassungen ist auch der „Entwurf eines Vertrages über eine Verfassung für Europa" zu nennen (ABl. 2003 C 169, S. 1 ff.). Dessen Zielsetzung ist es auch, Steuerungsdefiziten entgegenzuwirken. Nach der Ablehnung des Vertrages durch das französische und niederländische Volk ist seine Umsetzung jedoch unsicher.

Neben diesen rechtlichen Globalisierungsprozessen führen auch die internationalen Kapitalströme und die weltweite Verflechtung von Wirtschaftsunternehmen dazu, dass die nationalen Verfassungen ihre Wirkkraft einbüßen.[177] Dies hat auch Konsequenzen im Bereich des Zivilprozessrechts. Denn international ausgerichtete Unternehmen können sich durch „forum shopping", d.h. die Wahl des für sie günstigsten Gerichtsstandes, prozessualen Grundrechtsgewährleistungen entziehen. Die Europäische Konvention zum Schutz der Menschenrechte (EMRK) kann im Gegensatz zu den nationalen Verfassungen losgelöst von den Begriffen Volk und Nation die durch die Globalisierung entstehende Lücke des Grundrechtsschutzes zumindest in ihrem Geltungsbereich auffangen.[178]

II. Die EMRK als Konstitutionalisierungsprozess

Im Gegensatz zu den nationalen Verfassungen errichtet („verfasst") die EMRK keine Hoheitsgewalt, sondern begrenzt die Hoheitsgewalt anderer Staaten. Der Europäische Gerichtshof für Menschenrechte kann auf völkerrechtlicher Ebene einen Rechtsverstoß feststellen. Jedoch hat er nicht die Macht, ein Gesetz für nichtig zu erklären oder ein Urteil aufzuheben wie die Verfassungsgerichte Spaniens und Deutschlands.[179] Nach Art. 46 I EMRK verpflichten sich die Mitgliedstaaten lediglich, die Urteile des EGMR zu befolgen.[180]
Darüber hinaus unterscheidet sich die EMRK in Hinblick auf ihre Aufgabenstellung von den nationalen Verfassungen. Die klassischen nationalen Verfassungen haben drei Funktionen. Sie sollen staatliche Gewalt legitimieren, Ordnungsregeln aufstellen und die Ausübung hoheitlicher Macht gegenüber dem Bürger begrenzen.[181] Legitimations- und Organisationsfunktion kommt der EMRK nicht zu, da keine staatliche Hoheitsgewalt hinter der EMRK steht.[182] Allerdings könnte man die EMRK insofern als Teilverfassung oder Grundrechtsverfassung bezeichnen, als sie durch die Gewährung klassischer Abwehrrechte des Bürgers gegen den Staat zumindest eine Begrenzung staatlicher Macht zum Ziel hat.[183]
Damit sind zwei Voraussetzungen angesprochen, die bereits im Rahmen der Konstitutionalisierung durch die nationalen Verfassungen als notwendige Bedingungen für einen Konstitutionalisierungsprozess hervorgehoben wurden: Der

---

[177] *Schuppert/Bumke*, Die Konstitutionalisierung, S. 70.
[178] *Walter*, DVBl. 2000, S. 1 (10).
[179] Vgl. zu den Kompetenzen des deutschen und spanischen Verfassungsgerichtes bereits 1. Teil A II 1.
[180] *Walter*, ZaöRV 1999, S. 961 (965).
[181] *Walter*, DVBl. 2000, S. 1 (5) m.w.N.
[182] *Hoffmeister*, Der Staat 2001, S. 349 (354 f.).
[183] *Walter*, ZaöRV 59 (1999), S. 961 (965).

Geltungsvorrang der Verfassung und die Existenz eines Verfassungsgerichtes. Um den Konstitutionalisierungsprozess auf europäischer Ebene umschreiben zu können, ist folglich zu untersuchen, welcher Rang der EMRK in den Konventionsstaaten Spanien und Deutschland zukommt und inwiefern Urteile des EGMR – trotz seiner geringen Kompetenzen – auf die Rechtsordnungen Spaniens und Deutschland einzuwirken vermögen. Neben diesen formalen Kriterien ist für die konstitutionalisierende Wirkung der EMRK entscheidend, welche Bedeutung ihr in den Rechtsordnungen Spaniens und Deutschlands von beigemessen wird.

1. Der Rang der EMRK in Deutschland und Spanien

Obwohl die Konvention nicht ausdrücklich festlegt, im innerstaatlichen Recht anwendbar zu sein, haben sowohl Spanien als auch Deutschland die EMRK in ihre Rechtsordnungen inkorporiert.[184] Da es keine Verpflichtung zur Umsetzung der EMRK in nationales Recht gibt, obliegt es den Mitgliedstaaten, welche Rechtsstellung die EMRK im nationalen Recht einnimmt.[185] Folge ist, dass die EMRK in der Normhierarchie der Konventionsstaaten unterschiedliche Positionen innehat. Die Spannbreite reicht vom Rang eines einfachen Gesetzes bis hin zum Verfassungsrang.[186]

a) Deutschland

In der Bundesrepublik Deutschland hat die EMRK den Rang eines einfachen Bundesgesetzes. Sie ist keine allgemeine Regel des Völkerrechts im Sinne des Art. 25 GG, die den einfachen Gesetzen vorgeht.[187] Zu diesen Regeln zählen nur

---

[184] Deutschland hat die EMRK am 7.8.1952 ratifiziert. Spanien trat der EMRK 1977 bei, kurz nach Ende der Diktatur. Ratifiziert wurde die EMRK 1979 (Boletín Oficial del Estado, 10 de noviembre de 1979).

[185] *Frowein*, Übernationale Menschenrechtsgewährleistungen, in: Isensee/Kirchhof, HStR VII, § 180, Rdnr. 5; EGMR, 6. 2. 1976, (Swedish Engine Drivers Union ./. Schweden), Beschwerdenr. 5614/72.

[186] In Österreich genießt die EMRK formalen, in der Schweiz sogar materiellen Verfassungsrang. In den meisten Konventionsstaaten geht sie Gesetzen im Rang vor (Bulgarien, Estland, Frankreich, Griechenland, den Niederlanden, Luxemburg, Polen, Spanien, Portugal, Russland, Slowenien, Zypern, Lettland, Georgien, Malta, Norwegen, Rumänien, Tschechien und der Slowakei). In Belgien, Deutschland, Finnland, Italien, Liechtenstein, Litauen, San Marion, Türkei, Ungarn hat die EMRK einfachen Gesetzesrang. Vgl. dazu *Hoffmeister*, Der Staat 2001, S. 349 (360 ff.).

[187] *Jarass/Pieroth*, GG, Art. 25 Rdnr. 8; BVerfGE 19, 342 (347); aA. *Bleckmann*, EuGRZ 1994, S. 149 (153 ff.).

die Normen des universellen Völkerrechts, nicht aber die des regionalen oder partikularen Völkervertragsrechts zu denen die EMRK gehört.[188] Bestandteil des universellen Völkerrechts sind einzig die Regeln des „Ius cogens". Damit sind wenige zwingende Vorschriften des Völkerrechts gemeint, von denen kein Völkerrechtssubjekt abweichen darf und die über sonstigen Regeln des Völkerrechts stehen. Dazu gehören die elementaren Menschenrechte (Verbot von Sklaverei, Völkermord und Folter), das Verbot des Angriffskrieges und das Selbstbestimmungsrecht der Völker.[189] Diese universellen Regeln des Völkerrechts sind automatisch gem. Art. 25 GG Bestandteil der deutschen Rechtsordnung, ohne dass es eines Rechtsanwendungsbefehls durch ein Transformationsgesetz im Sinne des Art. 59 II GG bedarf.[190] Darüber hinaus haben diese universellen Regeln des Völkerrechts Vorrang vor einfachen Bundesgesetzen – d.h. der Gesetzgeber kann sie nicht durch ein einfaches zeitlich späteres Gesetz abändern. Verstöße gegen das allgemeine Völkerrecht im Sinne des Art. 25 GG stehen Verstößen gegen das Grundgesetz gleich.[191] Den in der EMRK garantierten Gewährleistungen kommt hingegen weder Verfassungsrang noch Übergesetzesrang zu. Sie sind keine Grundrechte im Rechtssinne. Eine Verfassungsbeschwerde kann nicht auf eine Verletzung der Rechte in der EMRK gestützt werden.[192]

Außerdem folgt aus dem Rang der EMRK als einfaches Bundesgesetz, dass ein später erlassenes formelles Gesetz wirksam gegen Garantien der EMRK verstoßen kann.[193] Deutlich wurde dies im Fall „Luedicke, Belkacem und Koc gegen Deutschland". Es ging um die Frage, wer im Strafverfahren die Dolmetscherkosten zu tragen hat: Der EGMR stellte 1978 fest, dass aus Art. 6 III e) EMRK folge, dass entgegen der damals bestehenden Rechtslage auch ein verurteilter Angeklagter die Dolmetscherkosten nicht übernehmen müsse.[194] Diese Rechtsprechung bestätigte der EGMR im Fall Öztürk gegen Deutschland 1985 auch für das Bußgeldverfahren.[195] In beiden Fällen führte erst eine spätere Gesetzesänderung zu einer konventionskonformen Situation in Deutschland.[196] Bis zu diesem Zeitpunkt waren die Gerichte aufgrund ihrer Gesetzesbindung aus Art. 20 III

[188] *Kirchhof*, EuGRZ 1994, S. 15 (26).

[189] *Herdegen*, Völkerrecht, § 16, Rdnr. 14.

[190] BVerfGE 6, 309 (363); 23, 288 (316); 46, 342 (363).

[191] *Steinberger*, Allgemeine Regeln des Völkerrechts, in: *Isensee/Kirchhof*, HStR VII, § 173, Rdnr. 50-52.

[192] *Sternberg*, Staatsrecht, C 11, S. 84; ständige Rtspr.: BVerfGE 10, 271 (274); 34, 384 (395); 41, 126 (149); 64, 135 (157); 74, 102 (128); zuletzt BVerfG, NJW 2004, S. 3407 f.

[193] *Hoffmeister*, Der Staat 2001, S. 349 (364).

[194] EGMR, 28.11.1978, Luedicke, Belkacem und Koc ./. Deutschland, EuGRZ 1979, S. 34.

[195] EGMR, 21.2.1984, Oztürk ./. Deutschland, EuGRZ 1985, S. 62.

[196] Am 18. 8. 1980 passte der Bund das Gerichtskostengesetz an (BGBl. 1980 I, S. 1503). 1989 änderte er die Vorschriften des Bußgeldverfahrens (BGBl. 1989 I, S. 1083).

GG verpflichtet, die konventionswidrigen Gesetze anzuwenden.[197] Damit gilt in Zusammenhang mit der EMRK die Grundregel „lex posterior derogat legi priori", d. h. im Kollisionsfall muss die EMRK einem später erlassenen Bundesgesetz weichen.[198]
Diese Rechtslage hat in Deutschland zu Kritik geführt. Eine effektive und einheitliche Anwendung der EMRK in den Mitgliedstaaten erscheine nicht gewährleistet, da das BVerfG aufgrund des Rangs der EMRK als einfaches Bundesgesetz einer Konventionsverletzung nicht im Vorfeld eines Verfahrens vor dem EGMR abhelfen könne.[199] Jedoch haben Vorschläge, der EMRK Verfassungsrang zuzubilligen, sich bislang nicht durchgesetzt.[200]

b) Spanien

In Spanien sind völkerrechtliche Verträge gem. Art. 96 CE Bestandteil des spanischen Rechts, sobald sie im Gesetzblatt veröffentlicht sind. Eines innerstaatlichen Rechtssetzungsaktes durch das Parlament bedarf es in Spanien nicht.[201] Damit ist die EMRK durch ihre Veröffentlichung im Gesetzblatt seit 1979 Teil der spanischen Rechtsordnung.[202] Dies steht im Gegensatz zur Situation in Deutschland, wo „langfristige grundsätzlich unauflösbare Bindungen völkerrechtlicher Art" gem. Art. 59 II GG einer parlamentarischen Abstützung bedürfen. Es soll keine vertragliche Bindung eintreten, die durch eine spätere Missbilligung des Parlaments nicht mehr beseitigt werden kann.[203]
Welchen Rang die auf diesem Wege Bestandteil der spanischen Rechtsordnung gewordenen internationalen Verträge haben, ist in der spanischen Verfassung

---

[197] *Hoffmeister*, Der Staat 2001, S. 349 (364).
[198] Es ist allerdings zu beachten, dass dies nicht im Verhältnis zu Landesgesetzen gilt, da gem. Art. 31 GG Bundesrecht Landesrecht bricht. Darüber hinaus geht die EMRK als Bundesgesetz auch bundesrechtlichen Verordnungen und Satzungen als höherrangigem Recht vor, sowie früher erlassenen Bundesgesetzen nach dem lex - posterior - Grundsatz. Vgl. *Dremczewski*, European human rights convention in domestic law, S. 108; *Kirchhof*, EuGRZ 1994, S. 16 (25).
[199] *Bleckmann*, EuGRZ 1994, S. 149 (152) möchte die EMRK als Völkergewohnheitsrecht iSd. Art. 25 GG betrachten. *Limbach* (EuGRZ 2000, S. 417 ff.) erscheint es nachdenkenswert, dass das BVerfG aus prozessökonomischen Gründen zukünftig eine umfassende Prüfung nicht nur am Maßstab des GG sondern auch der EMRK vornehmen sollte. Vgl. ausführlich zu den einzelnen Lösungsansätzen *Walter*, ZaöRV 1999, S. 961 (971 ff.).
[200] *Kirchhof*, EuGRZ 1994, S. 15 (26).
[201] *Alonso de Antonio/ Alonso de Antonio*, Derecho Constitucional Español, S. 115 f.; *Mangas Martin*, Revista de Derecho de la Universidad Complutense, No. 61 (1981), S. 143 (173).
[202] Boletín Oficial del Estado (BOE), 10. November 1979.
[203] BVerfGE 68, 1 (88); 90, 286 (357).

nicht ausdrücklich geregelt. Allerdings schließt man aus dem Wortlaut des Art. 96, dass internationale Verträge im Rang über den einfachen Gesetzen stehen. Art. 96 CE sieht vor, dass die Vorschriften eines internationalen Vertrags nur in Übereinstimmung mit seinen eigenen oder den allgemeinen Regeln des Völkerrechts abbedungen, geändert oder aufgehoben werden können.[204] Das bedeutet mit anderen Worten, dass internationale Verträge nicht von einem späteren nationalen Gesetz abgeändert werden können – die Regel „lex posterior derogat legi priori" gilt damit in Spanien für die EMRK nicht.[205]

c) Auswirkungen der Stellung der EMRK im innerstaatlichen Recht

Rechtlich betrachtet hat die EMRK durch ihre Stellung als einfaches Bundesgesetz weniger Einfluss auf die deutsche Rechtsordnung als dies in Spanien der Fall ist. Deutlich wird dies insbesondere daran, dass in Deutschland ein zeitlich nachfolgendes Gesetz Bestimmungen der EMRK abändern könnte, während dies in Spanien nicht möglich ist. Rechtlich bedeutsamer ist die Rolle der EMRK in Spanien außerdem, weil ein Verstoß gegen die Bestimmungen der EMRK regelmäßig auch einen Verstoß gegen spanisches Verfassungsrecht darstellt, da gem. Art. 10.2 die EMRK bei Auslegung der spanischen Verfassung heranzuziehen ist. Durch diesen Verfassungsbezug wird die EMRK in Spanien zum Maßstab für alle staatlichen Organe.

Dies bedeutet jedoch nicht, dass die EMRK keinen Einfluss auf die deutsche Rechtsordnung nehmen kann. Überspielt wird ihre Schwäche zum einen durch den Grundsatz der völkerrechtsfreundlichen Auslegung: Ein später erlassenes Bundesgesetz muß im Rahmen geltender methodischer Standards so ausgelegt werden, dass es mit der EMRK in Einklang steht.[206] Und auch der Anwendung der Regel „lex posterior derogat legi anteriori" kommt keine allzu weitreichende Schärfe zu – gilt sie doch nur, soweit es sich um Bundesgesetze handelt, die zeitlich nach der EMRK erlassen wurden. Vor Inkrafttreten der EMRK erlassenes konventionswidriges Bundesrecht wird von der EMRK als nachfolgendes Gesetz verdrängt. Auch gegenüber Landesrecht setzt sich die EMRK durch, da gem. Art. 31 GG Bundesrecht entgegenstehendes Landesrecht bricht. Dasselbe

---

[204] *Mangas Martin*, Revista de Derecho de la Universidad Complutense, No. 61 (1981), S. 143 (178).

[205] *Stenderup Jensen*, *Rodrígeuz –Vergara Díaz,* Nordic Journal of International Law 63 (1994), S. 139 (144 f.); *Mangas Martin*, Revista de Derecho de la Universidad Complutense, No. 61 (1981), S. 178.

[206] Hk-EMRK, Einl. Rdnr. 29.

gilt, soweit es sich um Satzungen oder Rechtsverordnungen handelt.[207] Außerdem kann der Gesetzgeber auf Urteile Straßburgs reagieren und gegen die Konvention verstoßendes zeitlich später erlassenes Bundesrecht ändern. So führten etwa die Entscheidungen des EGMR in den oben erwähnten Fällen Luedicke, Belkacem, Koc und Öztürk letztlich zu einer Gesetzesänderung durch den deutschen Gesetzgeber.
Daneben hat die EMRK Einzug in die Rechtsprechung des Bundesverfassungsgerichtes gehalten. Das Bundesverfassungsgericht geht davon aus, dass in der willkürlichen Auslegung oder Anwendung von Konventionsbestimmungen eine Verletzung von Art. 3 I GG liegen kann.[208] Es stellte klar, dass „bei der Auslegung des Grundgesetzes auch der Inhalt und Entwicklungsstand der Europäischen Menschenrechtskonvention in Betracht zu ziehen sind, sofern dies nicht zu einer Einschränkung oder Minderung des Grundrechtsschutzes nach dem Grundgesetz führt“ - eine Wirkung, die die Konvention indes selbst ausgeschlossen wissen will (Art. 60 EMRK). Deshalb dient insoweit auch die Rechtsprechung des Europäischen Gerichtshofs für Menschenrechte als Auslegungshilfe für die Bestimmung von Inhalt und Reichweite von Grundrechten und rechtsstaatlichen Grundsätzen des Grundgesetzes.[209]
Das Verhältnis zwischen Bundesverfassungsgericht und EGMR ist jedoch trotz dieser im Grundsatz völkerrechtsfreundlichen Haltung von Spannungen geprägt. In der Entscheidung Görgülü[210] erweiterte das Bundesverfassungsgericht zwar die Möglichkeit, eine Verletzung des Grundgesetzes anzunehmen, wenn ein nationales Gericht ein Urteil des EGMR, das einen von ihm entschiedenen Fall betrifft, nicht berücksichtigt. Eine solche Nichtberücksichtigung kann nunmehr als Verstoß gegen das in seinem Schutzbereich berührte Grundrecht i.V.m. dem Rechtsstaatsprinzip mit der Verfassungsbeschwerde angegriffen werden.[211] Das Bundesverfassungsgericht stellte die Beachtung Straßburger Urteile jedoch unter den Vorbehalt der Vereinbarkeit mit dem Grundgesetz.[212] Aufgrund dieser Einschränkung erfuhr das Urteil des Bundesverfassungsgerichtes heftige Kritik: Die Berücksichtigungspflicht sei zu schwach ausgeprägt, da das nationale Gericht von einer Entscheidung des EGMR schon dann abweichen könne, wenn es dies

---

[207] *Dremczewski*, European human rights convention, S. 108; *Kirchhof*, EuGRZ 1994, S. 16 (25).
[208] BVerfGE 64, 135 (157); 74, 102 (128); Das Bundesverfassungsgericht hat in den Entscheidungen keine Verletzung des Art. 3 I angenommen – aus den Ausführungen geht jedoch hervor, dass eine willkürliche Auslegung und Anwendung der Vorschriften der EMRK eine Verletzung des Art. 3 I GG darstellen kann.
[209] BVerfGE 74, 358 (370).
[210] BVerfG, NJW 2004, S. 3407 ff.; BVerfG, FamRZ 2005, S. 1233 (1235 f.).
[211] BVerfG, NJW 2004, S. 3407 f.
[212] BVerfG, NJW 2004, S. 3407 f.

nachvollziehbar begründe.[213] Das Urteil Görgülü spiegelt die Zurückhaltung des Bundesverfassungsgerichtes gegenüber einer zu tief greifenden Einflussnahme des EGMR auf die deutsche Rechtsordnung wider. Ursache des Konfliktes zwischen EGMR und BVerfG ist die Überlagerung verschiedener Grundrechtsordnungen und die bislang ungeklärte Bindungswirkung europarechtlicher Entscheidungen in Deutschland.[214] Auf Grund der starken Stellung des Bundesverfassungsgerichtes und des lediglich einfachgesetzlichen Rangs der EMRK tritt dieser Konflikt besonders deutlich zu Tage.[215]

2. Der Europäischen Gerichtshof für Menschenrechte als Verfassungsgericht

Neben dem Rang der EMRK ist für einen Prozess der Konstitutionalisierung auf europäischer Ebene entscheidend, inwiefern der EGMR die Rolle eines europäischen Verfassungsgerichtes spielt. Dagegen scheint zunächst zu sprechen, dass der EGMR Gesetze nicht – wie etwa das Bundesverfassungsgericht gem. Art. 78 BVerfGG - für nichtig erklären kann, sondern nur auf völkerrechtlicher Ebene einen Verstoß feststellen kann.[216] Die Urteile des EGMR haben nur Wirkung inter partes – d. h. rechtlich gebunden ist nur der betroffene Vertragsstaat. Nur er muss sich gem. Art. 46 EMRK nach der Entscheidung des Gerichtshofs richten – konkrete Maßnahmen spricht der Gerichtshof jedoch nicht aus.[217] Außerdem hat der EGMR keine Kassationsbefugnisse für konventionswidrige innerstaatliche Urteile.[218] Es stellt sich die Frage, ob man aus diesen formal-rechtlichen Aspekten schließen kann, dass der EGMR keine verfassungsgerichtlichen Funktionen wahrnimmt.

Für die Wahrnehmung von verfassungsgerichtlichen Funktionen spricht zum einen der Prüfungsumfang des Europäischen Gerichtshofs für Menschenrechte. Er überprüft einzelstaatliche Akte weitreichender als die Gerichte einzelner Mitgliedstaaten. So kann er auch gesetzgeberische Entscheidungen auf seine Vereinbarkeit mit der EMRK hin prüfen – in Frankreich und England ist dies den

---

[213] *Cremer*, EuGRZ 2004, S. 683 (684).

[214] *Bergmann*, EuR 2006, S. 101 (101). Zur daraus resultierenden Konfliktsituation und der Bedeutung der zitierten Entscheidung Görgülü für den Zivilprozess vgl. 1. Teil B III 1. a.

[215] Bundesverfassungsgericht und EGMR sind nicht immer derselben Meinung. In der kontrovers diskutierten Entscheidung Hannover ./. Deutschland beschränkte der EGMR die Pressefreiheit zu Gunsten der Beschwerdeführerin. Damit wendete er sich auch gegen eine Entscheidung des Bundesverfassungsgerichtes, das in diesem Fall der Unterhaltungspresse in weitem Umfang die Pressfreiheit gewährt hatte. (EGMR, 24.06.2004, JZ 2004, S. 1015).

[216] *Walter*, ZaöRV 59 (1999), S. 961 (965).

[217] *Ress*, EuGRZ 1996, S. 350 (350).

[218] *Schumann*, FS für Schwab, 1990, S. 449 (459).

Verfassungsgerichten nicht möglich. In England war bei Einführung des Human Rights Act von 1998, durch den die EMRK in innerstaatliches Recht transformiert wurde, gerade die Überprüfungsmöglichkeit von Parlamentsgesetzen durch den EGMR Anlass zur Diskussion. Bezweifelt wurde, ob durch diese Möglichkeit nicht die Souveränität des Parlaments verletzt werden könnte.[219] Auch ein Vergleich mit der Rechtslage in Frankreich ergibt, dass die Überprüfung von Parlamentsgesetzen nicht selbstverständlich ist: Der Verfassungsrat kann in Frankreich nur vor Inkrafttreten von Gesetzen angerufen werden. Eine nachträgliche Kontrolle parlamentarischer Gesetze ist nicht möglich.[220] Folge ist, dass die EMRK einen Prüfungsmaßstab einführt, der über verfassungsrechtliche Grundentscheidungen einzelner Mitgliedstaaten hinausgeht.[221] Dies führte in Frankreich dazu, dass auch die nationalen Gerichte die EMRK heranziehen, um eine menschenrechtliche Prüfung vorzunehmen. So entschied etwa der Conseil d'État 1998, dass das Fehlen einer mündlichen Verhandlung einen Verstoß gegen Art. 6 I EMRK darstelle.[222]

Diese Erweiterung des Prüfungsumfangs nationaler Gerichte lässt die EMRK zu einer die nationalen Verfassungen ergänzenden Teilverfassung auf europäischer Ebene werden.[223] Dies ergibt sich auch daraus, dass Urteile des EGMR Orientierungswirkung für die anderen Mitgliedstaaten entfalten. Stellt der Gerichtshof fest, dass ein Mitgliedstaat gegen die Konvention verstoßen hat, folgt daraus eine Verpflichtung für die anderen Mitgliedstaaten, ihre Rechtsordnung auf die Vereinbarkeit mit der EMRK zu überprüfen.[224] Die Konventionsstaaten müssen die „Konvention in der Gestalt anwenden, wie sie in der Rechtsprechung des Gerichtshofs konkretisiert worden ist".[225] Der EGMR kann dadurch einheitliche Grundrechtsstandards innerhalb seines Wirkkreises schaffen und auf diese Weise einen „grenzüberschreitenden Konstitutionalisierungsprozess" verursachen.[226]

---

219 *Grote*, ZaöRV 58 (1998), S. 309 (332 ff.).
220 *Bauer*, Verfassungsgerichtlicher Grundrechtsschutz, S. 82 ff.
221 *Walter*, ZaöRV 59 (1999), S. 961 (964).
222 Conseil d'État, „M. Loronzi", Entscheidung vom 30. 10. 1998.
223 *Walter*, ZaöRV 59 (1999), S. 961 (965).
224 *Mayer-Ladewig/Petzold*, NJW 2005, S. 15 (18 f.).
225 *Mayer-Ladewig/Petzold*, NJW 2005, S. 15 (19).
226 *Walter*, ZaöRV 59 (1999), S. 961 (964).

III. Bedeutung der EMRK für den Zivilprozess

1. Auswirkungen der EMRK auf zivilprozessuale Entscheidungen

Der EGMR kann keine gerichtlichen Entscheidungen aufheben, die gegen die EMRK verstoßen. Er stellt einen Konventionsverstoß lediglich fest. Damit besitzt er weniger Kompetenzen als das spanische und deutsche Verfassungsgericht, die gegen Grundrechte verstoßende Urteile aufheben können (Art. 55 LOTC, § 95 BVerfGG).[227] Der EGMR kann dem Beschwerdeführer allein einen Entschädigungsanspruch gem. Art. 41 EMRK gewähren. Damit stellt sich die Frage, ob sich darüber hinausgehend Konsequenzen im innerstaatlichen Recht ergeben, wenn der EGMR die Konventionswidrigkeit einer gerichtlichen Entscheidung festgestellt hat.

a) Die Rechtslage in Deutschland unter besonderer Berücksichtigung des Verfahrens „Görgülü"

aa) Inhalt und Reichweite der Entscheidung „Görgülü"

Zur Beantwortung dieser Frage ist insbesondere eine der jüngeren Entscheidungen des Bundesverfassungsgerichts von Bedeutung: Im bereits zitierten Verfahren Görgülü[228] entschied das Bundesverfassungsgericht, dass die Missachtung einer Entscheidung des EGMR durch ein deutsches Gericht einen Verstoß gegen das Rechtsstaatsprinzip in Verbindung mit dem jeweils berührten Grundrecht darstellt. Der Entscheidung des BVerfG lag ein Urteil des EGMR zugrunde, in dem eine Verletzung des Art. 8 EMRK festgestellt wurde. Der Beschwerdeführer richtete sich vor dem EGMR gegen die Zwangsadoption seines Sohnes und die Verweigerung des Umgangsrechtes. Die deutschen Gerichte hatten ihm kein Umgangsrecht zugesprochen. Der EGMR stellte fest, dass es grundsätzlich dem Kindesinteresse entspreche, die familiären Beziehungen eines in Adoptivpflege befindlichen Kindes zu seinem leiblichen Vater aufrechtzuerhalten, weil der Abbruch derartiger Beziehungen die Trennung des Kindes von seinen Wurzeln bedeute. Der Ausschluss des Umgangsrechts des Vaters sei nur unter ganz außergewöhnlichen Umständen gerechtfertigt.[229] Der Beschwerdeführer versuchte daraufhin aufgrund der festgestellten Konventionswidrigkeit, das Umgangsrecht für seinen Sohn zu erlangen. Das OLG Naumburg[230] allerdings fühlte sich nicht an das Urteil des EGMR gebunden, da ein Urteilspruch nur die Bundesrepublik

---

[227] Vgl. zu den Kompetenzen der Verfassungsgerichte 1. Teil A II 1.

Deutschland binde, nicht allerdings die unabhängigen Organe der Rechtsprechung.
Das Bundesverfassungsgericht erteilte dieser Ansicht eine klare Absage. Gleichzeitig hielt es sich jedoch weitreichende Rückzugsmöglichkeiten offen, die insbesondere im Rahmen von Zivilprozessen eine große Rolle spielen dürften. Zwar soll eine konventionsgemäße Auslegung unter Berücksichtung eines Urteils aus Straßburg den Vorrang haben. Dies soll allerdings nur dann gelten, wenn die Beachtung der Entscheidung nicht dazu führt, dass die konventionsgemäße Auslegung gegen Verfassungsbestimmungen und insbesondere Grundrechte Dritter verstoße.[231] Angesprochen werden damit insbesondere zivilrechtliche Ausgangsverfahren, in denen ein „ausbalanciertes Teilsystem" des innerstaatlichen Rechts verschiedene Grundrechtspositionen zum Ausgleich bringen will.[232] Das Bundesverfassungsgericht spielt darauf an, dass im Verfahren vor dem EGMR nur der Beschwerdeführer und auf der anderen Seite die Bundesrepublik Deutschland auftreten – nicht aber die andere Partei des Zivilprozesses gehört wird.[233] Aufgrund dessen soll dem nationalen Gericht die Möglichkeit offen gehalten werden, in einer erneuten Entscheidung die Grundrechtspositionen der anderen Partei in seine Abwägung mit einfließen zu lassen und auf diese Weise einer Mediatisierung der Partei vorzubeugen.[234]
Für diese Einschränkungen des Bundesverfassungsgerichts besteht indes keine Notwendigkeit, da die Argumente der anderen Partei über den Verfahrensbevollmächtigten der Regierung einfließen und sich aus den herangezogenen Urteilen der nationalen Gerichte ergeben.[235] Problematisch erscheint auch die Umsetzung der Rechtsprechung des Bundesverfassungsgerichtes. Denn sie führt letztlich dazu, dass der nationale Richter eine eigene Abwägung der Grundrechtspositionen der Parteien vornehmen kann und dadurch mit einer nachvollziehbaren Begründung von der Rechtsprechung des EGMR abweichen darf.[236] Außerdem ist die Anerkennung einer autonomen Wertungsmöglichkeit des Instanzrichters zur Verhinderung einer Mediatisierung der Partei widersprüchlich,

---

[228] BVerfG, NJW 2004, S. 3407 ff, BVerfG, FamRZ 2005, S. 1233 ff.
[229] EGMR, 26.2.2004, Görgülü ./. Deutschland, NJW 2004, 3397 ff.
[230] OLG Naumburg, FamRZ 2004, S. 1507 ff.
[231] BVerfG, NJW 2004, S. 3407 (3411).
[232] BVerfG, NJW 2004, S. 3407 (3411).
[233] Vgl. dazu *Meyer-Ladewig/Peztold*, NJW 2005, S. 15 (17 f).
[234] Nach überkommenem Völkerrecht besaß das Individuum keine Völkerrechtssubjektivität, sondern wurde stets durch seinen Heimatstaat vertreten. Dies bezeichnet man auch als Mediatisierung des Einzelnen. Vgl. dazu *Stein/von Buttlar*, Völkerrecht, Rdnr. 494.
[235] *Meyer-Ladewig/Peztold*, NJW 2005, S. 15 (17).
[236] *Breuer*, NVwZ 2005, S. 412 (414).

da auch im Verfassungsbeschwerdeverfahren nicht Kläger und Beklagter auftreten, sondern allein der Beschwerdeführer.[237]
Deutlich wird an der Rechtsprechung des Bundesverfassungsgerichtes, dass es die nationale Rechtsordnung als „historisch gewachsenes und dogmatisch verfeinertes System“ vor zu tief greifenden Einflüssen durch ein internationales Gericht bewahren möchte.[238] Diese Tendenz spiegelt sich auch in der Rechtsprechung des BGH wider. Im Fall Krombach zur odre-public-Klausel des Art. 27 EuGVÜ[239] legte der EuGH auf Vorlage des BGH Art. 27 EuGVÜ in Hinblick auf Art. 6 I EMRK aus.[240] Als der BGH das Urteil des EuGH schließlich umsetzte, stützte er die Verletzung des ordre-public allein auf Art. 103 I GG und ignorierte Art. 6 I EMRK.[241] Der zurückhaltende Umgang mit Urteilen des EGMR in der deutschen höchstrichterlichen Rechtsprechung erinnert an den eingangs erläuterten Widerstand des BGH zu Judikatur des Bundesverfassungsgerichtes im Bereich des Zivilprozesses. Die ablehnende Haltung des BGH wurzelte in der liberalen Prozessauffassung, durch die die ZPO in ihren Ursprüngen geprägt war.[242] Auch das Bundesverfassungsgericht stellt in der Entscheidung Görgülü die Besonderheiten des Zivilprozesses in den Vordergrund: Auf keinen Fall soll das nationale Zivilgericht bei Berücksichtigung einer Entscheidung des EGMR die Positionen der nicht in Straßburg vertretenen Partei vernachlässigen. Damit soll zum einen der sich im Zivilprozess widerspiegelnden Privatautonomie Rechnung getragen werden. Zum anderen soll aber auch das Grundgesetz und die deutsche Rechtsordnung insgesamt vor einer zu weitgehenden Bindung an Entscheidungen Straßburgs geschützt werden.

bb) Die Einführung einer Restitutionsmöglichkeit bei einem Konventionsverstoß

Durch das 2. Justizmodernisierungsgesetz hat der Gesetzgeber am 31.12.2006 mit § 580 Nr. 8 ZPO einen Wiederaufnahmegrund in die ZPO eingeführt, wenn der EGMR einen Konventionsverstoß festgestellt hat.[243] Damit zog das Zivilprozessrecht dem Straprozessrecht nach, das in § 359 Nr. 6 StPO bereits seit 1998

---

[237] *Breuer*, aaO, S. 414.
[238] *Hess*, JZ 2005, S. 540 (541).
[239] Jetzt Art. 34 Nr. 1 EuGVO.
[240] EuGHE I 2000, Krombach ./. Bamberski, S. 1935 (1965 ff.).
[241] BGHZ 144, 390-393; Vgl. dazu *Hess*, JZ 2005, S. 540 (550).
[242] Vgl. dazu 1. Teil A II 3.
[243] Dieser Gesetzesentwurf ist einschließlich der amtlichen Begründung einsehbar unter www.bmj.bund.de/jumog.

eine Wiederaufnahme des Verfahrens bei festgestellter Konventionswidrigkeit vorsah.
Im Vorfeld dieser Reform entbrannte durch die Entscheidungen Görgülü und Jahn[244] eine Diskussion darüber, inwieweit die Feststellung der Konventionswidrigkeit durch den EGMR zu einer Wiederaufnahme des Verfahrens führen müsse. Denn durch die Entscheidung Görgülü dehnte das Bundesverfassungsgericht die Restitutionsmöglichkeiten bei festgestellter Konventionswidrigkeit aus: Es sei nicht hinnehmbar, den Beschwerdeführer lediglich auf eine Entschädigung in Geld zu verweisen, wenn ein nationales Gericht zwar nicht über die res iudicata, aber dennoch über den Gegenstand, zu dem der EGMR einen Verstoß gegen die EMRK festgestellt hat, entscheidet, obwohl eine Restitution in diesem Fall weder aus rechtlichen noch tatsächlichen Gesichtspunkten scheitern würde.[245] Berücksichtigt ein nationales Gericht in diesen Fällen die Rechtsauffassung des EGMR nicht, steht als Rechtsbehelf die Verfassungsbeschwerde zur Verfügung. Dadurch milderte das Bundesverfassungsgericht in der Entscheidung Görgülü die fehlende Restitutionsmöglichkeit bei festgestellter Konventionswidrigkeit ab. Eine zivilprozessuale Wiederaufnahme des Verfahrens hielt es jedoch seiner ständigen Rechtsprechung folgend ebenso wenig für geboten wie der EGMR.[246]
Das Ministerkomitee des Europarates hingegen, das die Vollstreckung von Urteilen des EGMR überwacht, forderte die Vertragsstaaten bereits im Jahre 2000 auf, Anfechtungsmöglichkeiten für Urteile zu schaffen, die gegen die EMRK verstoßen.[247] Und auch hierzulande wurde die Möglichkeit einer Wiederaufnahme des Verfahrens gem. § 580 Nr. 7 b ZPO analog seit längerem befürwortet.[248]
Durch die Entscheidungen Görgülü und Jahn rückte die Diskussion über eine solche Wiederaufnahmemöglichkeit in den Fokus von Literatur und Rechtspre-

---

[244] In der Sache Jahn ./. Deutschland hatte der EGMR entschieden, dass die entschädigungslose Enteignung von Bodenreform-Erben gegen Art. 1 des Zusatzprotokolls Nr. 1 zur EMRK verstoße. Durch das 2. VermRÄndG fügte der Gesetzgeber in Art. 233 EGBGB die §§ 11-16 ein. § 233 § 12 Nr. 3 EGBGB vor, dass nur diejenige Person ein im Rahmen der Bodenreform erworbenes Grundstück erben könne, die bei Ablauf des 15.3.1990 im Hoheitsgebiet der DDR in der Land-, Forst- oder Nahrungsgüterwirtschaft oder in den letzten 10 Jahren davor in einem dieser Bereiche tätig war. War dies nicht der Fall, sollte das fragliche Grundstück an den Fiskus des Landes fallen, in dem es liegt (EGMR, NJ 2004, S. 167). Es stellte sich die Frage, wie die Entscheidung des EGMR sich auf rechtskräftig abgeschlossene Verfahren auswirkt.

[245] BVerfG, NJW 2004, S. 3407 (3410 f.).

[246] BVerfG, NJW-RR 2005, S. 140; BVerfG, NJW 1986, S. 1425; ebenso BVerwG, NJW 1999, S. 1649; EGMR, NJW 2005, S. 2207 ff.

[247] Empfehlung Nr. R (2000)2 v. 19.1.2000, abgedruckt in EuGRZ 2004, S. 808.

[248] *Geimer*, Internationales Zivilprozessrecht, Rdnr. 217; *Schumann*, NJW 1964, S. 753 f.; *Schlosser*, ZZP 79 (1966), S. 164 (186 ff.); Stein/Jonas/*Grunsky*, 21. Aufl., Vor § 578, Rdnr. 58.

chung.[249] Überwiegend lehnte man jedoch die analoge Anwendung der Wiederaufnahmevorschriften der ZPO ab. Als Begründung wurde angeführt, dass die Restitutionsklage ein außerordentlicher Rechtsbehelf sei und die Rechtssicherheit die analoge Anwendung in anderen als den genannten Fällen verbiete.[250] Und auch die Oberlandesgerichte lehnten in den Bodenreformfällen[251] eine Wiederaufnahme analog § 580 Nr. 7 b ZPO ab, da die EMRK eine solche Verpflichtung nicht vorsehe.[252] Es mehrten sich allerdings die Stimmen, die eine Reform der Zivilprozessordnung forderten.[253] Der Gesetzgeber hat schließlich darauf reagiert und § 580 Nr. 8 ZPO eingeführt. Zielsetzung dieser Neuerung ist nicht zuletzt die „konventionsfreundliche Ausgestaltung innerdeutschen Rechts".[254]

b) Die Rechtslage im spanischen Recht

Trotz des übergesetzlichen Rangs der EMRK gibt es in Spanien keine Verpflichtung, ein Verfahren wiederaufzunehmen oder ein Urteil aufzuheben, wenn der EGMR seine Konventionswidrigkeit festgestellt hat.[255] Der TC führte in der Entscheidung STC 245/1991 dazu aus, dass der EGMR „keine höhere supranationale Instanz im technischen Sinne" sei.[256] Auch bestehe keine Verpflichtung einfachgesetzliche Abhilfemöglichkeiten wie etwa die Wiederaufnahme eines Verfahrens bei festgestellter Konventionswidrigkeit einzurichten. Nach Ansicht des TC bedeutet dies allerdings nicht, dass die staatlichen Organe einen Verstoß als unerheblich betrachten können. Nicht verfassungsgemäß sei es etwa, wenn ein Gericht Maßnahmen aufrechterhalte, die der EGMR für konventionswidrig erachtet habe. Denn habe der EGMR einen Verstoß gegen die EMRK festgestellt, so liege darin aufgrund von Art. 10.2 CE gleichzeitig ein Verstoß gegen die spanische Verfassung.[257] Erwägungen dazu, ob die Entscheidung des EGMR mit dem spanischen Rechtssystem oder der spanischen Verfassung vereinbar sind, finden sich in der Entscheidung des Tribunal Constitucional nicht. Im Gegensatz zum Bundesverfassungsgericht stärkt das spanische Verfassungsgericht dadurch

[249] *Selbmann*, ZRP 2006, S. 124 ff.; *ders.*, NJ 2005, S. 103 ff.; *Reinkenhof*, NJ 2004, S. 250 ff., die sich mit den Auswirkungen des EGMR-Urteils zur Bodenreform auf rechtskräftig abgeschlossene Verfahren befasst. Vgl. oben Fn. 244.

[250] *Reinkenhof*, aaO, S. 250 (251).

[251] Vgl. zum Begriff Fn. 244.

[252] OLG Dresden, VIZ 2004, S. 459; OLG Brandenburg, NJ 2004, S. 472.

[253] *Selbmann*, ZRP 2006, S. 124 (125); *Reinkenhof*, aaO, S. 250 (251); *Klein*, JZ 2005, S. 1176 f.; *Sauer*, ZaöRV 65 (2005), S. 35 (57 f.); *Breuer*, EuGRZ 2004, S. 782 (786).

[254] Entwurf eines Zweiten Gesetzes zur Modernisierung der Justiz, S. 81.

[255] STC 245/1991, F.J. 23.

[256] STC 245/1991, F.J. 22.

[257] STC 241/1991, F.J. 22.

die Stellung von Urteilen Straßburgs in der spanischen Rechtsordnung. Dies ist eine Konsequenz aus dem übergesetzlichen Rang der EMRK in der spanischen Rechtsordnung.
Diese Rechtsprechung hat der TC unter Bezugnahme auf STC 245/1991 in einer aktuellen Entscheidung bestätigt und Stellung zur Ausgestaltung der Wiederaufnahmegründe in LEC/1881 und LEC/2000 bezogen[258]: Grundlage der Entscheidung bildete die Kündigung eines Radiomoderators. Sein Arbeitgeber hatte diese ausgesprochen, weil der Moderator sich im Rahmen von zwei Radiosendungen gegen seine Vorgesetzten gewandt hatte. Die nationalen Gerichte hielten die Kündigung für zulässig, so dass der Radiomoderator Menschenrechtsbeschwerde vor dem EGMR einlegte. Der EGMR sah die Meinungsäußerungsfreiheit des Beschwerdeführers gem. Art. 10 EMRK als verletzt an und billigte ihm einen Entschädigungsanspruch zu. Daraufhin begehrte der Kläger die Wiederaufnahme des Verfahrens vor dem TS mit der Begründung, dass eine Heilung des Verstoßes gegen Art. 10 EMRK nur auf diese Weise möglich sei. Der TS lehnte eine Wiederaufnahme des Verfahrens indes ab, da der Wortlaut der Wiederaufnahmegründe in LEC/1881 eine solche Auslegung nicht gestatte. Denn es handele sich bei einem Urteil des EGMR nicht um eine wiedererlangte Urkunde iSd. Art. 1796 LEC/1881. Um eine Wiederaufnahme des Verfahrens zu ermöglichen, sei eine Gesetzesänderung erforderlich wie dies auch in anderen Ländern bereits erfolgt sei.[259]
Nach Auffassung des TC ist diese Auslegung der Wiederaufnahmegründe durch den TS mit Art. 24 CE vereinbar. Denn sie entspreche insbesondere auch dem Willen des Gesetzgebers, der in Art. 510.1 LEC/2000 im Wesentlichen die Wiederaufnahmegründe der LEC/1881 übernommen und auf die Schaffung eines Wiederaufnahmegrundes bei festgestellter Konventionswidrigkeit verzichtet habe, obwohl ihm dieses Problem bekannt gewesen sei.[260] Damit ist auch in Spanien die Rechtslage in Zusammenhang mit der Wiederaufnahme von Verfahren bei festgestellter Konventionswidrigkeit in der Diskussion – die Einführung eines Wiederaufnahmegrundes in die LEC/2000 ist jedoch derzeit nicht geplant.

---

[258] STC 197/2006.

[259] STS de 20 de noviembre de 2001.

[260] STC 197/2006, F.J. 6. Die Rechtsprechung des TC hat jedoch auch Kritik erfahren. Denn im Jahre 2005 sah der TC in der Abweisung eines Wiederaufnahmeverfahrens im Strafprozess bei festgestellter Konventionswidrigkeit einen Verstoß gegen die Unschuldsvermutung aus Art. 24.2 CE. Diese Entscheidung ist jedoch nach Auffassung des TC auf den oben dargestellten Fall nicht anwendbar, da der TS die Wiederaufnahmeklage als unbegründet, nicht bereits – wie im Strafverfahren geschehen - als unzulässig erachtet habe und sich folglich mit den Argumenten des Beschwerdeführers auseinandergesetzt habe (STC 240/2005 F.J. 6). Diese Rechtsprechung wird als widersprüchlich erachtet (vgl. die abweichende Meinung des Verfassungsrichters Tremps in STC 197/2006).

2. Resümee

Die EMRK als regionales Schutzsystem kann – trotz der aufgezeigten Schwächen - innerhalb Europas einheitliche Standards des Menschenrechtsschutzes für den Zivilprozess schaffen.[261] Dies erscheint auch insofern erforderlich, als ein harmonisiertes Zivilprozessrecht innerhalb Europas trotz der Kompetenzerweiterung der EU im Amsterdamer Vertrag nicht existiert. Bislang erstrecken sich die Harmonisierungsmaßnahmen und die Kompetenztitel der EU für das Zivilprozessrecht auf die Stärkung der justitiellen Zusammenarbeit in grenzüberschreitenden Fällen und erfassen damit nur das internationale Zivilprozessrecht.[262] In Fällen ohne Binnenmarktbezug ist damit allein nationales Prozessrecht maßgeblich und auch in Binnenmarktprozessen finden nationale Verfahrensregelungen Anwendung, soweit nicht vereinheitlichte Regelungen[263] existieren. Im Gegensatz dazu wird materielles europäisches Privatrecht wie etwa das auf die Verbrauchsgüterkaufrichtlinie[264] zurückgehende neue Schuldrecht[265] von den nationalen Gerichten der EU-Mitgliedstaaten in allen Streitigkeiten angewendet. Die divergierenden Zivilprozessrechte innerhalb Europas können jedoch die einheitliche Anwendung dieses europäischen Privatrechts gefährden. Denn das Prozessrecht des Forums definiert die „Durchsetzungsbedingungen des materiellen Rechts“ und auch die durch das „materielle Recht vermittelten Verhaltensanreize sind von seinen tatsächlichen prozessualen Durchsetzungschancen abhängig“.[266] Damit hängt die effektive Anwendung des materiellen europäischen Privatrechts nicht zuletzt vom anwendbaren nationalen Prozessrecht und damit vom Forum ab. Aus diesem Grund ist die Bedeutung der EMRK nicht zu unterschätzen: Einheitliche Menschenrechtsstandards nähern die Zivilprozesse Europas einander an. Die EMRK kann die fehlende Prozessrechtsharmonisierung lindern und die einheitliche Anwendung des europäischen Privatrechts begünstigen.

In Zusammenhang mit dem Zivilverfahrensrecht kann insbesondere Art. 6 EMRK einheitliche Grundrechtsstandards schaffen. Er gewährleistet den Anspruch auf Entscheidung durch ein unabhängiges und unparteiisches Gericht, den Anspruch auf ein faires Verfahren, die Waffengleichheit der Parteien, den

---

[261] *Koch*, FS für Beys, Bd. I, S. 733 (747).

[262] *Wagner*, ZeuP 2001, S. 441 (449).

[263] So beispielsweise die Verordnung (EG) Nr. 44/2001 über die gerichtliche Zuständigkeit und Anerkennung und Vollstreckung von Entscheidungen in Zivil- und Handelssachen oder Verordnung (EG) Nr. 1347/2000 über die Zuständigkeit und Vollstreckung von Entscheidungen in Ehesachen und in Verfahren betreffend die elterliche Verantwortung.

[264] RL 1999/44/EG.

[265] Gesetz zur Modernisierung des Schuldrechts vom 26.11.2001, BGBl. I S. 3138.

[266] *Wagner*, ZeuP 2001, S. 441 (447).

Anspruch auf grundsätzlich öffentliche Verhandlung und öffentliche Entscheidungsverkündung, sowie den Anspruch auf Entscheidung in angemessener Frist.[267] Art. 6 EMRK ist die Vorschrift mit der größten Bedeutung: Im Jahre 2000 hat der EGMR 695 Urteile erlassen, davon betrafen 591 Art. 6 EMRK, 521 davon die Dauer des Verfahrens.[268]

---

[267] *Matscher*, FS für Henckel, 1995, S. 593 (594).
[268] Hk-EMRK, *Meyer-Ladewig*, Art. 6, Rdnr. 1.

2. Teil: Auswirkungen der Konstitutionalisierung auf das deutsche und spanische Zivilprozessrecht

A) Zugang zu Gericht

I. Die verfassungsrechtliche Absicherung des Zugangs zu Gericht nach dem Zweiten Weltkrieg

Als die Prozessordnungen Spaniens und Deutschlands im 19. Jahrhundert erlassen wurden, bestand noch kein verfassungsrechtlich ausgeformter Anspruch auf Zugang zu Gericht. Die liberalen Staaten des ausgehenden 19. Jahrhunderts legten in Hinblick auf die Gewährung des Zugangs zu Gericht eine individualistische Betrachtungsweise an den Tag. Es war Sache des Einzelnen, seine Rechte durchzusetzen.[269] Im laissez – faire Staat des 19. Jahrhunderts konnte außerdem nur derjenige sein Recht verwirklichen, der über die finanziellen Mittel verfügte. Es war nicht Aufgabe des Staates, allen Bürgern gleichberechtigten Zugang zu Gericht zu verschaffen.[270] Nachdem jedoch nach dem zweiten Weltkrieg die Idee der Menschenrechte ihren Siegeszug antrat, erkannten die modernen Verfassungen einen Anspruch auf Zugang zu Gericht an - zum einen als Folge des Selbsthilfeverbots, zum anderen aufgrund ihres Wandels hin zu einem Sozial – und Rechtsstaat.[271] Heute gilt der Anspruch auf Zugang zu Gericht als das grundlegendste Menschenrecht, da die Gewährung von Rechten keinen Sinn ergibt, wenn man sie nicht prozessual durchsetzen kann.[272] Deshalb enthalten auch der spanische und deutsche Grundrechtskatalog und die EMRK einen Anspruch auf Zugang zu Gericht.

1. Die Zugangsgarantie des Grundgesetzes und ihre sozialstaatliche Ausprägung

Das Grundgesetz enthält zwar lediglich eine ausdrückliche Rechtsschutzgarantie gegen Akte der Exekutive in Art. 19 IV GG.[273] Das bedeutet jedoch nicht, dass die deutsche Verfassung keinen Anspruch auf Zugang zu Gericht für privatrechtliche Streitigkeiten gewährt. Verfassungsrechtliche Grundlage der Justiz-

---

[269] *Cappelletti*, Access to justice, S. 6 f.
[270] *Cappelletti*, Access to justice, S. 6 f.
[271] *Gottwald/Schwab*, Verfassung und Zivilprozess, S. 31.
[272] *Cappelletti*, Access to justice, S. 8 f.
[273] *Gottwald/Schwab*, Verfassung und Zivilprozeß, S. 32.

gewährung ist das Rechtsstaatsprinzip aus Art. 20 III GG.[274] Außerdem kann der Anspruch auf Zugang zu Gericht auf die verfahrenssichernde Wirkung der materiellen Grundrechte gestützt werden, da Bestandteil eines materiellen Grundrechts auch der Anspruch auf Rechtsschutz ist.[275] Die Zugangsgarantie besteht jedoch nicht unbegrenzt – es handelt sich um ein normgeprägtes Grundrecht. Der zivilprozessuale Rechtsweg ist nur im Rahmen der geltenden Prozessordnung gewährleistet und die Anrufung eines Gerichts kann von verschiedenen Voraussetzungen abhängig gemacht werden.[276] Eine gesetzliche Regelung wäre jedoch dann unzulässig, wenn durch sie der Weg zu den Gerichten in unzumutbarer, nicht mehr zu rechtfertigender Weise erschwert würde.[277]
Daneben hat die Zugangsgarantie des Grundgesetzes auch eine sozialstaatliche Ausprägung, die insbesondere am Institut der Prozesskostenhilfe deutlich wird. In den Prozessordnungen des 19. Jahrhunderts galt das Armenrecht noch als Fremdkörper.[278] Dies ist auf das Grundrechtsverständnis jener Zeit zurückzuführen. Grundrechte galten als Abwehrrechte des Bürgers gegen den Staat – soziale Teilhaberechte des Bürgers konnten aus der Verfassung hingegen nicht abgeleitet werden.[279] Dies änderte sich durch Erlass des Grundgesetzes. Denn aus dem Anspruch auf Justizgewährung i.V.m. Art. 3 I GG folgt, dass der Zugang zu Gericht den Bürgern auf möglichst gleichmäßige Weise zu eröffnen ist und nicht unverhältnismäßig erschwert werden darf.[280] Die Zugangsgarantie ist erst dann vollständig, wenn der Zugang zu Gericht nicht mehr von finanziellen Mitteln abhängt. Dies führte dazu, dass im Jahre 1981 ein Gesetz über Prozesskostenhilfe[281] in Kraft trat, das das Armenrecht ersetzte und die Zivilprozessordnung den sozialstaatlichen Anforderungen anpasste.[282]

---

274 *Schmidt-Aßmann*, in: Maunz-Dürig, Art. 19 IV, Rdnr. 16; *Krebs*, in: Münch/Kunig, GGK, Art. 19, Rdnr. 50; BVerfGE 54, 277 (291); 85, 337 (345); 88, 118 (123); 97, 169 (185).
275 BVerfGE 37, 132 (148); *Schmidt-Aßmann*, in: Maunz-Dürig, Art. 19 IV, Rdnr. 16.
276 BVerfGE 9, 194 (199).
277 BVerfGE 10, 264 (267 f.); 50, 16 (30).
278 *Gottwald*, ZZP 89 (1976), S. 136 (136).
279 *Willoweit*, Deutsche Verfassungsgeschichte, S. 464.
280 BVerfGE 81, 347 ff.; BVerfG, NJW 1997, S. 2745 f. Vgl. zur verfassungsrechtlichen Absicherung der PKH auch: *Schwab/Gottwald*, Verfassung und Zivilprozess, S. 42; MünchKommZPO/*Wax*, § 114, Rdnr. 2; Zöller/*Herget/Philippi*, ZPO, Vor § 114, Rdnr. 1 und *Gottwald*, ZZP 89 (1976), S. 136 ff.
281 BGBl. I 1980, S. 677. Das Gesetz enthält eine grundlegende Neufassung der §§ 114 ff. ZPO.
282 Vgl. dazu Zöller/*Vollkommer*, Einl. Rdnr. 17 ff., 16. Aufl. (1990).

2. Die Constitución Española

Die spanische Verfassung enthält mit Art. 24.1 CE im Gegensatz zum Grundgesetz eine ausdrückliche Zusicherung des Zugangs zu Gericht.[283] Ebenso wie in Deutschland handelt es sich um ein normgeprägtes Grundrecht, das nur besteht, soweit es durch die Verfahrensordnungen eingeräumt wird.[284] Jedoch kann der Gesetzgeber nicht willkürlich über das Recht auf Zugang zu Gericht bestimmen – der Wesensgehalt des Art. 24.1 CE darf nicht beeinträchtigt werden und die Prozessvoraussetzungen müssen verhältnismäßig sein und berechtigte Ziele verfolgen.[285] Der Tribunal Constitucional hat darüber hinaus die Grundsätze „favor actionis" und „pro actione" begründet, aus denen zum einen die Heilbarkeit prozessualer Fehler und zum anderen ein bei der Interpretation von Verfahrensvorschriften zugrundezulegender Antiformalismus folgen.[286] Das spanische Verfassungsgericht versteht die Verfahrensvorschriften nicht als bloßen Selbstzweck, sondern als Mittel, verfahrensrechtliche Garantien herzustellen.[287] Daraus folgt, dass alle Verfahrensvorschriften im Lichte des Art. 24.1 CE ausgelegt werden müssen und bei prozessualen Defekten eine Heilung stattfinden muss, soweit dies nicht den ordnungsgemäßen Verfahrensablauf stört und die andere Partei des Rechtsstreits nicht beeinträchtigt.[288]
Daneben wird der Anspruch auf Zugang zu Gericht ebenso wie in Deutschland durch die Gewährung von Prozesskostenhilfe abgesichert.[289] Ihre verfassungsrechtliche Grundlage bilden Art. 119 CE, der ausdrücklich einen Anspruch auf Gewährung von Prozesskostenhilfe vorsieht, und Art. 24 CE.[290] Umsetzung erfuhren diese verfassungsrechtlichen Anforderungen im Jahre 1996 durch den Erlass eines einheitlichen Prozesskostenhilfegesetzes.[291] Damit schuf ebenso wie in Deutschland erst die spanische Verfassung die Voraussetzung dafür, den Zu-

---

[283] Nach Art. 24 CE haben „alle Personen Anspruch darauf, im Rahmen ihrer berechtigten Rechte und Interessen Rechtsschutz von den Gerichten zu erhalten". Vgl. dazu in deutscher Sprache: *Schwab Gottwald*, Verfassung und Zivilprozess, S. 31.

[284] *Picó i Junoy*, Garantías constitucionales, S. 42.

[285] STC 185/1987; STC 174/1995; STC 140/1995; *Picó i Junoy*, Garantías constitucionales, S. 45.

[286] *Picó i Junoy*, Garantías constitucionales, S. 49.

[287] STC 172/1995; STC 87/1995.

[288] STC 112/1997; STC 84/1997; STC 79/1997.

[289] Vgl. zur Prozesskostenhilfe im spanischen Recht: *Cid Cebrian*, La Jusiticia gratuita; *Gomez Colomer*, La Ley 1996-2, S. 1579 ff.; *Riba Trepat*, Justicia 1997, S. 911 ff.

[290] STC 16/1994, F.J. 3 und 6; Vgl. dazu auch *Gomez Colomer*, La Ley 1996-2, S. 1579 (1579).

[291] Ley 1/1996, de 10 de enero, de Asistencia Jurídica Gratuita; Vgl. dazu *Riba Trepat*, Justicia 1997, S. 911 (912).

gang zu Gericht für alle sozialen Schichten zu gewährleisten und dadurch das Gerechtigkeitskonzept des Feudalstaates zu überwinden.[292]

3. Art. 6 I der Europäischen Menschenrechtskonvention

Auch Art. 6 I 1 EMRK garantiert das Recht auf ein Gericht und damit ein Recht auf Zugang zu Gericht in zivilrechtlichen Streitigkeiten.[293] Der Umfang des Anspruchs auf Zugang zu Gericht ist mit dem der nationalen Verfassungen vergleichbar. Das Recht auf Zugang zu Gericht gilt nicht absolut und es kann durch gesetzliche Regelungen des innerstaatlichen Rechts eingeschränkt werden, wie etwa durch Frist- und Formerfordernisse oder Vorschriften über die Prozessfähigkeit.[294] Die prozessualen Regelungen der Mitgliedstaaten dürfen die Zugangsgarantie aus Art. 6 I EMRK jedoch nicht in ihrem Wesensgehalt antasten und die Beschränkungen müssen ein berechtigtes Ziel verfolgen und verhältnismäßig sein.[295]

In Hinblick auf die Gewährung von Prozesskostenhilfe hat es der EGMR in der Entscheidung „Airey ./. Irland"[296] für erforderlich gehalten, dass im Einzelfall einem Betroffenen ein Anwalt beigeordnet werden muss, wenn er sich aufgrund der Schwierigkeit der Sache oder wegen eines Vertretungszwangs nicht selber vertreten kann. Allerdings stellte der EGMR in dieser Entscheidung fest, dass Art. 6 I EMRK zwar einen effektiven Zugang zu Gericht erfordere, den Mitgliedstaaten jedoch die Wahl der Mittel obliege. Die Gewährung von Prozesskostenhilfe stelle ein geeignetes Mittel dar – in Betracht kämen jedoch auch andere Maßnahmen wie etwa die Vereinfachung des Verfahrens. Eine Pflicht zur

---

[292] *Cid Cebrian*, La Jusiticia gratuita; S. 81 ff.

[293] EGMR, 21.2.1975, (Golder ./. Vereinigtes Königreich), Beschwerdenr. 4451/70; EGMR, 18.02.1999, (Waite u. Kennedy ./. Deutschland), NJW 1999, S. 1173; EGMR, 12.7.2005, (Moldovan and others ./. Rumänien), Beschwerdenr. 41138/98 und 64320/01; EGMR, 13.7.2006, (Dubinskaya ./. Russland), Beschwerdenr. 4856/03. Dies ist allerdings in der deutschen Literatur nicht unumstritten. Vereinzelt wird vorgebracht, dass Art. 6 I EMRK die Mindestgarantien festlegt, wenn es überhaupt zu einem gerichtlichen Verfahren kommt (in diesem Sinne *Dütz*, Rechtsstaatlicher Gerichtsschutz im Privatrecht, S. 64 ff). Diese Ansicht ist jedoch abzulehnen. Der Wortlaut des Art. 6 I EMRK spricht klar von einem Anspruch des Bürgers auf Verhandlung seiner Sache vor einem staatlichen Gericht. Vgl. dazu Stein/Jonas/*Brehm*, ZPO, Einl. vor § 1, Rdnr. 286 m.w.N.

[294] EGMR, 26.10.2000, (Leoni ./.Italien), Beschwerdenr. 43269/98.

[295] EGMR, 28.05.1985, (Ashingdane ./. Vereinigtes Königreich), Beschwerdenr. 8225/78; EGMR, 18.02.1999, (Waite u. Kennedy ./. Deutschland), NJW 1999, 1173; EGMR, 27.6.2006, (Tabor ./. Polen), Beschwerdenr. 12825/02; EGMR, 15.05.2005 (Steel and Morris ./. Vereinigtes Königreich), Beschwerdenr. 68416/01.

[296] EGMR, 09.10.1979, Beschwerdenr. 6289/73.

Einführung von Prozesskostenhilfe kann damit aus Art. 6 I EMRK nicht gefolgert werden. Damit gehen die nationalen Verfassungen Spaniens und Deutschland in Hinblick auf die Gewährung von Prozesskostenhilfe über die EMRK hinaus.

4. Resümee

Nach allen Verfassungen kann der Anspruch auf Zugang zu Gericht damit von bestimmten Voraussetzungen abhängig gemacht werden – diese müssen wiederum im Lichte des Anspruchs auf Zugang zu Gericht ausgelegt werden. Die prozessualen Zugangshindernisse müssen nach der Rechtsprechung aller Verfassungsgerichte verhältnismäßig sein und ein berechtigtes Ziel verfolgen. Folglich müssen sich Fristen, Formen der Prozesshandlung, Gerichtssprache, Zuständigkeitsregelungen, Anforderungen an die Parteifähigkeit oder Kosten eines Prozesses nach den durch die Verfassungsgerichte aufgestellten Maßstäben richten.[297] Diese Beeinflussung des Prozessrechts durch den verfassungsrechtlichen Anspruch auf Zugang zu Gericht verdeutlicht die Konstitutionalisierung der Verfahrensordnungen. Einrichtungen wie etwa die Prozesskostenhilfe stellen die sozialstaatliche Ausprägung der verfassungsrechtlich gewährleisteten Zugangsgarantie dar.

II. Die Parteifähigkeit – Grundlage für den Zugang zu Gericht

Im Zusammenhang mit dem Anspruch auf Zugang zu Gericht ist ein durch aktuelle Entwicklungen gekennzeichnetes Thema Gegenstand der Untersuchung: Die Parteifähigkeit im Zivilprozess. Sie steht deshalb in unmittelbarem Zusammenhang mit dem verfassungsrechtlichen Anspruch auf Zugang zu Gericht, weil ihre Versagung letztlich die Verweigerung des Rechtsschutzes bedeutet.

1.) Die Entwicklung des Parteibegriffs in den Prozessordnungen Spaniens und Deutschlands

Der Begriff der Partei ist durch die individualistische Betrachtungsweise von ZPO und LEC/1881 in ihren liberalen Ursprüngen geprägt. In der Vorstellung des 19. Jahrhunderts diente der Prozess in erster Linie dazu, Individuen die

[297] *Schwab/Gottwald*, Verfassung und Zivilprozess, S. 44; *Benda/Weber*, Der Einfluss der Verfassung, S. 284 (295).

Durchsetzung ihrer Rechte zu ermöglichen.[298] Dies zeichnete sich auch in den Zivilverfahrensordnungen Spaniens und Deutschlands im ausgehenden 19. Jahrhundert ab. Außer natürlichen Personen konnten lediglich juristische Personen vor Gericht ziehen, da sie nach ihrer Eintragung in ein entsprechendes Register Rechtspersönlichkeit besaßen und damit Träger von Rechten sein konnten. Nach § 50 II ZPO, der im Jahre 1898 eingeführt wurde und heute noch Gültigkeit besitzt, ist uneingeschränkt parteifähig, wer rechtsfähig ist. Dem gemäß sind einzig natürliche und juristische Personen aktiv parteifähig.[299] Dasselbe galt nach Art. 2 LEC/1881, der die Parteifähigkeit ebenfalls an die Rechtsfähigkeit knüpfte.[300] Damit korrespondierte die Parteifähigkeit in Spanien und in Deutschland mit der Rechtsfähigkeit und dem Erwerb von Rechtspersönlichkeit. In Spanien waren nicht rechtsfähige Vereinigungen im Gegensatz zur deutschen ZPO noch nicht einmal passiv parteifähig.

Diese Rechtslage ist jedoch im Laufe der Zeit sowohl in Spanien als auch in Deutschland aufgeweicht worden. In Deutschland ist auf die Rechtsprechung zu den Gewerkschaften zu verweisen, die mangels Eintragung keine Rechtspersönlichkeit aufweisen und damit de lege lata gemäß § 50 I ZPO nicht aktiv parteifähig sind. Die Rechtsprechung des BGH gestand ihnen jedoch bereits in den 50er Jahren in Hinblick auf die Koalitionsfreiheit aus Art. 9 III GG die aktive Parteifähigkeit zu und eröffnete ihnen damit den Zugang zu Gericht.[301] Und auch in Spanien begann die Rechtsprechung bereits in den 60er Jahren, Vereinigungen ohne Rechtspersönlichkeit die Parteifähigkeit zuzuerkennen.[302] Nach Erlass der spanischen Verfassung von 1978 wurde diese Erweiterung des Zugangs zu Gericht ausdrücklich in den Zusammenhang mit dem Recht auf effektiven Rechtsschutz aus Art. 24 CE gestellt.[303]

So nahm man an, dass es die Verfassung verletze, wenn alle, die Mitglied einer solchen Vereinigung waren, in Person klagen oder verklagt werden müssten, da dies faktisch eine Verweigerung des Zugangs zu Gericht darstelle.[304] Art. 6 LEC/2000 berücksichtigte diese Tendenzen und erweiterte die Parteifähigkeit

---

298 *Bujosa Vadell*, La Protección jurisdiccional, S. 110.

299 *Rosenberg/Schwab/Gottwald*, ZPO, § 43 Rdnr. 6 f.; MünchKommZPO-*Lindacher*, § 50 Rdnr. 6.

300 *Gimeno Sendra*, Proceso Civil Práctico, Tomo I, Art. 6, S. 2-7; *Albácar López*, Ley de Enjuiciamiento Civil, Bd. I, 2. Aufl. 1994, S. 479.

301 BGHZ 50, 325 ff.

302 *Albácar Lopez*, Ley de Enjuiciamiento Civil, 2. Aufl. 1994, zu Art. 2 LEC a.F., S. 482; *Samanes Ara*, Las partes en el proceso civil, S. 13; *Gimeno Sendra*, Proceso Civil Práctico, Tomo I, Art. 6, S. 2-7; STS 109/1997 - mit ausdrücklichem Hinweis auf die comunidad de propietarios.

303 *Gimeno Sendra*, Proceso Civil Práctico, Tomo I, Art. 6, S. 2-7; TSJ Navarra, Sentencia de 4 de noviembre 1996, RAJ 1996, S. 8077.

304 *Albacár Lopez*, Ley de Enjuiciamiento Civil, 2. Aufl. 1994, zu Art. 2 LEC a.F., S. 482.

von Vereinigungen ohne Rechtspersönlichkeit.[305] Im folgenden Abschnitt wird untersucht, inwiefern die geschilderte Entwicklung in Spanien und Deutschland Ergebnis eines Konstitutionalisierungsprozesses ist.

2.) Der Zugang zu Gericht für Vereinigungen ohne Rechtspersönlichkeit

a) Der Grundrechtsschutz von Personenvereinigungen im 19. Jahrhundert

Zunächst ist die Frage zu klären, inwiefern Personenzusammenschlüssen überhaupt ein verfassungsrechtlicher Anspruch auf Zugang zu Gericht zusteht, da Grundrechte grundsätzlich an das Verhältnis des Einzelnen zum Staat anknüpfen. In verfassungsgeschichtlicher Hinsicht lässt sich dies damit erklären, dass in der amerikanischen und französischen Revolution privilegierte Korporationen - wie Orden und Universitäten - als Ausdruck der feudalen Herrschaft galten.[306] Aus diesem Grund verzichteten die ersten Verfassungsurkunden in Amerika und Frankreich auf deren Erwähnung und bezogenen sich einzig auf das Verhältnis des Individuums zum Staat.[307] Diese Menschenrechtserklärungen dienten als Vorlage für die deutschen und spanischen Grundrechtskataloge.[308]
Als die ZPO 1877 erlassen wurde, galt die deutsche Reichsverfassung von 1871, die Grundrechte lediglich durch einfache Gesetze garantierte. Da zu diesem Zeitpunkt die subjektive Ausrichtung der Grundrechte insgesamt bezweifelt wurde, lehnte man auch die Grundrechtsfähigkeit juristischer Personen überwiegend ab.[309] Außerdem existierte noch kein verfassungsrechtlich ausgeformter Anspruch auf Zugang zu Gericht. Diese fehlende verfassungsrechtliche Bindung machte sich auch in den Gesetzgebungsmotiven zu § 50 ZPO bemerkbar: § 50 II ZPO, der nicht rechtsfähigen Vereinigungen lediglich die passive Parteifähigkeit einräumte, sollte Existenzbedingungen des nicht rechtsfähigen Vereins erschweren. Voraussetzung für die Erlangung der Rechtsfähigkeit war die Eintragung. Diese wiederum war von einer staatlichen Erlaubnis abhängig (61 II BGB a.F.). Durch das Erfordernis einer Erlaubnis sollten sozialpolitische und religiöse Ver-

---

305 *Gimena Sendra*, Proceso Civil Práctico, Tomo I, Art. 6, S. 2-7.
306 *Roellecke*, in: Umbach/Clemens, GG-Kommentar, Art. 19, Rdnr. 74.
307 *Roellecke*, in: Umbach/Clemens, GG-Kommentar, Art. 19, Rdnr. 74.
308 *Miras*, Entwicklung, S. 90; *Roellecke*, in: Umbach/Clemens, GG-Kommentar, Art. 19, Rdnr. 74.
309 *Dietmair*, Die juristische Grundrechtsperson, S. 64. Zu erwähnen ist jedoch, dass dies nicht unbestritten war. So befürwortete insbesondere Otto von Gierke die Grundrechtsfähigkeit juristischer Personen. Der Einfluss seines Gedankengutes reicht bis in die heutige Zeit – so nimmt der BGH im Rahmen seiner Rechtsprechungsänderung zur Gesellschaft bürgerlichen Rechts ausdrücklich Bezug auf die Lehre Otto von Gierkes, vgl. BGHZ 146, 341 (344).

eine unter staatliche Kontrolle gebracht werden.[310] Die Versagung der aktiven Parteifähigkeit sanktionierte damit Vereine, die sich diesem Erlaubnisverfahren entzogen.[311] Daraus wird deutlich, dass die ZPO in ihren Ursprüngen mit der Ausgestaltung der Parteifähigkeit primär repressive Zwecke verfolgte.
Auch unter der Weimarer Reichsverfassung änderte sich die Situation nicht. Sie enthielt lediglich einzelne Rechtsgarantien für Verbände in bestimmten Bereichen wie etwa dem Staatskirchenrecht. Die klassischen Freiheits- und Gleichheitsrechte befanden sich allerdings im Abschnitt „Die Einzelperson".[312] Daraus wurde von der herrschenden Meinung abgeleitet, dass juristische Personen nicht grundrechtsfähig seien.[313] Carl Schmitt etwa – ein Gegner der Grundrechtsfähigkeit juristischer Personen jener Zeit - begründete dies mit naturrechtlichen Erwägungen. Seiner Ansicht nach dienten Freiheitsrechte dazu, dem Menschen seine angeborene Freiheit zu garantieren, nicht etwa neue Rechte zu gewähren. Da juristische Personen nicht über eine angeborene Freiheit verfügten, könnten ihnen auch die Freiheitsrechte nicht zustehen.[314] Damit waren die Vorläufer des Grundgesetzes geprägt von der klassischen, durch die französische Revolution beeinflussten Betrachtungsweise, nach der Grundrechte allein den Schutz des Individuums vor der Staatsgewalt bezwecken.[315]
Eine ähnliche Entwicklung lässt sich in Spanien verzeichnen, da erst der Tribunal Constitucional die Voraussetzungen des Grundrechtsschutzes für juristische Personen in Spanien überhaupt entwickelte.[316] Bis zur Entstehung von Grundgesetz und spanischer Verfassung von 1978 war folglich kein Raum für die Frage, ob und wenn ja welchen Personenzusammenschlüssen kraft Verfassung ein Recht auf Zugang zu Gericht zusteht.

---

[310] MünchKommZPO-*Lindacher*, § 50 Rdnr. 35.

[311] *Rieberding* – ein Abgeordneter der Regierungskoalition, die im Jahre 1898 § 50 II ZPO erließ, führte dazu aus: „...es ist auch richtig, dass so lange dieser Antrag nicht in das Gesetz übergegangen ist, in der Praxis mannigfache Schwierigkeiten den Vereinen in der Rechtsverfolgung erwachsen. Das erkennen die verbündeten Regierungen an. In diesen Schwierigkeiten soll aber für die Vereine gerade auch die Veranlassung liegen, den Weg zu beschreiten, den das BGB gegeben hat, um die Rechtsfähigkeit zu erlangen." Vgl. dazu: *Rieberding*, in: *Hahn/Mugdan*, Die gesamten Materialien zu den Reichs-Justizgesetzen, Bd. 8, S. 456.

[312] *Isensee*, Anwendung der Grundrechte, in: HStR V, § 118, Rdnr. 1; *Rüfner*, Grundrechtsträger, in: HStR V, § 116, Rndr. 1.

[313] *Isensee*, Anwendung der Grundrechte, in: HStR V, § 118, Rdnr. 1; *Dietmair*, Die juristische Grundrechtsperson, S. 103 ff.

[314] *Schmitt*, Verfassunglehre, S. 164 f.

[315] *Isensee*, Anwendung der Grundrechte, in: HStR V, § 118, Rdnr. 1.

[316] Vgl. zunächst STC 137/85, in der das Verfassungsgericht annahm, dass auf Grund des Fehlens einer dem Art. 19 III GG vergleichbaren Vorschrift in der spanischen Verfassung deren Inhalt in Spanien anwendbares Recht sei. Dieses Urteil wurde 4 Jahre später in STC 64/1988 bestätigt. Damit schaffte erst die Rechtsprechung des Tribunal Constitucional die Voraussetzungen für die Grundrechtsfähigkeit juristischer Personen.

b) Die Anerkennung von Prozessgrundrechten für juristische Personen durch Grundgesetz und Constitución Española

aa) Art. 19 III des Grundgesetzes

Erst das Grundgesetz regelte ausdrücklich in Art. 19 III, dass inländische juristische Personen Träger von Grundrechten sein können, soweit das Grundrecht ihrem Wesen nach auf sie anwendbar ist.[317] Es fand eine Abkehr vom bisherigen Denken statt und das Grundgesetz öffnete sich der Einsicht, dass die Grundrechtsausübung des Einzelnen einer Organisation bedarf, um effektiv zu sein.[318] Da Zusammenschlüsse von Personen in wirtschaftlicher, politischer und religiöser Hinsicht existieren, ist deren Teilnahme am Rechtsverkehr eine gesellschaftspolitische Notwendigkeit.[319] Hervorzuheben ist in diesem Zusammenhang, dass das Grundgesetz von einem weiten Begriff der juristischen Person ausgeht, der über den des Privatrechts hinausgeht.[320] Auch privatrechtlich betrachtet nicht- bzw. teilrechtsfähige Organisationseinheiten können juristische Personen im Sinne von Art. 19 III GG sein.[321] Verfassungsrechtlich entscheidend für das Vorliegen einer juristischen Person im Sinne des Art. 19 III GG ist, ob die Personenvereinigung über eine verselbständigte Organisationseinheit verfügt, die es ihr erlaubt, einen eigenen Willen zu bilden, der sich von dem der einzelnen Mitglieder oder Gesellschafter unterscheidet – rein faktische Zusammenschlüsse von Personen reichen nicht aus.[322] Nach dieser Definition sind zunächst Personenhandelsgesellschaften wie die OHG und KG grundrechtsfähig[323] und auch nicht rechtsfähige Vereinigungen können juristische Personen im Sinne des Art. 19 III GG sein.[324] So führte das Bundesverfassungsgericht in Hinblick auf die Grundrechtsfähigkeit politischer Parteien, die sich traditionell nicht eintragen lassen, bereits im Jahre 1954 aus, dass „aus Art. 19 III GG nicht geschlossen werden darf, dass nur Personengruppen, die allgemeine Rechtsfähig-

---

317 *Roellecke*, in:Umbach/Clemens, GG-Kommentar, Art. 19, Rdnr. 75.

318 *Isensee*, Anwendung der Grundrechte, in: HStR V, § 118, Rdnr. 2.

319 *Roellecke*, in: Umbach/Clemens, GG-Kommentar, Art. 19, Rdnr. 71.

320 *Krebs*, in: Münch/Kunig, GG-Kommentar, Bd. 1 Art. 19 Rdnr. 31 m.w.N.

321 *Roellecke*, in: Umbach/Clemens, GG-Kommentar, Art. 19 Rdnr. 109; *Krebs*, in: Münch/Kunig, GG-Kommentar, Bd. 1, Art. 19 Rdnr. 31; *Betghe*, AöR 104 (1979), S. 54, 77 f.; *Isensee*, Anwendung der Grundrechte, in: HStR V, § 118, Rdnr. 32; *Rüfner*, Grundrechtsträger, in: HStR V, § 116, Rdnr. 54 – 54; BVerfGE 4, 7 (12); 10, 8 (99); 20, 283 (290); 24, 236 (243 f.).

322 *Isensee*, Anwendung der Grundrechte, in: HStR V, § 118, Rdnr. 32.

323 BVerfGE 4, 7 (12); 20, 283 (290).

324 BVerfGE 3, 383 (391); 13, 174 (175); 83, 341 (351); *Isensee*, Anwendung der Grundrechte, in: HStR V, § 118, Rdnr. 32; *Roellecke*, in: Umbach/Clemens, GG-Kommentar, Art. 19, Rdnr. 109.

keit besitzen, Träger von Grundrechten sein können (...). Art. 19 III GG will vielmehr klarstellen, dass nicht nur - wie es dem Ursprung der Grundrechte an sich entspräche – natürliche Personen grundrechtsfähig sind, sondern sogar juristische Personen (...)"[325].

Sind diese Voraussetzungen erfüllt, muss das in Frage stehende Grundrecht seinem Wesen nach auf die juristische Person anwendbar sein. Nach der Rechtsprechung des Bundesverfassungsgerichtes können juristische Personen in den Schutzbereich eines Grundrechts einbezogen werden, „wenn ihre Bildung und Betätigung Ausdruck der freien Entfaltung der natürlichen Personen ist, besonders wenn der Durchgriff auf die hinter den juristischen Personen stehenden Menschen dies als sinnvoll oder erforderlich erscheinen lässt".[326]

Auf die Verfahrens- und Prozessgrundrechte des Art. 17, 19 IV, 101 I, 103 I GG können sich alle juristischen Personen im Sinne des Art. 19 III GG berufen.[327] Folglich kann auch nicht rechtsfähigen Vereinigungen grundsätzlich ein Anspruch auf Zugang zu Gericht zustehen. Wenn sie die Möglichkeit haben, Rechte zu erwerben, so müssen sie die erworbenen Rechte auch gerichtlich durchsetzen können.[328] *Hess* führt dazu aus, dass „dem materiellen Recht ein menschen– bzw. verfassungsrechtlicher Anspruch zur prozessualen Durchsetzung materieller Rechtspositionen als Prozesspartei korrespondiert".[329] Dies bedeutet, dass alle juristischen Personen im weiten Sinne des Art. 19 III GG, soweit sie eigene materielle Rechte haben, aus den Prozessgrundrechten einen Anspruch auf Zugang zu Gericht haben. Daneben können auch materielle Grundrechte wie etwa die Koalitionsfreiheit nach Art. 9 III GG zu einem Anspruch auf Zugang zu Gericht führen.[330]

Damit besteht eine menschenrechtliche Komponente der Parteifähigkeit. Aus diesem Grund kann der Gesetzgeber die Parteifähigkeit juristischer Personen, Personengesellschaften und sonstiger Rechtsträger nicht nach freiem Belieben gestalten. Zwar handelt es sich bei der Frage des Zugangs zu Gericht um ein normgeprägtes Grundrecht und der Anspruch auf Zugang zu Gericht besteht grundsätzlich nur im Rahmen des einfachen Rechts. Allerdings darf der Zugang

---

325 BVerfGE 3, 283 (391).

326 BVerfGE 21, 362 (369); 61, 82 (101); 68, 193 (206). Andere Formulierungen des Bundesverfassungsgerichtes stellen darauf ab, ob die von dem Grundrecht geschützten Tätigkeiten auch von juristischen Personen selbst ausgeübt werden können (BVerfGE 42, 212 (219)) oder ob die juristische Person sich in einer gleichen grundrechtstypischen Gefährdungslage wie eine natürliche Person befindet (BVerfGE 45, 63 (79)).

327 A. v. *Mutius*, Jura 1983, S. 30 (36); *Roellecke*, in: Umbach Clemens, GG-Kommentar, Art. 19 III GG, Rdnr. 103.

328 *Roellecke*, in: Umbach Clemens, GG-Kommentar, Art. 19 III GG, Rdnr. 104; *Hess*, ZZP 2004, S. 267 (286).

329 *Hess*, ZZP 2004, S. 267 (286).

330 BGHZ 50, 325 ff.

zu Gericht nicht in unzumutbarer, aus sachlichen Gründen nicht zu rechtfertigender Weise eingeschränkt werden.[331] Dies bedeutet, dass die Parteifähigkeit von Inhabern materieller Rechtspositionen nur dann eingeschränkt werden darf, wenn diese Beschränkung verhältnismäßig ist – insbesondere also ein berechtigtes Ziel verfolgt. Diese Zielsetzung kann in der Gewährleistung einer „sinnhaften und effizienten Prozessführung“[332] oder dem Schutz des Rechtsverkehrs bestehen.

bb) Die spanische Verfassung

In Spanien existiert keine ausdrückliche Vorschrift in Hinblick auf den Grundrechtsschutz juristischer Personen – eine dem Art. 19 III GG vergleichbare Regelung fehlt.[333] Jedoch hat die Rechtsprechung des Tribunal Constitucional bereits in den 80er Jahren den Inhalt des Art. 19 III GG auf dem Wege der Rechtsprechung in das spanische Verfassungsrecht eingeführt. Hervorzuheben ist zunächst das Urteil 137/85, in dem das Verfassungsgericht feststellte, dass eine ausdrückliche Vorschrift zur Grundrechtsfähigkeit von juristischen Personen in der spanischen Rechtssprechung fehlt und deshalb der Inhalt des Art. 19 III GG auch Gültigkeit in Spanien besitze. Diese Rechtsprechung wurde drei Jahre später bestätigt: „In einem umfassenderen Sinne als noch das Urteil 137/85 ist anzuerkennen, dass juristische Personen des Privatrechts generell Grundrechtsträger sein können, wenn das in Frage stehende Grundrecht seinem Wesen nach auf juristische Personen anwendbar ist.“[334] Damit ist erst durch die Rechtsprechung des Tribunal Constitucional die Grundrechtsfähigkeit juristischer Personen in Spanien überhaupt anerkannt worden.
Nach Rechtsprechung des Tribunal Constitucional folgt aus der Verfassung auch ein Anspruch auf Zugang zu Gericht für juristische Personen. So ergebe der Wortlaut („todas las personas“) des Art. 24 CE, dass alle Personen Anspruch auf effektiven Rechtsschutz haben - nicht nur natürliche, sondern auch juristische Personen.[335] Ausdrücklich spielt das Verfassungsgericht dabei auf die Parteifähigkeit juristischer Personen in Prozessen an. So sei es in Hinblick auf Art. 24 CE im Grundsatz selbstverständlich, dass auch juristische Personen Anspruch auf effektiven Rechtsschutz haben und ihnen nicht durch Versagung der Partei-

---

[331] BVerfGE 10, 264 (267 f.); 50, 16 (30).
[332] *Hess*, ZZP 2004, S. 267 (291 f).
[333] *Cruz Villalon*, Revista Española de Derecho Constitucional, Nr. 35 (1992), S. 63 (73).
[334] STC 64/1988.
[335] STC 4/1982; STC 19/1983.

fähigkeit der Zugang zu Gericht verweigert werden dürfe.[336] Dies ergebe sich auch daraus, dass es juristischen Personen nach Art. 162.1, b) CE möglich sei, Verfassungsbeschwerde zu erheben. Folglich müssten juristische Personen grundsätzlich Zugang zu Gericht bekommen.[337] Unproblematisch fallen damit in den Schutzbereich des Art. 24 CE solche Vereinigungen, die die rechtlichen Voraussetzungen zur Erlangung der Rechtspersönlichkeit erfüllt haben oder denen ein Gesetz Rechtspersönlichkeit zuweist.[338]
In Frage steht jedoch vorliegend, ob sich auch Vereinigungen ohne Rechtspersönlichkeit, die nicht eingetragen sind, auf Art. 24 CE berufen können und daraus ein Anspruch auf Zugang zu Gericht resultiert. Dies wird in der spanischen Lehre durchaus bejaht. Effektiver Rechtsschutz bedeute, dass auch Zusammenschlüsse ohne Rechtspersönlichkeit, die im Rechtsverkehr auftreten und Rechtsgeschäfte abschließen, klagen und verklagt werden können.[339] Außerdem wird auf Art. 7.3 LOPJ verwiesen, der als Organgesetz die Anforderungen der Verfassung an einen effektiven Rechtsschutz ausformt. Dieser Vorschrift zu Folge schützen die Gerichte legitime Interessen – Einzelinteressen ebenso wie Kollektivinteressen –, ohne dass es zur Verweigerung des Rechtsschutzes kommen darf.[340] Nach der Rechtsprechung wird von Art. 7.3. LOPJ jeder Zusammenschluss eines bestimmbaren Personenkreises erfasst, der über gemeinsame Interessen verfügt: Daraus folge, dass man Vereinigungen ohne Rechtspersönlich-

---

[336] STC 19/1983: Der TC stellt zunächst fest, dass derjenige, der parteifähig ist, Anspruch auf effektiven Rechtsschutz hat. In einem nächsten Schritt folgert er daraus, dass man der juristischen Person (im vorliegenden Fall eine diputación foral = Selbstverwaltungskörperschaft) die Parteifähigkeit nicht versagen dürfe.

[337] *Bujosa Vadell*, La protección jurisdiccional, S. 118.

[338] Nach Art. 35 CC liegt eine juristische Person dann vor, wenn sie in Übereinstimmung mit den gesetzlichen Vorschriften wirksam gegründet wurde: „Son personas jurídicas: 1. Las corporaciones, asociaciones y fundaciones de interés público reconocidas por la ley. Su personalidad empieza desde el instante mismo en que, con arreglo a derecho, hubiesen quedado válidamente constituidas. 2. Las asociaciones de interés particular, sean civiles, mercantiles o industriales, a las que la ley conceda personalidad propia, independiente de la de cada uno de los asociados." So schreibt auch Art. 22.3 CE die Eintragung von juristischen Personen vor, um Öffentlichkeit herzustellen: "Las asociaciones constituidas al amparo de este artículo deberán inscribirse en un registro a los solos efectos de publicidad."

[339] *Gimeno Sendra*, Proceso Civil Prácitco, Bd. I, Art. 6, S. 2-19; *Bujosa Vadell*, La protección jurisdiccional, S. 118; *Albácar Lopez*, Ley de Enjuiciamiento Civil, 2. Aufl. 1994, Art. 2 LEC a.F., S. 482.

[340] Art. 7.3 LOPJ (Ley Organica de Poder Judicial) im Wortlaut: „Los juzgados y tribunales protegerán los derechos e intereses legítimos, tanto individuales como colectivos sin que en ningun caso pueda producirse indefensión. Para la defensa de estos últimos se reconocerá la legitimación de las corporaciones, asociaciones y grupos que resulten afectados o que estén legalmente habilitados para su defensa y promoción.". „Indefensión" wurde frei mit „Verweigerung des Rechtsschutzes" übersetzt, bedeutet jedoch wörtlich „Verteidigungslosigkeit".

keit nicht grundsätzlich den Zugang zu Gericht versagen dürfe, da dies in Zusammenschau mit Art. 7.3 LOPJ eine Verletzung des effektiven Rechtsschutzes aus Art. 24 CE darstelle.[341]
Grundsätzlich kann sich damit auch für Vereinigungen ohne Rechtspersönlichkeit ein verfassungsrechtlich abgesicherter Anspruch auf Zugang zu Gericht ergeben. Die Ausgestaltung und der Umfang des Zugangs zu Gericht hängen zwar wie in Deutschland von den Prozessvoraussetzungen ab, die der Gesetzgeber aufstellt. Allerdings dürfen diese nicht willkürlich sein und Beschränkungen des Zugangs zu Gericht müssen verhältnismäßig sein und ein berechtigtes Ziel verfolgen.[342]

3.) Die Erweiterung der Parteifähigkeit im deutschen und spanischen Zivilprozessrecht nach Erlass der Verfassungen

Spiegelbildlich zu den eben geschilderten verfassungsrechtlichen Entwicklungen lässt sich in beiden Ländern feststellen, dass eine Erweiterung des Zugangs zu Gericht für bislang nicht parteifähige Gebilde kraft Gesetzes oder durch richterrechtliche Rechtsfortbildung stattgefunden hat. Die Parteifähigkeit ist nicht mehr nur abhängig davon, ob die Vereinigung durch einen in gesetzlicher Form erfolgten Gründungsakt wie etwa eine Registrierung Rechtsfähigkeit erlangt hat, sondern auch davon, ob dem Zusammenschluss von Personen der Erwerb eigener Rechte möglich ist.

a) Die Erweiterung des Konzepts der Parteifähigkeit in der ZPO

In Deutschland zeigte sich diese Entwicklung zunächst an der Rechtsprechung des BGH zur aktiven Parteifähigkeit von Gewerkschaften: Da sie traditionell nicht in einem Register eingetragen sind und damit als nicht rechtsfähige Vereine im Sinne des § 54 BGB organisiert sind, sind sie nach dem Wortlaut des § 50 II ZPO lediglich passiv parteifähig. Im Jahre 1965 sprach der BGH jedoch den Gewerkschaften entgegen dem eindeutigen Wortlaut des § 50 II ZPO die aktive Parteifähigkeit in Hinblick auf Art. 9 III GG zu.[343] Damit kam die Rechtsprechung der materiellrechtlichen Entwicklung nach, dass nicht rechtsfähige Vereine weitgehend wie rechtsfähige Vereine behandelt werden und der nahezu einzige Unterschied in der fehlenden Eintragung nicht rechtsfähiger Vereinigungen

---

[341] STS, de 4 de noviembre de 1996, zitiert nach: *Guberí Llobregat*, Los procesos civiles, S. 131 ff.
[342] *Picó i Junoy*, Las garantias constitucionales, S. 45.
[343] BGHZ 50, 325 ff.

besteht.[344] Dies wird der sozialen Wirklichkeit gerecht, da die Zahl der nicht rechtsfähigen Vereine weitaus höher ist als die der rechtsfähigen.[345]
Der Gesetzgeber reagierte mit Art. 3 PartG auf die Entwicklung und erklärte politische Parteien für parteifähig, obwohl auch sie sich traditionell wie Gewerkschaften nicht eintragen ließen.[346] Dies führte dazu, dass sich die Stimmen mehrten, die für alle nicht rechtsfähigen (also nicht registrierten) Vereinigungen die Zuerkennung der uneingeschränkten Parteifähigkeit verlangten. Begründet wurde dies damit, dass der historische Gesetzgeber durch die Regelung des § 54 BGB und § 50 II ZPO insbesondere die Gewerkschaften treffen wollte. Dass auch andere nicht rechtsfähige Vereine von diesen Regelungen getroffen würden, stelle sich „als bloßer Reflex der Benachteiligungsabsicht des Gesetzgebers gegenüber den Gewerkschaften dar".[347] Da durch die Rechtsfortbildung des BGH die aktive Parteifähigkeit der Gewerkschaften anerkannt worden sei, müsse dies auch für die übrigen nicht rechtsfähigen Vereine gelten, da der historische Gesetzgeber ihnen ohne die Existenz von Gewerkschaften die Parteifähigkeit nicht vorenthalten hätte.[348] Dies entspreche überdies auch dem aktuellen Willen des Gesetzgebers: Durch Art. 9 GG werde deutlich, dass die Unterdrückung der Gewerkschaften nicht mehr Ziel des Gesetzgebers sei.[349]
Diese Ansicht fand argumentative Verstärkung durch ein Grundlagenurteil des BGH im Jahre 2001.[350] Der BGH entschied, dass eine Außengesellschaft des bürgerlichen Rechts Rechtsfähigkeit besitze, soweit sie durch die Teilnahme im Rechtsverkehr eigene Rechte und Pflichten begründe. In diesem Rahmen sei sie sowohl aktiv als auch passiv parteifähig. Daraus werden vermehrt Rückschlüsse für die aktive Parteifähigkeit von nicht rechtsfähigen Vereinen gezogen: Da auf sie gem. § 54 BGB die Regeln über die Gesellschaft Anwendung fänden, ergebe sich, dass auch nicht rechtsfähige - oder anderes formuliert nicht registrierte - Vereinigungen ebenso wie die GbR aus § 50 I ZPO aktiv parteifähig sein müssen.[351] Der Tendenz zur Rechtsprechung der GbR folgend entschied der BGH schließlich im Jahre 2005, dass auch die Wohnungseigentümergemeinschaft rechtsfähig ist, soweit sie bei der Verwaltung des gemeinschaftlichen Eigentums am Rechtsverkehr teilnimmt.[352] Mit diesem Urteil klärte der BGH eine jahrelang

[344] *Fenn*, ZZP 86 (1973), S. 177 (178).
[345] *Neuner*, Die Rechtsfindung, S. 154 m.w.N.
[346] MüchKomm-*Lindacher*, ZPO, § 50, Rdnr. 36.
[347] *Schulz*, Die Parteifähigkeit, S. 126 m.w.N.
[348] *Schulz*, Die Parteifähigkeit, S. 126.
[349] *Neuner*, Die Rechtsfindung, S. 154.
[350] BGHZ 146, 341.
[351] Zöller/*Vollkommer*, ZPO, § 50, Rdnr. 37; *Schmidt*, NJW 2001, S. 993 (1002 f.); *Hess*, ZZP 2004, S. 267 (292); Palandt/*Heinrichs*, § 54, Rdnr. 10.
[352] BGH, NJW 2005, S. 2061.

umstrittene Rechtsfrage.[353] Konsequenz der Entscheidung ist, dass auch die WEG als solche klagen und verklagt werden kann, ohne dass es auf den aktuellen Mitgliederstand ankommt.[354]
Insgesamt lässt sich damit feststellen, dass seit Entstehung der ZPO im ausgehenden 19. Jahrhundert die Parteifähigkeit eine Erweiterung erfahren hat. Nicht mehr die staatliche Registrierung gibt Ausschlag für die Parteifähigkeit, sondern die Frage, ob Vereinigungen durch ihre Teilnahme am Rechtsverkehr tatsächlich Rechte und Pflichten begründen.

b) Die Erweiterung der Parteifähigkeit in LEC/1881 und LEC/2000

In Spanien lassen sich ähnliche Entwicklungen konstatieren. Sie beziehen sich zwar nicht auf Gewerkschaften und politische Parteien, da diese sich in Spanien eintragen lassen und damit Rechtspersönlichkeit erlangen. Und auch die „sociedad civil" ist nach Art. 1669 CC rechtsfähig und damit parteifähig, und das obwohl eine Eintragung in das Handelsregister nach überwiegender Meinung nicht erforderlich ist.[355] Allerdings erlebte der spanische Zivilprozess ähnliche Diskussionen wie in Deutschland in Hinblick auf die Erweiterung der Parteifähigkeit von „entidades sin personalidad jurídica" (Gebilden ohne Rechtspersönlichkeit).

aa) Die Rechtsprechung zur Parteifähigkeit unter LEC/1881 in Zusammenhang mit Art. 24 CE

Bereits unter Geltung des Zivilverfahrensrechts von 1881 wurde die Parteifähigkeit von Vereinigungen ohne Rechtspersönlichkeit angenommen, obwohl diese

[353] *Petersen*, NJW 2005, S. 2590 f.
[354] Die WEG konnte auch bisher unter einer Sammelbezeichnung klagen, bei Passivprozessen musste jedoch eine Eigentümerliste eingereicht werden, um dem Bestimmtheitserfordernis des § 253 II Nr. 1 ZPO zu genügen. Vgl. dazu *Adolphsen*, Zivilprozessrecht, § 7 Rdnr. 24.
[355] Art. 1669 CC verleiht der sociedad civil Rechtspersönlichkeit, wenn die Gründung der Gesellschaft nicht durch heimliche Absprachen erfolgt – eine gewisse Öffentlichkeit ist für die Existenz der sociedad civil also unabdingbare Voraussetzung (vgl. zu den Voraussetzungen *Torrente*, Estudios Empresariales, Nr. 66 (1998), S. 63 ff.). Festzuhalten ist allerdings, dass es entgegen der Entwicklung in Deutschland in den letzen Jahren eine Tendenz dahingehend gibt, der sociedad civil aufgrund der fehlenden Eintragung die Rechtpersönlichkeit zu versagen (vgl. dazu *Kieninger*, ZEuP 1999, S. 333 ff.). Dieser Ansicht wird jedoch weitgehend entgegengetreten (vgl. *Torrente*, aaO, m.w.N.) und im Zivilprozess sind die sociedades civiles unproblematisch als juristische Personen parteifähig (*Gimeno Sendra*, Proceso Civil Práctico, Bd. 1, Art. 6, S. 2-11).

nach Art. 2 LEC/1881 von ihrer Rechtspersönlichkeit abhängig war[356] und Vereinigungen, die aufgrund fehlenden Gründungsaktes keine Rechtspersönlichkeit erworben hatten, weder aktiv noch passiv parteifähig waren.[357] Eine dem § 50 II ZPO vergleichbare Regelung, die zumindest die passive Parteifähigkeit von nichtrechtsfähigen Vereinigungen statuierte, fehlte. Dies empfand man als unbefriedigend – nicht zuletzt auch in Hinblick auf die Gewährleistung des Zugangs zu Gericht aus Art. 24 CE, in dessen Zusammenhang die Parteifähigkeit nach Erlass der spanischen Verfassung gestellt wurde.[358]

Dies galt zunächst für die passive Parteifähigkeit von Vereinigungen ohne Rechtspersönlichkeit, die nicht die gesetzlichen Gründungsvoraussetzungen erfüllten (sociedades irregulares/ de hecho), jedoch auftraten, als seien sie wirksam gegründet worden. Nach der Regelung des Art. 2 LEC/1881 konnten sie nicht verklagt werden, da sie nicht über Rechtspersönlichkeit verfügten. Dies betrachtete man als Verletzung des Art. 24 CE, da ein gutgläubiger Dritter, der mit der „sociedad irregular" Verträge abschließe, entgegen dem Wortlaut des Art. 24 CE faktisch der Rechtsschutz verweigert werde.[359] Deshalb gewährte man trotz fehlender Regelung in der LEC/1881 nicht rechtsfähigen Gebilden die passive Parteifähigkeit.

Doch auch in Hinblick auf die aktive Parteifähigkeit von Vereinigungen ohne Rechtspersönlichkeit wurde eine Rechtsfortbildung in Hinblick auf Art. 24 CE vorgenommen und ihnen uneingeschränkte Parteifähigkeit zuerkannt. Dies galt insbesondere für sog. „uniones sin personalidad jurídica". Sie gründen sich vorübergehend zu einem bestimmten Zweck und schließen unumstritten auch im Außenverhältnis wirksame Rechtsgeschäfte ab.[360] Das Gesetz jedoch schreibt ihnen keine eigene Rechtspersönlichkeit zu.[361] Es existieren noch nicht einmal Vorschriften zur Gründung dieser Vereinigungen.[362] Da diese Personenzusam-

---

[356] Für das Vorliegen der Rechtspersönlichkeit von juristischen Personen des Privatrechts ist Art. 35 CC maßgeblich: Eigene Persönlichkeit haben juristische Personen des Privatrechts dann, wenn sie gem. Art. 35 CC wirksam gegründet wurden oder ihnen kraft Gesetz Rechtspersönlichkeit zugesprochen wird. Vgl. dazu *Garberi Llobregat,* Los procesos civiles, Bd. I, S. 97; *Montero Aroca,* Derecho jurisdiccional II, S. 59.

[357] *Albacár Lopez*, Ley de Enjuiciamiento Civil, Bd. I, 2. Aufl. 1994, S. 481.

[358] *Albacár Lopez*, Ley de Enjuiciamiento Civil, Bd. I, 2. Aufl. 1994, S. 479; *Oliva Santos*, Comentarios a la Ley de Enjuiciamiento Civil, Art. 6, S. 81 – nach *Oliva Santos* ist die Parteifähigkeit „die Fähigkeit, Rechtschutz von den Gerichten zu erlangen".

[359] *Albacár Lopez*, Ley de Enjuiciamiento Civil, Bd. I, 2. Aufl, 1994, S. 481.

[360] *Montero Aroca*, Derecho jurisdiccional II, S. 64; STS, de 29 de julio 1993, La Ley, 1993, S. 1072.

[361] *Albacár Lopez*, Ley de Enjuciamiento Civil, 2. Aufl., 1994, S. 481 f. – als Beispiel werden Gruppen genannt, die sich gründen um ein Gebäude zu errichten oder etwa Geld für einen bestimmten Zweck zu sammeln.

[362] *Montero Aroca*, Derecho jurisdiccional II, S. 64.

menschlüsse jedoch eigene Rechte erwerben könnten, sei es mit Art. 24 CE nicht vereinbar, dass sie weder klagen noch verklagt werden könnten.[363] Dies sei auch nicht dadurch auszugleichen, dass alle Mitglieder zusammen klagen bzw. verklagt werden könnten. Diese Möglichkeit stelle in den meisten Fällen ein so großes Hindernis dar, dass es entgegen dem klaren Wortlaut des Art. 24 CE zu einer Verweigerung des Rechtsschutzes komme.[364] Deshalb erkannte man den „uniones sin personalidad jurídica" sowohl passive als auch aktive Parteifähigkeit zu.[365]

Der verfassungsrechtliche Einfluss auf diese Entwicklung zeigte sich besonders deutlich in einem Urteil des Tribunal Supremo[366] aus dem Jahre 1996. Einer Musikgruppe aus Pamplona genannt „Pamplonesa" fehlte im Zeitpunkt der Klageerhebung die Rechtspersönlichkeit, da die Eintragung in das Vereinsregister von Navarra fehlgeschlagen war. Der oberste Gerichtshof hielt Pamplonesa dennoch für parteifähig. So sei es ständige Rechtsprechung, dass das Fehlen von Rechtspersönlichkeit nicht automatisch zur Versagung der Parteifähigkeit führe. Diese Rechtsprechung lasse sich zum einen auf Art. 7.3 LOPJ stützen, da nach dieser Vorschrift jeder Zusammenschluss eines bestimmbaren Personenkreises, der gemeinsame Interessen habe, diese auch durchsetzen dürfe. Zum anderen ergebe auch Art. 24.1 CE, dass die Vorschrift des Art. 2 LEC/1881 erweitert auszulegen sei und den sog. „uniones sin personalidad jurídica" die Parteifähigkeit über den Wortlaut des Art. 2 LEC/1881 hinaus gewährt werden müsse.

Ebenso wurde bereits unter LEC/1881 die Parteifähigkeit der „comunidad de bienes" (Miteigentümergemeinschaft), der „propiedad horizontal" (Wohnungseigentümergemeinschaft) und der „comunidad hereditaria" (Erbengemeinschaft) anerkannt, obwohl auch diese keine eigene Rechtspersönlichkeit hatten.[367] Damit trug die spanische Lehre und Rechtsprechung der Entwicklung Rechnung, dass es zu neuen Formen von Vereinigungen gekommen ist, seit Savigny den Begriff der juristischen Person prägte.[368]

---

[363] *Albacár Lopez*, Ley de Enjuiciamiento Civil, Bd. I, S. 481.

[364] *Albacár Lopez*, Ley de Enjuiciamiento Civil, Bd. I, S. 481 f.

[365] *Albacár Lopez*, Ley de Enjuiciamiento Civil, Bd. I, S. 482; *Montero Aroca*, Derecho jurisdiccional II, S. 65; STS, de 20 de diciembre 1990, ROJ 672.

[366] STS, de 4 de noviembre de 1996, zitiert nach: *Gaberí Llobregat*, Los procesos civiles, S. 131 ff.

[367] *Bujosa Vadell*, La protección jurisdiccional, S. 155 ff.; STS, de 11 de noviembre de 1991, RA 1991, Nr. 8233 für die „comunidad de bienes"; STS de 18 de febrero de 1987, RA 1987, Nr. 715 für die comunidad hereditaria; STS, de 25 de mayo de 1985, RA 1985, Nr. 2811 und STS, de 9 de julio de 1986, RA 1986, Nr. 4426 für die propiedad horizontal.

[368] *Bujosa Vadell*, La protección jurisdiccional, S. 146.

bb) Erweiterung der Parteifähigkeit durch die Zivilprozessreform im Jahre 2000

Diese Rechtsprechungsentwicklungen haben teilweise Niederschlag in der Reform des Zivilprozesses gefunden und zu einer Erweiterung der Parteifähigkeit von nicht rechtsfähigen Gebilden geführt, durch die auch den Anforderungen an das Recht auf effektiven Rechtsschutz aus Art. 24 CE entsprochen werden soll.[369] Zunächst gesteht Art. 6 LEC/2000 Parteifähigkeit weiterhin natürlichen und juristischen Personen zu. Jedoch widmet er sich auch der Frage, wie mit dazwischen liegenden Tatbeständen zu verfahren ist, in denen durch einen Zusammenschluss von Personen das Wesen einer natürlichen Person überschritten wird, aber andererseits noch keine juristische Person vorliegt.[370]

(1) Die Parteifähigkeit von „uniones sin personalidad jurídica"

Art. 6.5 LEC/2000 gesteht unter bestimmten Voraussetzungen nicht rechtsfähigen Personenvereinigungen die aktive und passive Parteifähigkeit zu. Art. 6 Abs. 2 LEC/2000 regelt die passive Parteifähigkeit von Vereinigungen ohne Rechtspersönlichkeit. Die Parteifähigkeit ist damit nicht mehr nur prozessuales Gegenstück zur Rechtsfähigkeit.[371] Nach Art. 6.5 LEC/2000 sind Zusammenschlüsse ohne Rechtspersönlichkeit uneingeschränkt parteifähig, soweit ein Gesetz ihnen Parteifähigkeit zuerkennt.[372] Zu diesen Vereinigungen gehören die „comunidades de propiedad horizontal" (Wohnungseigentümergemeinschaften), denen seit der Reform des LPH (Wohnungseigentümergesetz) im Jahre 1999 indirekt die Parteifähigkeit eingeräumt wurde: Nach Art. 13.3 LPH kann der Präsident die Wohnungseigentümergemeinschaft in einem Prozess vertreten.[373] Über diesen ausdrücklichen Anwendungsfall hinaus ist jedoch nicht klar, welche Fallgruppen durch Art. 6.5 LEC erfasst werden sollen. Insbesondere in Hinblick darauf, wie man die Verweisung auf „ein Gesetz" verstehen soll, herrscht Unklarheit, da Art. 13.3 LPH der einzige Fall zu sein scheint, in dem ein Gesetz einer nicht rechtsfähigen Gemeinschaft zumindest mittelbar Parteifähigkeit zu-

---

369 *Gimeno Sendra*, Proceso Civil Práctico, Bd. 1, Art. 6, S. 2-19.
370 *Montero Aroca*, Derecho jurisdiciccional II, S. 63.
371 *Samanes Ara*, Las partes, S. 13.
372 Art. 6.5 LEC/2000: „Podrán ser parte en los procesos ante los tribunales civiles: Las entidades sin personalidad jurídica a las que la ley reconozca capacidad para ser parte."
373 *Samanes Ara*, Las partes, S. 19.

erkennt.[374] Teilweise wird angenommen, dass ein Gesetz vorliegen müsse, es allerdings ausreiche, wenn darin die Vertretung der Vereinigung ohne Rechtspersönlichkeit geregelt sei, ohne dass es auf eine ausdrückliche Zuerkennung der Parteifähigkeit ankomme.[375]

Diese Auslegung erscheint jedoch insofern zweifelhaft, als die Rechtsprechung zu Art. 2 LEC/1881 bereits Vereinigungen ohne Rechtpersönlichkeit wie etwa den „uniones sin personalidad jurídica" sowohl aktive als auch passive Parteifähigkeit zuerkannt hatte.[376] Auf Unverständnis stößt deshalb, dass der Gesetzgeber den Vereinigungen ohne Rechtspersönlichkeit nicht ohne weiteres aktive und passive Parteifähigkeit in Art. 6.5 LEC/2000 zuerkannt hat.[377] Zudem sei die generelle Verweisung auf ein anderes Gesetz verfehlt, da es die originäre Aufgabe einer Zivilverfahrensordnung sei, selbst die Parteifähigkeit zu regeln.[378] Vorzugswürdig erscheint deshalb, Art. 6.5 LEC/2000 in Zusammenschau mit der Generalklausel des Art. 7.3 LOPJ auszulegen und Vereinigungen ohne Rechtspersönlichkeit uneingeschränkte Parteifähigkeit zuzuerkennen, ohne dass es einer weiteren gesetzlichen Regelung bedarf.[379] Dies würde der bisherigen Rechtsprechung[380] zu Art. 2 LEC/1881 entsprechen, die nicht zuletzt auch auf Art. 24 CE gestützt wurde.

Alles in allem ist die Auslegung des Art. 6.5 LEC noch im Fluss. Festzuhalten ist allerdings, dass je enger man den Anwendungsbereich des Art. 6.5 LEC/2000 fasst, der des Art. 6 Abs. 2 LEC/2000 umso weiter wird, und Vereinigungen ohne Rechtspersönlichkeit zumindest passiv parteifähig sind. Damit will die LEC/2000 zum einen den Schutz von Drittinteressen berücksichtigen.[381] Zum anderen verfolgt man aber auch ähnliche Zwecke wie bei § 50 II ZPO, der trotz seiner Umstrittenheit in Deutschland in Spanien immer wieder als vorbildliche

---

[374] Vgl. *Oliva Santos*, Comentarios a la Ley de Enjuiciamiento Civil, S. 83; *Samanes Ara*, aaO, S. 19 die als einzige Fallgruppe die Wohnungseigentümergemeinschaft nach 13.3 LPH nennt.

[375] *Oliva Santos*, Comentarios a la Ley de Enjuiciamiento Civil, S. 83.

[376] *Gimeno Sendra*, Proceso Civil Práctico, Bd. I, Art. 6, S. 2-22/1.

[377] *Montero Aroca,* Derecho jurisdiccional II, S. 64 f.

[378] *Montero Aroca*, Derecho jurisdiccional II, S. 65.

[379] *Garberi Llobregat*, Los procesos civiles, Band I, S. 101 f.; *Gimeno Sendra*, aaO, stützt diese Erwägungen darauf, dass es häufig um Ansprüche gehe, die auf verbraucherschützenden Vorschriften basierten. Deshalb sei meist die Parteifähigkeit als Verbrauchergruppe nach Art. 6.1.7 LEC/2000 einschlägig. Zu überzeugen vermag diese Lösung allerdings nicht – letztlich versucht sie nur, die verunglückte gesetzliche Regelung zu retten.

[380] STS, de 4 de noviembre de 1996, zitiert nach: *Gaberí Llobregat*, Los procesos civiles, S. 131 ff.; STS, de 20 de diciembre de 1990, ROJ 672.

[381] *Samanes Ara*, Las partes, S. 21.

Regelung zitiert wird:[382] So soll Art. 6 Abs. 2 LEC/2000 die fehlende Eintragung sanktionieren und damit letztlich den Registerzwang durchsetzen.[383]

(2) Die Parteifähigkeit von Verbrauchergruppen in Spanien

Eine gesetzliche Erweiterung der Parteifähigkeit von nicht rechtsfähigen Vereinigungen stellt darüber hinaus die Einführung einer Verbrauchergruppenklage dar.[384] Diese Entwicklung lässt sich auf die spanische Verfassung von 1978 zurückführen, die in Art. 51.1 CE den Verbraucherschutz als Verfassungsprinzip nennt.[385] Sie spiegelt damit im Gegensatz zum Grundgesetz, das bereits im Jahre 1949 entstand, die Entdeckung des Verbraucherschutzes in den 60er Jahren wider.[386] Aufgrund dieses verfassungsrechtlichen Zusammenhangs stellt die Verbrauchergruppenklage einen Prozess der Konstitutionalisierung des spanischen Zivilprozessrechts dar.

---

382 *Bujosa Vadell*, La protección jurisdiccional, S. 155; *Oliva Santos*, Comentarios a la Ley de Enjuiciamiento Civil, S. 84.

383 *Oliva Santos*, Comentarios a la Ley de Enjuiciamiento Civil, S. 84.

384 Diese Verbrauchergruppenklage nach Art. 6.7 LEC wurde bereits durch das Reformgesetz von 2000 eingeführt und geht zurück auf den nationalen Gesetzgeber. Die Verbraucherunterlassungsklage wurde durch Art. 6.8 LEC/2002 in Umsetzung der Verbandsklagerichtlinie 98/27/EG eingeführt – vgl. dazu *Bellido Penadés*, TdJ 2002, Nr. 12, S. 1 ff. In Deutschland wurde in Umsetzung dieser Richtlinie das Unterlassungsklagegesetz eingeführt. Die Unterlassungsklage für Verbraucher ist nicht Gegenstand der Arbeit, da sie auf die Umsetzung einer europäischen Richtlinie beruht und sich damit nicht unmittelbar auf den nationalen Gesetzgeber zurückführen lässt. Mit Einführung der Sammelklage für Verbraucher übertrifft der spanische Zivilprozess damit sogar europäische Standards (vgl. *Fröhlingsdorf/Lincke*, RIW 2001, S. 357 (364)). Zur Entwicklung kollektiver Rechtsbehelfe in Deutschland und im europäischen Rechtsraum: *Hess*, Effektiver Rechtsschutz, in: Effektivität des Rechtsschutzes vor staatlichen und privaten Gerichten, S. 151 ff.

385 Art. 51.1 CE: „Los poderes públicos garantizarán la defensa de los consumidores y usuarios, protegiendo, mediante procedimientos eficaces, la seguridad, la salud y los legítimos intereses econónmicos de los mismos."

386 Zu den Ursprüngen des Verbraucherschutzes vgl. *Bujosa Vadell,* La protección jurisdiccional, S. 132. Symbolisch für das Aufkeimen des Verbraucherschutzes steht eine Rede Kennedys aus dem Jahre 1962, die er vor dem amerikanischen Kongress hielt. In diesem Rahmen stellte er fest: „Consumers, by definition, include us all. They are the largest economic group in the economy, affecting and affected by almost every public an private economic decision. Tow-thirds of all spending in the economy is by consumers. But they are the only important group in the economy who are not effectivly organized, whose views are often not heard." Von diesem Zeitpunkt an lässt sich weltweit die Entwicklung des Verbraucherschutzes beobachten. So erließen beispielsweise Japan und Mexiko in den Jahren 1968 und 1975 Gesetze zum Schutz der Verbraucher. Und auch die europäischen Gemeinschaften beschlossen im Jahre 1972, dass ein zu verwirklichendes Ziel der Verbraucherschutz sei.

Kernstück der Neuregelung ist Art. 6.7 LEC/2000. Nach dieser Vorschrift sind Gruppen von Verbrauchern parteifähig, die durch ein schädigendes Ereignis miteinander verbunden sind, wenn die Mitglieder dieser Gruppe bestimmt oder zumindest leicht bestimmbar sind. Um eine Klage zu erheben, ist allerdings erforderlich, dass die Mehrheit der betroffenen Verbraucher dieser Gruppe angehört.[387] Die Organisation dieser Interessen in einer eingetragenen Vereinigung ist nicht erforderlich.[388] Damit wird einem Gebilde ohne Rechtspersönlichkeit Parteifähigkeit zuerkannt und der Zugang zu Gericht eröffnet. Art. 6.7 LEC/2000 stellt die erste rechtliche Umsetzung des bereits oben erwähnten Art. 7.3 LOPJ dar.[389] Nach dieser Vorschrift des spanischen Gerichtsverfassungsgesetzes soll auch die Durchsetzung von Kollektivinteressen vor Gericht ermöglicht werden.[390] Vor diesem Hintergrund räumt Art. 6.7 LEC/2000 den Verbrauchergruppen die aktive Parteifähigkeit ein. Aus der Zielsetzung des Verbraucherschutzes ergibt sich, dass Art. 6.7 LEC/2000 dahingehend interpretiert werden muss, dass den Verbrauchergruppen lediglich die aktive Parteifähigkeit eingeräumt wird – verklagt werden können sie hingegen nicht.[391]

Das spanische Verfahrensrecht gesteht damit den Verbrauchern mehr Möglichkeiten ein als die ZPO, da hierzulande eine Klage von Verbrauchern zur gebündelten Geltendmachung kollektiv gestreuter Einzelinteressen nicht anerkannt ist.[392] Möglich ist in Deutschland zum einen die Erhebung einer gemeinschaftlichen Klage nach § 60 ZPO: Handelt es sich um gleichartige Ansprüche, die etwa aus einem Schadensereignis oder aus mehreren in einem inneren Zusammenhang stehenden Schadensereignissen resultieren, so können diese durch Erhebung einer gemeinschaftlichen Klage geltend gemacht werden.[393] Zu den einzelnen Streitgenossen besteht jedoch ein gesondertes Prozessrechtsverhältnis und für jeden Streitgenossen ist gesondert zu prüfen, ob die Prozessvoraussetzungen vorliegen.[394] Bei der gemeinschaftlichen Klage ist auch die Parteifähigkeit individuell zu bestimmen, wohingegen das spanische Recht der Verbrauchergruppe als solcher die Parteifähigkeit zuerkennt.

---

[387] Art. 6.7 LEC/2000 lautet: Podrán ser parte ein los procesos ante los tribunales civiles: Los grupos de consumidores o usuarios afectados por un hecho danoso cuando los individuos que lo compongan estén determinados o sean fácilmente determinables. Para demandar en juicio será necesario que el grupo se constituya con la mayoria de los afectados.

[388] *Bellido Penadés*, TdJ 2002, Nr. 12, S. 1 (4).

[389] *Barona Vilar*, ZZPInt 6 (2001), S. 91 (104).

[390] Vgl. dazu bereits 2. Teil A II 1 b (bb)).

[391] *Samanes Ara*, Las partes, S. 20; *Bellido Penadés*, TdJ 2002, Nr. 13, S. 1 (4 f.); *Oliva Santos*, Comentarios a la Ley de Enjuiciamiento Civil, S. 83 f., der jedoch auf die Möglichkeit einer Widerklage des Beklagten gegen die Verbrauchergruppe hinweist.

[392] Zöller/*Vollkommer*, ZPO, Vor § 50, Rdnr. 58.

[393] Zöller/*Vollkommer*, ZPO, § 60 Rdnr. 7; *Wunderlich*, DB 1993, S. 2269 (2272).

[394] Zöller/*Vollkommer*, ZPO, § 60 Rdnr. 9.

Zum anderen besteht im deutschen Recht nach Art. 1 § 3 Nr. 8 RBerG die Möglichkeit, dass Verbraucherzentralen außergerichtlich Rechtsangelegenheiten von Verbrauchern besorgen. Daneben können Verbraucherverbände auch als Prozessstandschafter oder Zessionar nach Abtretung der entsprechenden Forderung des Verbrauchers Zahlungsansprüche von Verbrauchern gerichtlich geltend machen. Diese Form der Rechtsdurchsetzung ist jedoch nur dann möglich, wenn dies im Interesse des Verbraucherschutzes erforderlich ist. Dies ist dann anzunehmen, wenn aufgrund der geringen Anspruchshöhe kein Anreiz für Individualklagen besteht.[395] Eine solche Einschränkung findet sich im spanischen Recht nicht.

III. Vergleichende Bewertung unter Berücksichtigung europäischer Rechtsentwicklungen

Es lässt sich feststellen, dass sowohl in Spanien als auch in Deutschland eine Erweiterung des Konzepts der Parteifähigkeit stattgefunden hat. In beiden Ländern hat man sich von der Vorstellung gelöst, dass nur juristische Personen im klassischen Sinne, welche die formellen Gründungsvoraussetzungen erfüllen, parteifähig sind. Die prozessuale Parteifähigkeit ist vielmehr davon abhängig, ob eine Personenvereinigung materielle Rechte erwerben kann. Ist dies der Fall, dann muss sie diese auch durchsetzen können.

Daneben ist es in Spanien durch die Einführung der Verbraucherklage zu einer Sozialisierung des Prozesses gekommen.[396] Das Zugeständnis von subjektiven Rechten an die Verbraucher macht es erforderlich, ihnen die Mittel zu ihrer Durchsetzung an die Hand zu geben. Gerade in Bagatellfällen erscheint dies lediglich durch eine Gruppenklage möglich. Diese Entwicklung hat ihr Fundament in der im ersten Kapitel[397] erläuterten Trennung zwischen materiellem Anspruch und Klage: Solange man subjektives Recht und Klage als Einheit betrachtete, war logische Konsequenz, dass jeweils nur der Einzelne das ihm zustehende subjektive Recht durchsetzen konnte.[398] Von dieser individualistischen Betrachtungsweise hat sich das spanische Verfahrensrecht durch die Einführung der Verbrauchergruppenklage entfernt.[399] Diese Distanzierung basiert nicht zuletzt auf verfassungsrechtlichen Entwicklungen wie der Anerkennung eines Anspruch auf Zugang zu Gericht für Personenvereinigungen und der verfassungsrechtli-

---

[395] *Chemnitz/Johnigk*, Rechtsberatungsgesetz, Rdnr. 471.1.
[396] *Montero Aroca*, El derecho procesal en el siglo XX, S. 66.
[397] Vgl. 1. Teil A 1 b.
[398] *Montero Aroca*, Derecho procesal en el siglo XX, S. 66.
[399] *Samanes Ara*, Las partes, S. 19.

chen Verankerungen des Verbraucherschutzes in Spanien. Sie stellt deshalb eine Konstitutionalisierung des Zivilprozesses dar.
Dieser Trend setzt sich – wenn auch in Spanien und Deutschland[400] weitgehend unbeachtet – auf internationaler Ebene durch die Rechtsprechung des europäischen Gerichtshof für Menschenrechte fort: In der Entscheidung Chania Catholic Church gegen Griechenland[401] hatte der Straßburger Gerichtshof über die Frage zu entscheiden, ob ein besonderer Staatsakt für die Verleihung der Rechts- und Prozessfähigkeit einer katholischen Minderheitengemeinschaft erforderlich ist. Die katholische Marienkirche von Chania hatte auf Herausgabe eines Grundstückes geklagt. Die griechischen Gerichte hielten die Klage für unzulässig, da ihr nach griechischem Recht die Rechts- und Parteifähigkeit fehle.[402] Zur Erlangung der Rechtsfähigkeit wäre eine Eintragung der Kirche erforderlich gewesen. Die Kirche hätte ihre Parteifähigkeit zwar auf Art. 62 S. 2 hlZPGB stützen können, wonach auch formlose Personenvereinigungen parteifähig sein können. Damit hätte sie allerdings ihre fehlende Rechtsfähigkeit anerkannt. Die katholische Marienkirche von Chania machte vor dem EGMR geltend, dass es nicht ihrer Würde entspreche, sich als Verein eintragen zu lassen, um die Rechtsfähigkeit zu erlangen. Das Stützen der Klage auf Art. 62 hlZPGB sei ihr nicht zumutbar, da sie dadurch anerkenne, dass ihr die Rechtsfähigkeit fehle.
Der EGMR entschied, dass jede lokale Kirche ipso jure eine juristische Persönlichkeit sui generis sei und dass sich daraus ihre Rechts- und Parteifähigkeit ergebe. Der EGMR berief sich ausdrücklich auf die Entscheidung Golder v. the United Kingdom.[403] In diesem Urteil stellt der Gerichtshof fest, dass aus Art. 6 I EMRK folgt, dass jeder das Recht haben muss, ihm zustehende materielle Rechte gerichtlich durchzusetzen. Die Straßburger Richter haben damit deutlich gemacht, dass die Rechts- und Parteifähigkeit von Personenvereinigungen nicht allein von staatlichen Gesetzen abhängt und damit nicht zur Disposition des Gesetzgebers steht. Vielmehr kann sich Rechtspersönlichkeit aus dem tatsächlichen Erwerb von Rechten ergeben, ohne dass es darauf ankommt, ob eine Registereintragung stattgefunden hat. Als prozessuales Pendant dazu muss auch nach Ansicht des EGMR die Parteifähigkeit folgen.

---

400 Zu verweisen ist jedoch für Deutschland auf *Hess*, ZZP 117 (2004), S. 267 (287) sowie *Beys*, FS Schütze, S. 117 ff., die die Konsequenzen der Entscheidung für die Bestimmung der Parteifähigkeit darlegen.
401 EGMR, 16.12.1997, (Chanea Catholic Church ./. Griechenland), Beschwerdenr. 25528/94.
402 Areopag 360/1994 Dike 26 (1995), S. 282.
403 EGMR, 21.2.1975, (Golder ./. Vereinigtes Königreich), Beschwerdenr. 4451/70.

B) Das Erkenntnisverfahren

I. „Small claims" in Spanien und Deutschland

1. Die Bedeutung von Bagatellverfahren im europäischen Rechtsraum

Jede Prozessordnung ist bemüht, für die Bewältigung von Verfahren mit geringer ökonomischer Bedeutung eine effiziente und kostengünstige Prozessgestaltung zu schaffen und dadurch verschiedene Interessen miteinander in Einklang zu bringen: Auf der einen Seite steht das Selbsthilfeverbot, das es dem Bürger auch bei Bagatellbeträgen verbietet, seine Forderung auf eigene Faust abseits der staatlichen Mechanismen durchzusetzen. Auf der anderen Seite soll die Justiz nicht mit geringwertigen Verfahren über Gebühr belastet werden. Deshalb schaffen zahlreiche Verfahrensordnungen für diese sog. „small claims" Verfahrenserleichterungen.[404] Im Rahmen des Untersuchungsgegenstandes ist die Ausgestaltung von Bagatellverfahren insofern interessant, als auch bei der Entformalisierung dieser Verfahren die verfassungsrechtlich garantierten Prozessgarantien nicht außer Acht gelassen werden dürfen. Es gilt also, die Balance zwischen prozessualen Menschenrechten auf der einen Seite und Ökonomisierung und Beschleunigung des Verfahrens auf der anderen Seite zu finden. Aufgrund dieses verfassungsrechtlichen Spannungsfeldes soll untersucht werden, inwieweit Konstitutionalisierungsprozesse bei der Ausgestaltung von Bagatellverfahren in Spanien und Deutschland seit Erlass von Grundgesetz und spanischer Verfassung eine Rolle spielen.

Darüber hinaus weist das Thema aktuelle Bezüge auf, da auf europäischer Ebene Bestrebungen bestehen, bei grenzüberschreitenden Streitigkeiten die Ausgestaltung von vereinfachten Verfahren zu harmonisieren. Der Europäische Rat hat in Weiterführung der Beschlüsse von Tampere[405] das „Haager Programm"[406] beschlossen. Dessen Ziel ist es, dass „die Grenzen zwischen den Ländern Europas der Beilegung zivilrechtlicher Streitigkeiten oder der Erhebung zivilrechtlicher Klagen und der Vollstreckung zivilrechtlicher Entscheidungen nicht länger im Wege stehen"[407]. Dies soll dadurch erreicht werden, dass die Anerkennung und Vollstreckung von in anderen Mitgliedstaaten gefällten Urteilen erleichtert wird. Insbesondere das Anerkennungsverfahren für Urteile ist zeit- und kostenintensiv

---

[404] Vgl. dazu *Schwab/Gottwald*, Verfassung und Zivilprozess, S. 34 ff., die die Einrichtung von speziellen Small Claim Courts etwa in den USA, England oder der UdSSR erläutern.

[405] Abgedruckt in NJW 2000, S. 1925.

[406] „Haager Programm des Europäischen Rates", Dok. 14292/04 CONCL 3. vom 5.11.2004, S. 11 ff.

[407] „Haager Programm des Europäischen Rates", Dok. 14292/04 CONCL 3. vom 5.11.2004, S. 35.

und stellt daher ein Hindernis dar. Voraussetzung für den Verzicht auf das Exequaturverfahren ist jedoch, dass die Verfahrensstandards der EU-Mitgliedstaaten einander angeglichen werden. Aus diesem Grund sieht das Haager Maßnahmeprogramm in Weiterführung der Beschlüsse von Tampere auch die Schaffung von Instrumenten zur Beilegung von Bagatellsachen vor.[408] Damit könnten in Zukunft auch Urteile in Bagatellsachen ohne Exequatur vollstreckt werden. Dies ist seit Schaffung eines Europäischen Vollstreckungstitels[409] für unbestrittene Forderungen, der im Oktober 2005 in Kraft getreten ist, bereits Realität.[410] Einheitliche Verfahrensstandards in den Mitgliedstaaten der EU stehen in engem Zusammenhang mit prozessualen Menschenrechten: So spielte im Gesetzgebungsverfahren zum europäischen Vollstreckungstitel insbesondere Art. 6 EMRK eine entscheidende Rolle.[411] Da für Bagatellverfahren ein ähnlicher Weg beschritten werden soll, dürfte auch die Schaffung von einheitlichen Instrumenten in diesem Bereich von verfassungsrechtlichen Erwägungen begleitet werden. Auch unter diesem Gesichtspunkt ist interessant, inwieweit bereits jetzt in den EU-Mitgliedstaaten Spanien und Deutschland einheitliche Menschenrechtsstandards bei der Ausgestaltung von Bagatellverfahren bestehen.

---

[408] „Haager Programm", aaO, S. 41.

[409] VO/805/04/EG, Abl.EG L 143/15 vom 30.04.2004; Vgl. zur Regelung im Einzelnen: *Gebauer*, NJ 2006, S. 103 ff.

[410] Kritik wird indes an der Durchführung der Vollstreckung Europäischer Vollstreckungstitel in Deutschland geübt, da diese die Zielsetzung des Verordnungsgebers unterlaufe. Nach § 1086 Abs. 1 ZPO entscheidet das Amtsgericht über materielle Einwendungen gegen den ausländischen Vollstreckungstitel iSv. § 767 ZPO. Die Intention des europäischen Verordnungsgesetzgebers ist es, das Herkunftslandprinzip im Prozessrecht umzusetzen. Dieses Ziel könnte durch die Zulassung von Rechtsbehelfen im Vollstreckungsstaat vereitelt werden. Unter Berücksichtigung der Zielsetzung der Verordnung müsste die Geltendmachung von Einwendungen gegen den Vollstreckungstitel den Gerichten im Herkunftsland des Titels obliegen. Durch die Zulassung der Vollstreckungsgegenklage im Vollstreckungsstaat droht eine „massive Rechtszersplitterung". Denn inländische Gerichte könnten die Vollstreckungsfähigkeit Europäischer Vollstreckungstitel beseitigen und damit die Urteilsfreizügigkeit behindern. Ein weiterer Kritikpunkt besteht in der Regelung des § 1086 Abs. 2 ZPO, nach dem § 767 Abs. 2 ZPO entsprechend auf Prozessvergleiche und vollstreckbare Urkunden anwendbar ist. Dies ist ein Systembruch. Denn Ziel des § 767 Abs. 2 ZPO ist der Schutz der materiellen Rechtskraft, deren Prozessvergleiche und vollstreckbare Urkunden gar nicht fähig sind. Vgl. umfassend zur Kritik *Hess*, IPrax 2004, S. 493 f.

[411] Vgl. dazu *Hess*, JZ 2005, S. 540 (544 f.).

2. Die Behandlung von Bagatellsachen in der ZPO

a) Geschichtlicher Überblick

aa) Verfahrensgestaltungen in Bagatellsachen

Die ZPO enthielt anfangs keine speziellen Regelungen für die Behandlung von Bagatellsachen – vielmehr sollte die Justiz unabhängig vom Streitwert in allen Verfahren unter den gleichen Bedingungen entscheiden.[412] Damit erwies sich die ZPO von 1877 als Rückschritt gegenüber der vorangegangenen Situation. Sie schaffte alle vor Erlass der ZPO in den deutschen Einzelstaaten bestehenden vereinfachten Verfahrensgestaltungen und Institutionen ab, wie etwa die Friedensgerichte in Preußen.[413] Sie beseitigte damit eine Jahrhunderte alte Tradition in den deutschen Gebieten. So kannte bereits das römisch-kanonische Prozessrecht[414] des Mittelalters neben dem streng formalen ordentlichen Verfahren („solemnis ordo iudiciarius“) einen vereinfachten beschleunigten Verfahrensgang, der im Laufe der Zeit immer weiter entwickelt wurde.[415] Diese Rechtstraditionen griff die ZPO von 1877 mit der Schaffung eines unabhängig vom Streitwert geltenden Einheitsverfahrens nicht auf. Damit sollte zum Ausdruck gebracht werden, dass es keine Unterscheidung zwischen „höherer“ und „niederer“ Justiz mehr gab und Rechtsstreite nicht mehr nach gesellschaftlichem Stand entschieden werden sollten.[416] Die Einführung des Einheitsverfahrens ist damit Ausfluss des bürgerlich-liberalen Denkens jener Zeit.

Erst im 20. Jahrhundert machte die Belastung durch den Ersten Weltkrieg und die darauf folgenden Krisenjahre der Weimarer Republik eine Entformalisierung des Verfahrens notwendig.[417] Im Jahre 1915 wurde die Entlastungsverordnung[418] erlassen. Erstmals seit Schaffung der ZPO waren Bagatellsachen unter 50 RM

---

[412] Vgl. ausführlich zur geschichtlichen Entwicklung von Bagatellsachen in Deutschland: *Kunze*, Das amtsgerichtliche Bagatellverfahren, S. 18 ff.; *Engbers*, Small Claims, S. 63 f.

[413] *Engbers*, Small Claims, S. 63 ff., der jedoch auch Ausnahmen aufzeigt – etwa in Baden, wo Bagatellstreitigkeiten zwischen Gemeindangehörigen durch den Bürgermeister entschieden wurden. Diese Möglichkeit blieb auch nach Erlass der ZPO von 1877 bestehen.

[414] Vgl. zum Einfluss des römischen Rechts auf Deutschland: *Zweigert/Kötz*, Rechtsvergleichung (3. Aufl., 1996), S. 131 ff.

[415] Dieses beschleunigte Verfahren wurde „de plano“ genannt und wurde 1306 vom Papst in der Clementina Saepe gebilligt. Vgl. zur Entwicklung der Bagatellprozesse in Deutschland ausführlich: *Engbers*, Small Claims, S. 30 ff.

[416] *Engbers*, Small Claims, S. 64.

[417] *Kunze*, Das amtsgerichtliche Bagatellverfahren, S. 20 ff.

[418] „Bekanntmachung zur Entlastung der Gerichte“, 9.9.1915, RGBl. 1915 I, S. 562 ff. (sog. „Entlastungsverordnung“).

nicht mehr rechtsmittelfähig.[419] 1923 schließlich, als die Republik durch Inflation und politische Unruhen gebeutelt war, wurde § 20 Entlastungsverordnung[420] eingeführt. Er sah bei Verfahren bis 50 Goldmark ein obligatorisches Schiedsurteilsverfahren vor, bei dem die Verfahrensgestaltung im freien Ermessen des Richters lag.[421] Ziel der Vorschrift war es, die Bürger zur Rückkehr zu den staatlichen Gerichten zu bewegen, da sich diese vermehrt privaten Schiedsgerichten zugewandt hatten.[422] Dieses Verfahren wurde im Jahre 1950 als § 510 c in die ZPO eingegliedert. Es sollte dem Richter die Möglichkeit geben, „kleine Streitigkeiten des täglichen Lebens besonders schleunig und zweckmäßig zu erledigen“.[423] Im Jahre 1977 wurde § 510c ZPO ersatzlos gestrichen. Zum einen spielte das Urteilsschiedsverfahren eine geringe Rolle und zum anderen begann man in den 60er Jahren, verfassungsrechtliche Bedenken gegen die Vorschrift ins Feld zu führen.[424]

Bereits im Jahre 1991 wurde jedoch mit § 495a ZPO wieder eine ähnliche Regelung eingeführt, die die Verfahrensgestaltung in das billige Ermessen des Richters stellte. Wiederum ursächlich war die politische und wirtschaftliche Situation. Die Wiedervereinigung stellte die Justiz vor neue Herausforderungen, denen mit Verfahrensvereinfachungen begegnet werden sollte. Eine verfassungsrechtliche Diskussion fand in dieser durch den Umbruch geprägten Zeit nicht statt.[425]

In jüngerer Zeit lässt sich im Bereich der Bagatellstreitigkeiten ein weiterer Trend feststellen. Man setzt vermehrt darauf, Bagatellstreitigkeiten außergerichtlich beizulegen. Zu diesem Zweck erließ man im Jahre 1999 das „Gesetz zur Förderung der außergerichtlichen Streitbeilegung“, das am 1.1.2000 in Kraft trat.[426] Bei einem Streitwert bis zu 750,- € ist gem. § 15 a EGZPO vor Erhebung einer Klage vor einem staatlichen Gericht ein Schlichtungsversuch vor einer Gütestelle durchzuführen.[427] Ziel des Gesetzgebers war es „die knappen Ressourcen in der Justiz besser zu nutzen und gleichzeitig Bürgerfreundlichkeit, Transparenz und Friedensfunktion von Recht und Justiz zu bewahren und zu fördern“.[428]

---

[419] *Kunze*, Das amtsgerichtliche Bagatellverfahren, S. 28.

[420] „Verordnung zur Beschleunigung des Verfahrens in bürgerlichen Rechtsstreitigkeiten“, 22.12.1923, RGBl. I 1923, S. 1239 ff. (sog. „Beschleunigungsverordnung“).

[421] *Kunze*, Das amtsgerichtliche Bagatellverfahren, S. 20 ff. – im Jahre 1923 putschte Hitler und es gab neben dem Ruhrkampf zahlreiche politische Morde; *Engbers*, Small Claims, S. 69.

[422] *Kunze*, Das amtsgerichtliche Bagatellverfahren, S. 31.

[423] „Entwurf eines Gesetzes zur Wiederherstellung der Rechtseinheit auf dem Gebiete der Gerichtsverfassung, der bürgerlichen Rechtspflege, des Strafverfahrens und des Kostenrechts“, BT-Drucks. 1949/50, Nr. 530, Art. 2 Nr. 63.

[424] *Kunze*, Das amtsgerichtliche Bagatellverfahren, S. 61 m.w.N.

[425] *Kunze*, Das amtsgerichtliche Bagatellverfahren, S. 67 f.

[426] BGBl. 1999 I, S. 2400.

[427] *Hüßtege* in Thomas/Putzo, ZPO, § 15 a EGZPO, Rdnr. 2.

[428] BT-Dr. 14/980, S. 1.

Die Vorschrift wird jedoch überwiegend als Misserfolg gewertet. Denn ihre Durchführung führt zu einem hohen Zeit- und Kostenaufwand, der nicht durch erfolgreiche Schlichtungen ausgeglichen wird.[429] Ursache dessen ist ein grundlegender Fehler der gesetzgeberischen Konzeption, denn § 15 a EGZPO ist der „angeordnete Zwang“ zur gütlichen Einigung – selbst wenn diese von vorneherein unmöglich erscheint etwa aufgrund eines starken Zerwürfnisses der Parteien. Fehlt jedoch die Bereitschaft zur gütlichen Einigung, führt der Schlichtungsversuch lediglich zu einer Verzögerung des Prozesses.[430] Aufgrund dieser Nachteile wird die obligatorische Schlichtung auch in der Praxis nicht angenommen: So wird die Ausnahme des § 15 a II Nr. 5 EGZPO, wonach es einer Streitschlichtung nicht bedarf, wenn zuvor ein Mahnverfahren durchgeführt wurde, häufig zu einer Umgehung der obligatorischen Schlichtung missbraucht.[431]

bb) Endgültige Abschaffung der Friedensgerichte nach dem 2. Weltkrieg

Neben der Integration von Verfahrenserleichterungen in die ZPO lässt sich im 20. Jahrhundert eine weitere Neuerung konstatieren. Auf Länderebene existierten teilweise noch nach dem 2. Weltkrieg Friedensgerichte.[432] Jedoch waren die Friedensrichter mit ihrer Aufgabenwahrnehmung überfordert, so dass ihnen häufig Fehler unterliefen. Dies führte schließlich dazu, dass das Bundesverfassungsgericht im Jahre 1959 das Gesetz über die Friedensgerichtsbarkeit wegen Verstoßes gegen das Recht auf den gesetzlichen Richter aus Art. 101 I 2 GG und den Grundsatz der Gewaltenteilung für nichtig erklärte.[433] Das Bundesverfassungsgericht kritisierte insbesondere, dass Friedensrichter häufig der Bürgermeister oder ein Gemeindebeamter waren. Dies führe dazu, dass gleichzeitig Aufgaben der Verwaltung und Rechtsprechung wahrgenommen würden, was zu einer erheblichen Pflichtenkollision führen könne. Baden-Württemberg erließ daraufhin im Jahre 1960 das „Gesetz über die Gemeindgerichtsbarkeit“[434], hob dieses jedoch bereits im Jahre 1972 wieder auf.[435] Die Zuständigkeit der Gemeindegerichte ging auf die Amtsgerichte über. Damit sollte eine „Justiz zweiter

---

[429] *Lauer*, NJW 2004, S. 1280 (1282 f.).
[430] *Katzenmeier*, ZZP 115 (2002), S. 51 (88 f.).
[431] *Wesche*, MDR 2003, S. 1029 (1032).
[432] So wurde nach dem 2. Weltkrieg in der amerikanischen Besatzungszone von der Ermächtigung des § 13a GVG Gebrauch gemacht und die Behandlung von zivilrechtlichen Bagatellstreitigkeiten auf Friedensgerichte übertragen. Die Friedensgerichte knüpften an die südwestdeutschen Gemeindegerichte an. Vgl. dazu *Engbers*, Small Claims, S. 72 f.
[433] BVerfGE 10, 200 ff.
[434] Gesetz vom 7.3.1960, Gesetzblatt für Baden-Württemberg 1960, S. 73.
[435] „Gesetz zur Aufhebung der Gemeindegerichtsbarkeit und zur Regelung des Sühneversuchs in Privatklagesachen“, 19.10.1971, Gesetzblatt für Baden-Württemberg 1971, S. 397 ff.

Klasse“ abgeschafft werden.[436] Insgesamt betrachtet spiegelt sich damit im Verschwinden der Laiengerichte die mit Erlass des Grundgesetzes eingetretene Sozialisierung des Prozesses wider.

b) §§ 313a und § 495a ZPO – Vereinfachung von Verfahren im Bagatellbereich

aa) Grundkonzept der gesetzlichen Regelung

Heute enthält die ZPO im Rahmen des Urteilsverfahrens insbesondere mit §§ 313a ZPO und 495a ZPO Vorschriften, die im Bagatellbereich das Verfahren vereinfachen und beschleunigen sollen.[437] Nach § 313a ZPO bedarf es keines Tatbestandes, wenn ein Rechtsmittel gegen das Urteil unzweifelhaft nicht zulässig ist. Falls die Parteien darauf verzichten, sind gem. § 313a I S. 2 ZPO auch keine Entscheidungsgründe erforderlich. § 313a ZPO gilt bei streitigen Urteilen in allen Instanzen.[438] Zu einer Verfahrenserleichterung und Entlastung kommt es allerdings in erster Linie dann, wenn die Berufung aufgrund des Nichterreichens der Berufungssumme oder des Nichtvorliegens der Zulassungsgründe gem. § 511 ZPO unstatthaft ist. Damit werden insbesondere Urteile in Bagatellsachen bis zu 600,- € von der Regelung des § 313a ZPO erfasst.[439]

Mit Einführung von § 495a ZPO im Jahre 1991 hat die Vorschrift des § 313a ZPO jedoch an Bedeutung verloren. § 495a ZPO stellt die Verfahrensgestaltung bei einem Streitwert unter 600,- € in das Ermessen des Richters und ist damit im Vergleich zu § 313a ZPO die weitergehende Ermächtigung.[440] Es besteht ein doppeltes Ermessen des Richters in Hinblick auf die Anwendung des vereinfachten Verfahrens und seine Ausgestaltung. Das Gericht ist lediglich in nicht fest umrissenen Grenzen an eine rechtsstaatliche Verfahrensweise gebunden.[441]

---

[436] *Engbers*, Small Claims, S. 69.

[437] Bis zur ZPO-Reform ist in diesem Bereich auch die Vorschrift des 128 III ZPO a.F. zu nennen: Nach dieser Regelung konnte bei Verfahren von einem Streitwert bis zu 1500,- DM das Gericht von Amts wegen das Verfahren schriftlich durchführen. Dies sollte der Verfahrenserleichterung dienen. Allerdings hatte die Vorschrift seit Einführung des § 495 a ZPO im Jahre 1991 nur noch geringe eigenständige Bedeutung. Bei einem Streitwert bis zu 1200,- DM konnte das Gericht das Verfahren nach § 495 a ZPO nach seinem billigen Ermessen bestimmen. Da § 495 a ZPO die weitere Ermächtigung darstellte, entfaltet § 128 III ZPO ohnehin nur noch im Streitwertbereich zwischen 1200,- DM und 1500, - DM Wirkung. (Vgl. dazu *Engbers*, Small Claims, S. 153).

[438] *Reichold* in Thomas/Putzo, ZPO, § 313a, Rdnr. 2.

[439] *Engbers*, Small claims, S. 152.

[440] *Engbers*, Small claims, S. 152.

[441] *Jauernig*, Zivilprozessrecht, 27. Aufl., § 69 II 4.

Welche Verfahrenserleichterungen § 495a ZPO ermöglicht ist im Einzelnen unklar. Angenommen wird, dass das Gericht Fristen verkürzen und frei Beweis erheben kann, beispielsweise durch telefonische Zeugenbefragung.[442] Letzteres wird als Schwerpunkt der Verfahrenserleichterung betrachtet.[443] Weiteres Charakteristikum des Bagatellverfahrens ist, dass es nach Vorstellung des Gesetzgebers grundsätzlich schriftlich abgewickelt werden soll. Dies geht aus § 495a S. 2 ZPO hervor, wonach lediglich auf Antrag einer Partei eine mündliche Verhandlung stattfinden muss.[444]

bb) Verfassungsrechtliche Bedenken in Hinblick auf § 495a ZPO

Gerade in Hinblick auf die Möglichkeit freier Verfahrensgestaltung begegnet die Regelung des § 495a ZPO verfassungsrechtlichen Bedenken, da dadurch zu einer lockeren mit rechtstaatlichen Prinzipien nicht zu vereinbarenden Verfahrensführung eingeladen werden könnte. Der Richter ist zwar bei Ausübung seines durch § 495a ZPO eingeräumten Ermessens an die Prozessgrundrechte gebunden. Moniert wird allerdings, dass dies in der Praxis häufig nicht beachtet werde.[445] So wurde in einer rechtstatsächlichen Untersuchung[446] festgestellt, dass fast alle Verfahren schriftlich abgehalten[447], unorthodoxe Methoden im Rahmen der Beweisaufnahme angewandt[448] und häufig zu kurze Fristen eingeräumt wurden, weniger sorgfältig gearbeitet und § 495a insgesamt uneinheitlich gehandhabt wurde[449].

Wenn die mündliche Verhandlung zu Unrecht unterlassen, Fristen zu kurz bemessen oder Beweise nicht zugelassen werden, kann ein Verstoß gegen das rechtliche Gehör aus Art. 103 I GG vorliegen. In Hinblick auf die uneinheitliche Handhabung ist ein Verstoß gegen das aus Art. 3 I GG abgeleitete Willkürverbot denkbar. Besonders prekär ist diese Situation deshalb, weil § 495a ZPO bei ei-

---

[442] Zöller/*Herget*, ZPO, Rdnr.8 f.; *Jauernig*, Zivilprozessrecht, 27. Aufl., § 69 II 4.

[443] Zöller/*Herget*, ZPO, Rdnr. 10 – hält dieses Vorgehen allerdings für unpraktibabel.

[444] *Kunze*, Das amtsgerichtliche Bagatellverfahren, S. 175.

[445] Für eine Abschaffung des § 495 a ZPO: *Kunze*, NJW 1995, S. 2154 f.; Kritisch: Zöller/*Herget*, ZPO, Rdnr 1; MünchKommZPO-*Deubner*, § 495 a, Rdnr. 2.

[446] In den Jahren 1995/95 wurde eine Untersuchung zur Praxis von § 495 a ZPO im Auftrag der Anwaltskammer durchgeführt. Vgl. dazu: *Rottleuthner*, NJW 1996, S. 2473 ff. Zu den Ergebnissen der Untersuchung vgl. *ders.*, Entlastung durch Entformalisierung, 1997.

[447] Der genannten Untersuchung zu Folge fand nur in 28 % der untersuchten Verfahren überhaupt eine mündliche Verhandlung statt.

[448] Der Untersuchung zu Folge fand nur in 11 % der Fälle überhaupt eine Beweisaufnahme statt.

[449] So „basteln“ die Amtsgerichte ihre eigenen Verfahrensordnungen, die teilweise sogar innerhalb eines Bezirkes divergieren; Vgl. dazu *Bartels*, DRiZ 1992, S. 106.

nem Streitwert bis zu 600,- € Anwendung findet – also gerade dann, wenn weder eine Wertberufung nach § 511 II Nr. 1 ZPO statthaft ist, noch der Richter die Berufung mit der Begründung zulassen wird, willkürlich gehandelt zu haben.
Abmilderung erfährt diese missliche Lage seit Einführung der Gehörsrüge nach § 321a ZPO. Zumindest in den Fällen der Verletzung rechtlichen Gehörs kann damit Abhilfe durch den iudex a quo erfolgen. Da § 321a ZPO jedoch nach dem ausdrücklichen Willen des Gesetzgebers auf die Verletzung rechtlichen Gehörs beschränkt bleibt[450], besteht bei Verstoß gegen andere Verfahrensvorschriften, wie etwa dem Willkürverbot aus Art. 3 I GG, nach Gesetzeslage nur die Möglichkeit, das Bundesverfassungsgericht anzurufen.[451]
Wegen der fehlenden Abhilfemöglichkeiten bei Verstoß gegen andere Verfahrensgrundrechte als dem rechtlichen Gehör sowie wegen grundsätzlicher Zweifel am Prinzip der Selbstkontrolle des Richters nach § 321a ZPO werden Stimmen laut, die gegen Entscheidungen nach § 495a ZPO die Berufung analog § 514 II ZPO n. F. zulassen wollen.[452] Diese Ansichten finden ihr Fundament in der Rechtslage vor Einführung der Gehörsrüge: Um das Bundesverfassungsgericht zu entlasten, wurde die Ausnahmeberufung nach § 513 II ZPO a.F. analog zugelassen, wenn die Entscheidung nach § 495a ZPO in einem rein schriftlichen Verfahren ergangen war. In diesem Fall wurde eine vergleichbare Interessenlage analog zur unverschuldeten Säumnis nach § 513 II ZPO a.F. angenommen, wenn im Verfahren nach § 495a ZPO einer Partei zu Unrecht die Stellungnahme verweigert wurde.[453] Die Möglichkeit einer solchen Analogie wird weiterhin mit der Begründung bejaht, dass die Abhilfe durch den iudex a quo nicht immer effektiv sei.[454]
Es lässt sich nicht von der Hand weisen, dass die Selbstkontrolle durch den Richter im Einzelfall problematisch sein kann – allerdings hat der Gesetzgeber in Kenntnis dessen das Verfahren nach § 321a ZPO eingeführt. Das Bundesverfassungsgericht billigte dies grundsätzlich - wenn auch unter dem Vorbehalt der Effektivität des Rechtsschutzes.[455] Gerade bei bewussten Gehörsverletzungen kann die Effektivität des Rechtsschutzes indes in Frage stehen.[456]
Trotzdem ist das Zulassen einer Ausnahmeberufung nach § 514 II ZPO n. F. abzulehnen. Dagegen spricht das Gebot der Rechtsmittelklarheit, das das Bundes-

---

450 BT-Drucks. 14/4722, S. 63. Auch das Anhörungsrügegesetz (BT-Drucks. 15/3706, S. 13) erhält die Beschränkung auf das rechtliche Gehör aufrecht.
451 *Rottleuthner*, NJW 1996, S. 2473 (2475).
452 *Schneider*, MDR 2004, S. 549 f.
453 BVerfG, NJW 1997, S. 1301; Vgl. dazu *Kunze*, Das amtsgerichtliche Bagatellverfahren, S. 2154 f.
454 *Schneider*, MDR 2004, S. 549 ff.
455 BVerfGE 107, 395 (412).
456 Zöller/*Vollkommer*, ZPO, § 321a, Rdnr. 4.

verfassungsgericht immer wieder betont hat.[457] Die Rechtsmittelklarheit erfordert, dass Rechtsbehelfe klar in der geschriebenen Rechtsordnung geregelt sind – gerade dies ist jedoch bei Analogien kraft Richterrechtes nicht der Fall.[458] Darüber hinaus wäre ein solches Vorgehen in Hinblick auf die Prozessdauer kaum ökonomisch, da erst nach vergeblicher Durchführung der Gehörsrüge die Berufung nach § 514 II ZPO n. F. analog zugelassen werden soll.[459]
Solange der Gesetzgeber nicht weitere Rechtsschutzmöglichkeiten einführt, bleibt die Gehörsrüge der einzige fachgerichtliche Rechtsbehelf bei Verletzung eines Prozessgrundrechts – mag sie effektiv sein oder nicht. In Hinblick auf die Verletzung anderer Prozessgrundrechte scheitert eine analoge Anwendung des § 514 II ZPO ebenfalls am Gebot der Rechtsmittelklarheit.[460] In diesen Fällen kann einzig das Bundesverfassungsgericht Abhilfe schaffen – dem entscheidenden Richter bleibt eine Selbstkorrektur aufgrund der abschließenden Regelung des § 321a ZPO verwehrt.
Insgesamt erscheint die Vorschrift des § 495a ZPO verfassungsrechtlich bedenklich, weil auf der einen Seite ein hohes Risiko nichtrechtsstaatlicher Verfahrensgestaltung besteht, auf der anderen Seite die fachgerichtlichen Rechtsschutzmöglichkeiten angesichts dieser Situation zu eng sind.

cc) § 495a ZPO - „Rekonstitutionalisierung“ des Verfahrens

Die verfassungsrechtliche Untersuchung zeigt, dass § 495a ZPO einen Gegentrend zur Konstitutionalisierung des Zivilprozesses darstellt. Eingangs wurde erläutert, dass der Prozess der Konstitutionalisierung natürlichen Grenzen unterliegt, die etwa in menschlichen und finanziellen Ressourcen bestehen können.[461]
§ 495a ZPO ist Ausdruck einer solchen Grenzziehung. Denn der Verzicht auf detaillierte Verfahrensregelungen führt zu einer Entlastung der Gerichte. Allerdings bergen Verfahrenserleichterungen dieser Art auch das Risiko, dass gegen Verfahrensgarantien verstoßen wird. Kritisiert wird in Zusammenhang mit der Regelung des § 495 a ZPO etwa, dass in der überwiegenden Zahl der Fälle auf eine mündliche Verhandlung verzichtet wird, was insbesondere bei nicht anwaltlich vertretenen Parteien problematisch erscheint.[462] In Zusammenschau mit der Ausgestaltung des Rechtsmittelsystems wird dies als „rechtsstaatlich bedenk-

---

457 Vgl. dazu *Nasall*, NJW 2005, S. 164 (170).
458 BVerfGE 107, 395 (416).
459 Vgl. zur Vorgehensweise bei § 514 II ZPO analog: *Schneider*, MDR 2004, S. 549 f.
460 Vgl. dazu 2. Teil B III 1 a (dd).
461 Vgl. dazu 1. Teil A IV.
462 *Rottleuthner*, NJW 1996, S. 2473 (2475).

lich“ erachtet.[463] Denn § 495 a ZPO greift bei einem Streitwert unter 600, - € ein - also dann, wenn auch die Berufung nicht zulässig ist.
Das bedeutet indes nicht, dass es nicht begrüßenswert ist, das Verfahren in Bagatellsachen zu erleichtern. Denn die schnelle Durchsetzung von Bagatellforderungen steht insbesondere in Zusammenhang mit dem Recht des Gläubigers auf effektiven Rechtsschutz. Allerdings sollten Verfahrenserleichterungen ausdrücklich geregelt sein und ein konkretes Vorgehen des Richters umschreiben, wie etwa § 313a ZPO. Dadurch würde eine einheitliche Behandlung von Bagatellfällen gefördert und die Verletzung prozessualer Garantien vermieden. Eine andere – wenn auch weniger ökonomische Lösung – könnte die Erweiterung der Berufungsmöglichkeiten bei Verletzung eines prozessualen Grundrechts darstellen.

3.) Bagatellverfahren in Spanien

a) Geschichtlicher Überblick

aa) Die Behandlung von Verfahren geringen Streitwerts vor Erlass der LEC/2000

Der spanische Prozess war jahrhundertelang von großem Formalismus geprägt. Bis ins 19. Jahrhundert hinein herrschte ein formstrenges Verfahren vor, der sog. „solemnis ordo iudiciarius“, der sich ebenso wie in Deutschland aus dem römisch-kanonischen Recht entwickelt hatte.[464] Ziel des Verfahrens war es, endgültig über einen Rechtsstreit zu befinden. Das Fehlen von Rechtsmitteln ging einher mit der Ansicht, dass ein Prozess kompliziert, langsam und formalistisch sein müsse, um den Parteien die beste Verteidigung zu ermöglichen.[465] Als sog.

---

[463] *Rottleuthner*, NJW 1996, S. 2473 f.

[464] Dieser Verfahrenstyp lässt sich zurückführen auf die Gesetzgebung von Alfons X., der im Jahre 1252 König von Kastilien und Léon war. Alfonso hatte Recht, Astronomie und Geschichte studiert und trug deshalb auch den Beinamen „el sabio“ (der Weise): Während seiner Regierungszeit entstanden zwei Kodifikationen, zum einen der sog. „Fuero Real“, zum anderen die sog. „Siete Partidas“, die beide zum Ziel hatten, das Recht zu vereinheitlichen. Insbesondere die aus 7 Teilen bestehenden Siete Partidas erlangten bis ins 19. Jahrhundert, in dem das spanische Recht neu kodifiziert wurde, große Bedeutung, da damit die gesetzliche Rezeption des römisch-kanonischen Rechts in Spanien begann. Darüber hinaus wurden sie ins Englische übersetzt und fanden Anwendung in den ehemaligen spanischen Kolonien. In ihrem 3. Abschnitt enthielten die „Siete Partidas“ auch prozessuale Vorschriften, die auf dem römisch-kanonischen Prozess basierten, der im 12. Jahrhundert in Spanien entwickelt wurde. Vgl. zur geschichtlichen Entwicklung des spanischen Zivilprozesses in dieser Zeit: *Miras*, Die Entwicklung, S. 31 ff.

[465] *Montero Aroca*, Análisis critico de la Ley de Enjuiciamiento Civil, S. 23 f.

„juicio de mayor cuantia“ (Verfahren höheren Streitwerts) fand das bereits im 13. Jahrhundert rezipierte Verfahren des „solemnis ordo iudiciarius“ schließlich Eingang in die LEC/1881.[466]
Damit unterscheiden sich die zivilprozessualen Kodifikationen des 19. Jahrhunderts in Spanien und Deutschland grundlegend. Während die deutsche ZPO von 1877 zahlreiche Elemente des im Laufe der Jahrhunderte entwickelten Bagatellverfahrens in das Einheitsverfahren integrierte und von römisch-kanonischen Prinzipien abrückte,[467] orientierte sich die spanische Prozessreform von 1881 gerade an diesen mittelalterlichen Wurzeln. Als Grund für diese gegenläufige Entwicklung wird die unterschiedliche geschichtliche Situation beider Länder im ausgehenden 19. Jahrhundert ins Felde geführt: Während die Zivilprozessreform Deutschlands „vom neu entstandenen Nationalgefühl getragen“ worden sei, habe „in Spanien eine Rückbesinnung zu Werten“ stattgefunden, „die zu einer Zeit entstanden waren, als die Zukunft Spaniens noch golden gewesen war“.[468]
Aufgrund seines Formalismus war das Verfahren höheren Streitwerts jedoch unpraktikabel und insbesondere bei Bagatellforderungen der Aufwand unverhältnismäßig. Deshalb wurde bereits im Jahre 1838 ein Gesetz[469] erlassen, das ein Verfahren bei geringen Streitwerten vorsah – das sog. „juicio de menor cuantia“.[470] Es charakterisierte sich durch seine Mündlichkeit, Unmittelbarkeit, Konzentration und Öffentlichkeit, sowie durch die obligatorische Durchführung eines außergerichtlichen Schlichtungsversuchs.[471] Eine Neuerung stellte das Verfahren bei geringen Streitwerten insofern dar, als in Bagatellsachen zwar bereits vorher von der Einhaltung des streng formalen Verfahrens abgesehen werden konnte, allerdings spezielle Regelungen der Verfahrensdurchführung fehlten. Dies führte dazu, dass die Parteien in Bagatellsachen vollkommen der Willkür des Richters ausgeliefert waren, da keine strengen Formvorschriften sie davor zu schützen vermochten. Bedenklich war dies insbesondere deshalb, weil Rechtsmittel gegen die Urteile in Bagatellverfahren unzulässig waren.[472]

---

466 *Montero Aroca*, Derecho jurisdiccional II, S. 383 ff. Hervorzuheben ist allerdings, dass durch eine Reform im Jahre 1984 das Verfahren der „menor cuantía“ zum Regelverfahren wurde.
467 *Engbers*, Small claims, S. 64.
468 *Miras*, Die Entwicklung, S. 133.
469 „Ley de sustanciación de los asuntos de menor cuantía".
470 *Miras*, Die Entwicklung, S. 93 f.
471 *Montero Aroca*, Análisis crítico, S. 42 f.; *Miras*, Die Entwicklung, S. 94.
472 Bereits die "Nueva Recopilación" von 1567 sah vor, dass von den Formvorschriften bei Bagatellsachen abgesehen werden konnte. Dies wurde so beibehalten bis zur Gesetzesänderung im Jahre 1838. Vgl. dazu ausführlich: *Miras*, Die Entwicklung, S. 73, 93 f. Anwendbar war das Verfahren in zivilrechtlichen Angelegenheiten, die 400 maravedís nicht überschritten.

Obwohl die Einführung des Verfahrens geringen Streitwerts im Jahre 1838 eine schnellere und effizientere Prozessführung ermöglichte, wurde es in der spanischen Literatur abgelehnt: Man glaubte an das traditionsreiche Verfahren des „solemnis ordo iudiciarius“ und an den Neid des restlichen Europas auf diese Prozessform.[473] Diese Haltung führte dazu, dass man in LEC/1855 – dem Vorläufer der LEC/1881 – zwar ein Verfahren geringen Streitwerts beibehielt, dieses jedoch aufgrund der geäußerten Kritik wieder formalisierte: Vorbild war wiederum der „solemnis ordo iudiciarius“.[474] Für sehr geringe Streitwerte wurde in Art. 1162 – 1180 ein mündliches Verfahren in die LEC/1855 integriert, das dem Verfahren „menor cuantía“ aus dem Jahre 1838 sehr ähnelte.[475] Dieses mündliche Verfahren wurde schließlich auch in die LEC/1881 übernommen, wobei zwischen der Zuständigkeit der Gerichte erster Instanz und der Friedensrichter unterschieden wurde. Bei Verfahren bis 8000, - Pesetas (ca. 48, - €) waren die Friedensrichter zuständig, bei Verfahren bis 80.000, - Pesetas (ca. 480, - €) die Gerichte 1. Instanz.[476]

bb) Die Einrichtung von Friedensgerichten im 19. Jahrhundert

Die Integration eines mündlichen Verfahrens für Bagatellfälle in den Zivilprozess im Jahre 1855 ging einher mit der Schaffung von Friedensgerichten, die in der ersten Instanz für Fälle mit geringem Streitwert zuständig waren. Ziel dieser Reform war es, Verwaltungsorganen wie den Bürgermeistern die Zuständigkeit in diesem Bereich zu entziehen, die bis dahin auch rechtsprechende Tätigkeiten übernommen hatten.[477] Damit wurde dem Prinzip der Gewaltenteilung Rechnung getragen, das nach der französischen Revolution auch in Spanien Bedeutung gewonnen hatte und erstmals in der Verfassung von 1812 Ausdruck fand.[478]
Die Friedensgerichte sind seitdem fester Bestandteil des spanischen Zivilprozesses.[479] Dies gilt auch nach Erlass der spanischen Verfassung von 1978: Im Jahre

[473] *Montero Aroca*, RDP 2001, S. 555 (566).
[474] *Miras*, Die Entwicklung, S. 106.
[475] *Miras*, Die Entwicklung, S. 106.
[476] *Montero Aroca*, Derecho jurisdiccional II, S. 383 f.
[477] *Cobos Gavala*, El Juez de Paz, S. 79 f. Seit der sog. "Novísimia Recopilación" hatten die Bürgermeister verwaltende und rechtsprechende Funktionen.
[478] Das Prinzip der Gewaltenteilung wurde in der Verfassung von 1812 nicht strikt eingehalten – insbesondere in Hinblick auf die Kompetenzen des Bürgermeisters erfuhr es Durchbrechungen, da sich die Verfassung von 1812 auf ihn sowohl als Organ mit streitschlichtenden als auch verwaltenden Tätigkeiten bezog. Vgl. dazu ausführlich *Cobos Gavala*, aaO, S. 75 f.
[479] Die Zuständigkeit der Friedensrichter wurde im Gerichtsverfassungsgesetz von 1870 und später auch im Reformgesetz der städtischen Gerichtsbarkeit im Jahre 1944 beibehalten, wo-

1985 trat ein neues Gerichtsverfassungsgesetz (LOPJ) in Kraft, das nach der Ermächtigung des Art. 122 CE/1978 dazu dienen sollte, die rechtsprechende Gewalt den geänderten staatsrechtlichen Verhältnissen anzupassen. Nach Art. 26 des neuen spanischen Gerichtsverfassungsgesetzes gehören auch die Friedensrichter weiterhin zur rechtssprechenden Gewalt. Damit besteht die Zuständigkeit der Friedensrichter – in der Regel Laien ohne juristische Ausbildung – in zivilprozessualen Bagatellfällen fort. Im Gegensatz zu Deutschland wird damit am Institut des Friedensrichters festgehalten – obgleich dies verfassungsrechtlich nicht unumstritten ist.[480]

b) Die Behandlung von Bagatellsachen in LEC/2000

Auch die LEC/2000 hat das mündliche Verfahren (sog. „juicio verbal") und die Zuständigkeit von Friedensrichtern beibehalten.[481] Bei einem Streitwert bis zu 3000,- € ist gem. Art. 250.2 LEC/2000 das mündliche Verfahren anzuwenden.[482] Bei einem Streitwert bis zu 90,-€ entscheidet der Friedensrichter (vgl. Art. 47 LEC/2000).

Detaillierte Regelungen in Hinblick auf das „juicio verbal" enthalten die Art. 437 ff. LEC/2000. Das mündliche Verfahren charakterisiert sich insbesondere durch den Verzicht auf Formalia. In diesem Zusammenhang ist hervorzuheben, dass an die Klageeinreichung geringere Anforderungen gestellt werden als im Normalverfahren. Ausreichend ist die sog. „demanda suscinta", die die persönlichen Daten von Kläger und Beklagtem sowie deren Wohnsitz nennen muss. Darüber hinaus ist lediglich erforderlich, dass mit „Klarheit und Präzision" die gestellte Forderung erläutert wird. Im Gegensatz zur Klageeinreichung im ordentlichen Verfahren („juicio ordinario") sind damit weder die Darlegung von Tatsachen („hechos") noch eine rechtliche Begründung („fundamentos de derecho") für die Klageeinreichung erforderlich.[483] Liegt der Streitwert unter 900,- € kann der Kläger gem. Art. 437.2 LEC/2000 seine Klage auch mit Hilfe eines standardisierten Formulars einreichen. Diese vereinfachte Form der Klageeinreichung korrespondiert mit den Vorschriften über den Anwaltszwang, da bei einem Streitwert von 900,- € gem. Art. 31.2 LEC/2000 ein Anwalt notwendig ist.

---

bei sich sogar eine Erweiterung ihrer Kompetenzen feststellen lässt. Vgl. dazu *Cobos Gavala*, El Juez de Paz, S. 79.

480 Vgl. 2. Teil B I 3 c.

481 *Montero Aroca*, Derecho jurisdiccional II, S. 383 f.

482 Zu beachten ist, dass die Streitwertregelung nur dann Anwendung findet, wenn nicht bereits aufgrund der Materie nach Art. 250.1 LEC/2000 das mündliche Verfahren Anwendung findet.

483 Vgl. für das ordentliche Verfahren Art. 399.3/4 LEC/2000.

Dem Kläger soll damit in Bagatellfällen ermöglicht werden, ohne die Hilfe eines Anwalts Klage einreichen zu können.[484]
Abschließend betrachtet zeichnet sich das mündliche Verfahren dadurch aus, dass nur Klageschrift und Urteil schriftlich erfolgen – alle anderen Prozesshandlungen konzentrieren sich in einer einzigen mündlichen Verhandlung (sog. „vista“).[485] Das Vorgehen im Rahmen dieser Verhandlung steht im Gegensatz zum deutschen Recht nicht im Ermessen des Richters, sondern er ist an genaue Regeln gebunden – etwa in Hinblick auf die Entwicklung der Verhandlung (Art. 443 LEC/2000) oder die Beweiserhebung, auf die gem. Art. 445 LEC/2000 die allgemeinen Vorschriften anzuwenden sind. Darüber hinaus unterscheidet sich die Behandlung von Bagatellverfahren dadurch, dass das deutsche Prozessrecht im Gegensatz zu Spanien grundsätzlich von einem schriftlichen Verfahren ausgeht.[486] Außerdem sind alle erstinstanzlichen Urteile in Spanien gem. Art. 455.2 Nr. 1 LEC/2000 – anders als in Deutschland – berufungsfähig.

c) Verfassungsrechtliche Bedenken in Hinblick auf Friedensrichter – Resistenz der LEC/2000 gegenüber diesen Bedenken

In Spanien wird die Ausgestaltung von Bagatellverfahren ebenso an der Verfassung gemessen wie in Deutschland. Dabei geht es weniger um die inhaltliche Ausgestaltung des mündlichen Verfahrens, sondern vielmehr um die Zuständigkeit von Friedensrichtern in zivilprozessualen Bagatellfällen unter 90,- €.[487] Insbesondere seit Erlass der spanischen Verfassung aus dem Jahre 1978 steht die Institution des Friedensrichters in der Kritik.[488]
Zum einen zielt diese Kritik darauf ab, dass die Friedensrichter durch den Gemeinderat ausgewählt werden.[489] Befürchtet wird, dass durch diese Verknüpfung von lokaler Politik und Wahl des Friedensrichters dessen durch Art. 117

---

[484] *Montero Aroca*, Derecho jurisdiccional II, S. 387.
[485] *Montero Aroca*, Derecho jurisdiccional II, S. 397.
[486] Vgl. 2. Teil B I 2 b (aa).
[487] Anzumerken ist allerdings, dass die Friedensrichter auch im Strafprozess über Zuständigkeiten verfügen – so etwa, wenn Gegenstand des Verfahrens die Bestrafung wegen eines Vergehens ist (sog. „juicio de falta“) – vgl. Art. 101.2 LOPJ.
[488] Unter den Kritikern: *Baldasano Supervielle*, Tapia Nr. 102 (1998), S. 7 ff; *Lamo Rubio*, La Ley 1990-1, S. 1127 (1134 f); *Rodríguez Jiménez*, Poder Judicial Nr. 33 (1994), S. 169 (192 ff.); *Pico y Junoy*, Justicia 1997-1, S. 197 (209 f.); *Damian Moreno*, Los Jueces de Paz, S. 230 ff. Vgl. ausführlich zu den prozessualen verfassungsrechtlichen Garantien in Zusammenhang mit der Figur des Friedensrichters: *Cobos Gavala*, El juez de paz, S. 239 ff.
[489] Nach Art. 101.1 LOPJ werden die Friedensrichter nach der Grundkonzeption des Gesetzes durch die Gerichtsverwaltung des jeweiligen Tribunal Superior de Justicia ernannt. Die Ernennung fällt auf diejenigen, die zuvor durch die Gemeindevertretung ausgewählt wurden.

CE/1978[490] gewährte Unabhängigkeit beschnitten und das Amt über Gebühr politisiert wird.[491] Außerdem wird die richterliche Unabhängigkeit aufgrund des geringen Verdienstes der Friedensrichter als gefährdet angesehen. Sie seien gezwungen, einer anderen Tätigkeit nachzugehen, um ihren Lebensunterhalt zu verdienen. Gerade dadurch sei es möglich, dass Verbindungen zwischen „normaler Arbeit“ und Richtertätigkeit entstünden, die eine unparteiliche und unabhängige Entscheidung unmöglich machen könnten.[492]
Auch bestehen Bedenken in Hinblick auf den Gleichheitsgrundsatz, da auf erstinstanzlicher Ebene zwei grundsätzlich verschiedene rechtsprechende Organe existieren: Zum einen die Gerichte Erster Instanz, die von ausgebildeten Richtern besetzt sind, zum anderen die Friedensrichter, die meist Laien sind.[493] Das Problem besteht darin, dass gem. Art. 99.1 LOPJ (Gerichtsverfassungsgesetz) nur in den Gemeinden Friedensrichter existieren, in denen es kein Gericht erster Instanz gibt. Das bedeutet, dass eine Bagatellstreitigkeit an einem Ort von unausgebildeten Friedensrichtern entschieden wird, an einem anderen Ort von professionell besetzten Gerichten erster Instanz.[494] Dieses Argument steht in Zusammenhang mit den Zweifeln, die an den Fähigkeiten eines Laienrichters bestehen. So sei es unverständlich, dass in einem modernen Rechtsstaat als historisches Überbleibsel vergangener Zeiten unausgebildete Richter existierten, da dies letztlich dazu führe, dass die durch Art. 24 CE gewährleisteten Garantien nicht eingehalten werden könnten. Aus Art. 24 CE folge, dass Urteile rechtlich fundiert sein müssen. Dieses Ziel könne jedoch nicht erreicht werden, wenn Laienrichter ohne technische Kenntnisse entscheiden.[495]

4.) Resümee

Gemeinsam ist der Ausgestaltung von Bagatellverfahren in Spanien und Deutschland, dass sie sich seit Erlass von Grundgesetz und CE an der Verfassung messen lassen müssen und ihre Ausgestaltung vor diesem Hintergrund in beiden Ländern heftig kritisiert wird. Erklären lässt sich das damit, dass neben die Ziele von Verfahrensvereinfachung und –beschleunigung durch die Schaf-

[490] Nach Art. 117 CE geht die rechtsprechende Gewalt vom Volk aus und wird im Namen des Königs durch Richter verwaltet, die unabhängig, unabsetzbar und einzig dem Gesetz unterworfen sind.
[491] *Baldasano Supervielle*, Tapia Nr. 102 (1998), S. 7 (10); *Lamo Rubio*, La Ley 1990-1, S. 1127 (1134); *Damian Moreno*, Los Jueces de Paz, S. 230 ff.
[492] *Lamo Rubio*, La Ley 1990-1, S. 1126 (1134 f.).
[493] *Damian Moreno*, Los Jueces de Paz, S. 238 ff.
[494] *Lamo Rubio*, La Ley 1990-1, S. 1126 (1135).
[495] *Baldasano Supervielle*, Tapia Nr. 102 (1998), S. 7 (10).

fung von Grundrechtskatalogen in beiden Ländern die prozessualen Menschenrechte getreten sind, die bei der Bewertung von Bagatellverfahren mit in die Waagschale geworfen werden müssen. Diese Beeinflussung der Diskussion durch verfassungsrechtliche Garantien stellt eine Form der Konstitutionalisierung des Zivilprozesses dar.

In Spanien und in Deutschland entbrennt die Kritik zwar an unterschiedlichen Punkten, sie ähnelt sich im Kern jedoch. Da in Deutschland im Gegensatz zu Spanien die Friedensrichter abgeschafft sind und alle Rechtsstreitigkeit durch professionelle Richter entschieden werden, scheint man diesen mehr zu vertrauen und stellt die Verfahrensgestaltung bei geringwertigen Streitigkeiten in ihr Ermessen – eine Regelung, die unter rechtsstaatlichen Gesichtspunkten bezweifelt wird.[496] In Spanien hingegen ist das in Bagatellstreitigkeiten anwendbare mündliche Verfahren vergleichsweise detailliert geregelt – auf der anderen Seite jedoch legt man die rechtsprechende Gewalt bei einem Streitwert unter 90,- € in die Hände von Laienrichtern, wodurch ebenfalls der Rechtsstaat als gefährdet angesehen wird.[497] Gleichermaßen in Spanien als auch in Deutschland wird die Diskussion emotional geführt: *Rottleuthner* etwa bezeichnet die Einführung des § 495a ZPO als „Abbau des Rechtsstaats" – *Baldasano Supervielle* bezeichnet die Friedensrichter als „historischen Abfall".[498]

Die Reformgesetzgeber von LEC/2000 und ZPO behielten trotz dieser Diskussionen im Grundsatz die Ausgestaltung von Bagatellverfahren bei. Sie konnten sich allerdings der heftigen Kritik in Spanien und Deutschland nicht ganz entziehen. In Deutschland wird dies deutlich an der Einführung der Gehörsrüge nach § 321a ZPO. Sie mildert das Risiko, dass im Verfahren nach § 495a ZPO rechtsstaatliche Gewährleistungen nicht eingehalten werden, zumindest ab. Dem Richter ist es jetzt möglich, Verfahrensverstößen selbst abzuhelfen. Ähnliche Tendenzen lassen sich in Spanien feststellen. Im Jahre 1992 wurde die Berufung gegen Urteile, die im mündlichen Verfahren ergangen waren, gem. Art. 732 LEC/1881 eingeschränkt. Dies wurde insbesondere deshalb als problematisch erachtet, weil es gerade in ländlichen Gebieten möglich war, dass ein durch den Friedensrichter erlassenes Urteil nicht mehr überprüfbar war.[499] Der spanische Reformgesetzgeber hat diese Einschränkung aufgegeben. Nach Art. 455.2 Nr. 1 LEC/2000 ist die Berufung nunmehr gegen alle durch ein Friedensgericht erlassene Urteile möglich. Damit schafft das spanische Recht im Gegensatz zu Deutschland umfassenden Ausgleich für die in Bagatellsachen in erster Instanz durch Einsatz von Friedensrichtern entstehenden Verletzungen von Prozess-

[496] *Rottleuthner*, NJW 1996, S. 2473 ff.

[497] *Baldasano Supervielle*, Tapia Nr. 102 (1998), S. 7 (10).

[498] *Rottleuthner*, NJW 1996, S. 2473 (2477); *Baldasano Supervielle*, Tapia Nr. 102 (1998), S. 7 (10).

[499] *Miras*, Die Entwicklung, S. 158 m.w.N.

grundrechten. Dies sowie die detaillierte Ausgestaltung der mündlichen Verhandlung lässt die LEC/2000 gegenüber der Behandlung von Bagatellsachen in der ZPO als die klarere und rechtsstaatlichere Regelung erscheinen. War die LEC/1881 bei der Ausgestaltung seines Verfahrens gegenüber der ZPO von 1877 schwerfällig und rückwärtsgewandt,[500] kann man nun sagen, dass dem spanischen Zivilprozessreformgesetzgeber des Jahres 2000 die bessere Regelung für Bagatellverfahren gelungen ist – trotz Beibehaltung einer symbolischen Zuständigkeit von Friedensrichtern.

Deutlich zeigt sich jedoch, dass die Behandlung von Bagatellfällen in beiden Ländern als Indiz für das Befinden des Rechtsstaates gewertet wird. Aus diesem Grunde täte der europäische Gesetzgeber bei Schaffung einheitlicher Instrumente zur Beilegung von Bagatellstreitigkeiten bei grenzüberschreitenden Streitigkeiten[501] gut daran, auch die nationalen Diskussionen zu beachten. Nur dies wird letztlich in einem so emotional diskutierten Bereich wie dem der Bagatellverfahren die notwendige Akzeptanz schaffen.

---

500 Vgl. 1. Teil A I 2 b.

501 Vgl. 2. Teil B I 1.

II. Die Beschleunigung des Verfahrens

1. Der Beschleunigungsgrundsatz als Verfahrensgrundrecht

Wirksamer Rechtsschutz erfordert nicht nur, dass Urteile inhaltlich richtig sind – sondern das Recht muss auch zügig durchgesetzt werden können.[502] Aus diesem Grund zielten Zivilprozessreformen immer auch auf die Beschleunigung des Verfahrens ab – bereits vor Erlass des Grundgesetzes und der Constitución Española.[503] So führte die Emminger Novelle im Jahre 1924 die Konzentrationsmaxime in die ZPO ein und beseitigte die Parteiherrschaft in Hinblick auf Fristen, um dadurch den Verfahrensablauf zu beschleunigen.[504] Und auch in Spanien war bereits die erste Reform der LEC/1881, durch die die gesonderten Abschnitte für Replik und Duplik gestrichen und Fristen verkürzt werden sollten, auf die Beschleunigung des Prozesses gerichtet – eine Tendenz, die sich bis zum Erlass der spanischen Verfassung in kleinen Reformen der LEC/1881 widerspiegelte.[505]
Nach dem zweiten Weltkrieg hat das Prinzip der Verfahrensbeschleunigung Verfassungsrang in Deutschland und Spanien erlangt. Diese verfassungsrechtlichen Entwicklungen sollen zunächst skizziert werden, bevor ihr Einfluss auf die Zivilprozessrechte in Spanien und Deutschland erörtert wird.

a) Die Bedeutung von GG, CE und EMRK für den Gesetzgeber

Nach der Rechtsprechung des Bundesverfassungsgerichtes folgt aus dem Gebot des effektiven Rechtsschutzes, das aus Art. 2 I GG und dem Rechtsstaatsprinzip aus Art. 20 III GG abgeleitet wird, dass strittige Rechtsverhältnisse in angemessener Zeit geklärt werden müssen.[506] Aufgrund dieser verfassungsrechtlichen Absicherung des Beschleunigungsgrundsatzes ist anerkannt, dass Reformen der ZPO diese Zielsetzung beachten müssen[507] – natürlich unter Berücksichtigung anderer Prozessgrundrechte wie etwa Art. 103 I GG, die mit dem Prinzip der

---

502 *Rosenberg/Schwab/Gottwald*, Zivilprozessrecht, § 81 Rdnr. 1.
503 *Baur*, NJW 1987, S. 2636 (2639 f.).
504 *Rosenberg/Schwab/Gottwald*, Zivilprozessrecht, § 5 Rdnr. 7. Und auch im Jahre 1923 wurde eine Verordnung zur Beschleunigung des Verfahrens in bürgerlichen Rechtsstreitigkeiten erlassen. Vgl. dazu im einzelnen Stein/Jonas/*Brehm*, ZPO, Einl. vor § 1, Rdnr. 158.
505 *Miras*, Entwicklung , S. 138 f.
506 BVerfGE 88, 118 (124); BVerfG, NJW 2005, S. 739.
507 Stein/Jonas/*Leipold*, ZPO, vor § 128 Rdnr. 193; MünchKomm/*Lüke*, ZPO, Einl., Rdnr. 212; a. A. *Musielak*, ZPO, Rdnr. 52.

Verfahrensbeschleunigung im Wege der praktischen Konkordanz in einen Ausgleich gebracht werden müssen.[508]
In Spanien ist der Grundsatz der Verfahrensbeschleunigung ausdrücklich in der Constitución Española verankert: Nach Art. 24. 2 CE dürfen sich Prozesse nicht ungebührlich verzögern.[509] Daraus ergibt sich für den spanischen Gesetzgeber unmittelbar aus der Verfassung der Auftrag, die Zivilprozessordnung so auszugestalten, dass ungebührliche Verzögerungen vermieden werden.[510]
Für beide Länder folgt dieses Gebot darüber hinaus aus Art. 6 I EMRK, in dem das Erfordernis einer Entscheidung in angemessener Zeit ebenfalls verankert ist. [511] Damit existiert in Spanien und Deutschland auch eine europarechtliche Vorgabe, ihre Gerichtssysteme so auszugestalten, dass zeitnahe Entscheidungen möglich sind.[512] Stellt also der EGMR fest, dass die Verfahrensordnung eines Mitgliedstaates einer Entscheidung in angemessener Zeit entgegensteht, trifft diesen die völkerrechtliche Verpflichtung sie zu ändern. Verurteilungen anderer Mitgliedstaaten entfalten zumindest eine Orientierungswirkung in Hinblick auf die Ausgestaltung der Verfahrensordnung.[513]

b) Die Bedeutung von GG, CE und EMRK für die Gerichte

Neben dem Gesetzgeber sind auch die nationalen Gerichte an das in GG, CE und EMRK verankerte Gebot einer Entscheidung in angemessener Zeit gebunden und müssen das bestehende Verfahrensrecht in Hinblick auf diese Verpflichtung anwenden.[514] Wann ein gerichtliches Verfahren als zu lang zu bewerten ist, wurde maßgeblich durch die Rechtsprechung des EGMR geprägt. Danach hängt die Bestimmung der Angemessenheit der Verfahrensdauer von den

---

508 Der Beschleunigung des Verfahrens steht auch nicht entgegen, dass nach Rechtsprechung des Bundesverfassungsgerichtes (BVerfGE 55, 1, 6) Art. 103 I GG verbietet, „kurzen Prozess“ mit einem Menschen zu machen. Daraus folgt jedoch nicht das Erfordernis eines langsamen Verfahrensgangs. Vgl. dazu *Maunz/Dürig*, GG, Art. 103 I, Rdnr. 3, Fn. 10.

509 Art. 24 CE spricht ausdrücklich vom Recht auf einen öffentlichen Prozess ohne ungebührliche Verzögerungen. (Todos tienen derecho (...) a un proceso publico sin dilaciones indebidas).

510 *Riba Trepat*, La eficiacia temporal del proceso, S. 175 f.

511 Stein/Jonas/*Leipold*, ZPO, vor § 128, Rdnr. 193.

512 EGMR, 27.7.2000 (Klein ./. Deutschland), Beschwerdenr. 33379/96, NJW 2001, S. 213; EGMR, 25.03.1999 (Pélissier/Sassi ./. Frankreich), Beschwerdenr. 25444/94; EGMR, 22.12.2001 (Bayruck ./. Deutschland), Beschwerdenr. 27937/95.

513 *Meyer-Ladewig*, NJW 2005, S. 15 (18 f). Vgl. zur Orientierungswirkung von Urteilen des EGMR auch 1. Teil B II 2.

514 BVerfG, NJW 2001, S. 214 ff.; EGMR, 9.11.1999 (Gonzalvo ./. Frankreich), Beschwerdenr. 38894/97.

Umständen des Einzelfalls ab. Zu berücksichtigen sind die Schwierigkeit des Falles, die Bedeutung der Sache für die Parteien und das Verhalten der Parteien und des Gerichts.[515] Abseits dieser individuellen Besonderheiten eines Falles kann jedoch ein Verfahren trotz Vorliegen von großer Komplexität unangemessen lang sein: So hat der EGMR im Fall Probstmeier v. Deutschland[516] entschieden, dass auch bei Vorliegen von Umständen die eine längere Verfahrensdauer grundsätzlich zu rechtfertigen vermögen, eine Verfahrensdauer von mehr als sieben Jahren vor einem Verfassungsgericht nicht mit Art. 6 I EMRK zu vereinbaren sei. Damit hat der EGMR neben der Herausbildung konkreter Beurteilungsmaßstäbe auch eine absolute zeitliche Grenze für Rechtsstreitigkeiten aufgestellt.

Die Kriterien der Straßburger Richter stimmen weitgehend mit denen der nationalen Verfassungsgerichte überein: Das Bundesverfassungsgericht leitet das Gebot einer Entscheidung in angemessener Zeit zwar aus Art. 2 I GG i.V.m. dem Rechtsstaatsgebot aus Art. 20 III GG ab, es zieht die Rechtsprechung des EGMR allerdings als Auslegungshilfe heran – wenn auch unter Betonung des fehlenden Verfassungsranges der EMRK.[517] Danach sind auch für das Bundesverfassungsgericht die Bedeutung einer Sache für die Parteien, die Schwierigkeit der Sachmaterie, das den Parteien zuzurechnende Verhalten sowie die gerichtliche nicht zu beeinflussende Tätigkeiten von Dritten für die Bewertung der Angemessenheit der Verfahrensdauer entscheidend.[518] Eine Festlegung von absoluten zeitlichen Grenzen für einzelne Gerichtsverfahren hat das Bundesverfassungsgericht allerdings bisher noch nicht vorgenommen.[519]

Das spanische Verfassungsgericht hat die Rechtsprechung des EGMR zur Frage einer Entscheidung in angemessener Zeit auf die Auslegung des Begriffes der

---

[515] EGMR, 27.7.2000 (Klein ./. Deutschland), Beschwerdenr. 33379/96, NJW 2001, S. 213; EGMR, 1.7.1997, (Probstmeier ./. Deutschland), NJW 1997, S. 2809. Dies gilt grundsätzlich auch für Verfahren vor dem Bundesverfassungsgericht.

[516] EGMR, 1.7.1997, NJW 1997, S. 2809. Es handelte sich um ein Vorlageverfahren, dass im Jahre 1985 beim BVerfG anhängig gemacht wurde. Erst im Jahre 1992 kam es zu einer Entscheidung vor dem Bundesverfassungsgericht.

[517] BVerfG, NJW 1997, S. 2811 f.

[518] BVerfG, NJW 2001, S. 214 f.

[519] So führt das Bundesverfassungsgericht aus: „Es lässt sich allerdings nicht generell festlegen, ab wann ein Verfahren unverhältnismäßig lange dauert; insbesondere die Angabe einer festen Jahresgrenze ist angesichts der Unterschiedlichkeit der Verfahren nicht möglich. (...) Allerdings haben die Gerichte im Rahmen ihrer Verfahrensführung auch die Gesamtdauer des Verfahrens zu berücksichtigen. Mit zunehmender Dauer des Verfahrens insgesamt oder in der jeweiligen Instanz verdichtet sich die mit dem Justizgewährleistungsanspruch verbundene Pflicht des Gerichts, sich nachhaltig um eine Beschleunigung des Verfahrens und dessen Beendigung zu bemühen (vgl. NJW 2001, S. 214 f.). *Lansnicker/Schwirtzek*, NJW 2001, S. 1969 f. kritisieren die Nichtfestlegung auf eine absolute zeitliche Grenze.

„dilación indebida“ (ungebührliche Verzögerung) im Sinne des Art. 24.2 CE übertragen.[520] Entscheidend für das Vorliegen einer unzulässigen Prozessverzögerung ist nach Rechtsprechung des Tribunal Constitucional ebenso wie für den EGMR in erster Linie die Schwierigkeit einer Sache, die Bedeutung des Rechtsstreits und das Verhalten der Parteien sowie des Gerichtes.[521]
In den Anfängen seiner Rechtsprechung tendierte der Tribunal Constitucional im Fall „Union Alimentaria Sanders“ darüber hinaus dazu, die Bewertung der Angemessenheit einer Verfahrensdauer daran zu orientieren, wie lange ein Gericht - in Abhängigkeit von der Arbeitsbelastung - durchschnittlich für die Erledigung seiner Rechtsstreite benötigt.[522] Eine ungebührliche Verzögerung sollte erst nach Überschreitung des Mittelwertes in Betracht kommen. Im Fall „Union Alímentaria Sanders“ ging es um ein Verfahren „de mayor cuantía“[523] in einem Zivilprozess, das im Jahre 1979 vor dem „Juzgado de Primera Instancia“[524] in Barcelona anhängig gemacht wurde.[525] Im Jahre 1981 entschied das erstinstanzliche Gericht, dass die Sache entscheidungsreif sei. Von diesem Zeitpunkt an hätte es gem. Art. 678 LEC/1881 innerhalb von 15 Tagen ein Urteil erlassen müssen, was allerdings nicht geschah. Die „Unión de Alimentaria Sanders“ zog daraufhin im Jahre 1983 vor das spanische Verfassungsgericht. Dieses hielt die Verfassungsbeschwerde allerdings für unbegründet. Neben den oben genannten Kriterien der Bedeutung und der Schwierigkeit eines Rechtsstreits stellte es insbesondere auf die mittlere Erledigungszeit und die Arbeitsbelastung des Gerich-

---

[520] *Perrello Domenech*, Jueces para la democracia Nr. 39 (2000), S. 16 (20); *Picó i Junoy*, Las garantias. S. 118 ff.; *Carreras del Rincón*, Comentarios, S. 551 ff; *Catala i Bas*, Dereito Bd. 11, Nr. 1 (2002), S. 25 (52 ff.) mit umfassenden Nachweisen zur Frage, in wie vielen Urteilen des TC die Rechtsprechung des EGMR bis zum Jahre 2000 ausdrücklich Erwähnung findet. Dabei wird unterschieden zwischen Urteilen, die auf eine spezielle Rechtsprechung des EGMR zur Verfahrensdauer Bezug nehmen; Urteilen, die lediglich generell auf die Rechtsprechung des EGMR hinweisen; Urteilen die die EMRK nicht nennen, aber auf Rechtsprechung des TC verweisen, die die EMRK als Quelle nennt und schließlich Urteilen, die als Quelle der Rechtsprechung des TC zur dilación indebida den EGMR gar nicht erkennen lassen. Zu den ersten beiden Gruppen gibt es von 1981 – 2000 insgesamt 39 Urteile, zu den letzten beiden Gruppen 49 Urteile.

[521] STC 24/1981; STC 36/1984; STC 78/1998; STC 139/1990; STC 206/1991; STC 177/2004.

[522] STC 5/1985.

[523] Verfahren hohen Streitwerts in LEC/1881. Vgl. dazu bereits 2. Teil B I 3 a (aa).

[524] Erstinstanzliches Gericht.

[525] Der Entscheidung lag folgender Sachverhalt zugrunde: Die Unión Alimentaria Sanders hatte mit der Linconin S.A. einen Vertrag über die Aufzucht von Schweinen abgeschlossen. Die Linconin S.A. sollte Schweine der Unión Alimentaria Sanders auf ihrer Farm aufziehen. Die Linconin S.A. kam dieser Verpflichtung aufgrund ihrer Insolvenz nicht nach und veräußerte die Schweine. Die Unión Alimentaria Sanders erhob daraufhin Klage.

tes ab.[526] So könne die Arbeitsbelastung des „Juzgado de Primera Instancia“ die Verzögerung von - zu diesem Zeitpunkt immerhin 4 Jahren - rechtfertigen.[527]
Der EGMR hat der Begründung des Tribunal Constitucional eine Absage erteilt und der Menschenrechtsbeschwerde der Union Alimentaria Sanders im Jahre 1989 aufgrund überlanger Verfahrensdauer stattgegeben.[528] Insbesondere die Rechtfertigung der Prozessverzögerung mit der Begründung, dass dies aufgrund der Arbeitsbelastung üblich sei, wird ausdrücklich abgelehnt. So führt Staßburger Gerichtshof aus: „The fact that such backlog situation have become commonplace does not, in the Court's view, justify excessive length of proceedings”. [529]
Der Tribunal Constitucional hat darauf in einigen Urteilen reagiert und seine eigene Rechtsprechung unter Bezugnahme auf die Rechtsprechung des EGMR im Fall „Unión Alimentaria Sanders“ revidiert.[530] In anderen Urteilen hat er das Kriterium der mittleren Verfahrensdauer jedoch auch weiter verwendet – teils ohne entscheidende Wirkung[531] - teils sogar als „ratio decidendi“[532]. Diese Linie des Tribunal Constitucional wird in Spanien als Verwässerung des Anspruchs auf einen Prozess ohne Verzögerung kritisiert, da bei Arbeitsüberlastung der Gerichte keine strukturellen Maßnahmen ergriffen werden müssen, sondern man einfach die nach Art. 24.2 CE zulässige Länge eines Verfahrens abändert.[533]

c) Konsequenzen einer unzulässigen Prozessverzögerung

Damit der Beschleunigungsgrundsatz nicht nur symbolische Wirkung entfaltet, ist von Bedeutung, inwieweit in Spanien und Deutschland Abhilfe- bzw. Schadensersatzverpflichtungen des Staates bestehen, wenn es zu ungerechtfertigen Prozessverzögerungen kommt. Der EGMR spricht bei Verletzung des Rechts auf effektiven Rechtsschutz durch eine überlange Verfahrendauer eine Entschä-

---

[526] STC 5/1985 nimmt dabei ausdrücklich Bezug auf die Entscheidung des EGMR vom 6.5.1981, (Buchholz ./. Deutschland), Beschwerdenr. 7759/77.
[527] Zu bemerken ist, dass diese Haltung schon bei Erlass des Urteils nicht unumstritten war. So vertrat der Richter Francisco *Tomás y Valiente* eine abweichende Haltung: Er befürchtete, dass durch das Heranziehen mittlerer Erledigungswertung der Anspruch auf einen Prozess ohne ungebührliche Verzögerung entleert werde.
[528] EGMR, 7.7.1989, (Unión Alimentaria Sanders ./. Spanien) Beschwerdenr. 11681/85.
[529] EGMR, 7.7.1989, (Unión Alimentaria Sanders ./. Spanien), Beschwerdenr. 11681/85, Rz. 40.
[530] STC 195/1997 F.J. 3.
[531] STC 140/1998; STC 58/1999.
[532] STC 180/1996; STC 119/2000.
[533] *Borrajo Iniesta*, Cuadernos de derecho publico Nr. 10 (2000), S. 133 (136). Vgl. auch die abweichende Meinung von *Tomás y Valiente* in STC 5/1985.

digung nach Art. 41 EMRK aus.[534] Eine Klage vor dem EGMR allerdings ist erst nach Erschöpfung des innerstaatlichen Rechtswegs (Art. 35 EMRK) möglich und stellt damit die ultima ratio dar. Um eine Verletzung des Beschleunigungsgebotes wirkungsvoll sanktionieren zu können, sind damit innerstaatliche Rechtsbehelfe in den Mitgliedstaaten erforderlich – andernfalls droht das Gebot auf effektiven Rechtsschutz zum „Papiertiger" zu verkommen.[535] Seit der Entscheidung des EGMR „Kudla ./. Polen"[536] sind die Mitgliedstaaten auch aufgrund von Art. 13 EMRK[537] verpflichtet, bei Verletzung des Art. 6 I EMRK aufgrund überlanger Verfahrensdauer einen innerstaatlichen Rechtsbehelf einzuführen, mit dem der Betroffene seine Rechte geltend machen kann. Dieser Rechtsbehelf kann auch die Verpflichtung zum Schadensersatz beinhalten.[538]

aa) Innerprozessuale Abhilfemöglichkeiten bei Verletzung des Beschleunigungsgebotes

In der deutschen Rechtsordnung existiert kein ausdrücklicher prozessualer Rechtsbehelf, mit dem man einer Prozessverzögerung abhelfen könnte. Allerdings wird vertreten, die Vorschrift des § 252 ZPO analog anzuwenden, wenn es zu einem Verfahrensstillstand kommt. Ausdrücklich sieht § 252 ZPO die sofortige Beschwerde gegen einen Beschluss vor, der die Aussetzung des Verfahrens anordnet oder ablehnt. Unter Aussetzung des Verfahrens können auch Entscheidungen fallen, die in ihren Auswirkungen einer Aussetzung gleichkommen – auch die gerichtliche Untätigkeit, wenn es tatsächlich zu einem Verfahrensstillstand kommt.[539] Außerdem kann dem Rechtssuchenden bei Ablehnung einer Rechtsschutzhandlung die Beschwerde nach § 567 ZPO zustehen.[540]
Unter Berücksichtigung des oben zitierten Urteils Kudla ./. Polen ist eine solche Auslegung der ZPO in Hinblick auf Art. 6 I EMRK nicht nur wünschenswert, sondern sogar geboten.[541] Darüber hinaus existiert in Deutschland nur die Mög-

---

[534] Vgl. etwa zuletzt EGMR, 11.10.2005, (Majewski ./. Polen), Beschwerdnr. 52690/99.
[535] *Lansnicker/Schwirtzek*, NJW 2001, S. 1969 (1974).
[536] EGMR, 26.10.2000, (Kudla ./. Polen), NJW 2001, S. 2694 (2700). Vgl. zu den Konsequenzen für die deutsche Rechtsordnung *Redeker*, NJW 2003, S. 488 ff.
[537] Art. 13 EMRK lautet: „Jede Person, die in ihren in dieser Konvention anerkannten Rechten oder Freiheiten verletzt worden ist, hat das Recht, bei einer innerstaatlichen Instanz eine wirksame Beschwerde zu erheben, auch wenn die Verletzung von Personen begangen worden ist, die in amtlicher Eigenschaft gehandelt haben."
[538] *Hess*, Effektiver Rechtsschutz, in: Effektivität des Rechtsschutzes vor staatlichen und privaten Gerichten, S. 165 ff.
[539] *Peters*, FS für Schütze, S. 661 (668 f.); Stein/Jonas/*Roth*, ZPO, § 252 Rdnr. 7 f.
[540] Stein/Jonas/*Brehm*, ZPO, Einl. Vor § 1, Rdnr. 292.
[541] So auch *Meyer-Ladewig*, NJW 2001, S. 2679 f.; *Hess*, FS für Rechberger, S. 211 (223).

lichkeit das Bundesverfassungsgericht anzurufen.[542] Stellt dieses eine überlange Verfahrensdauer fest, muss das mit der Sache befasste Gericht wirksame Maßnahmen ergreifen, um die Verzögerung zu beenden.[543]
Auch in Spanien existiert kein ausdrücklicher Rechtsbehelf, mit der einer unangemessenen Verfahrensdauer entgegengewirkt werden kann. Will der Betroffene erreichen, dass eine unangemessene Prozessverzögerung beendet wird, steht einzig der Weg zum Verfassungsgericht offen. Nach Rechtsprechung des Tribunal Constitucional muss man jedoch die Prozessverzögerung zunächst dem zuständigen Gericht anzeigen. Reagiert das Gericht nach Ablauf einer angemessenen Frist nicht, kann der Betroffene vor das Verfassungsgericht ziehen und Verfassungsbeschwerde einlegen. Denn erst dann, wenn das zuständige Gericht auf die Beschwerde hin untätig bleibt, kann nach Ansicht des Tribunal Constitucional überhaupt erst das Recht auf einen Prozess ohne ungebührliche Verzögerung verletzt sein.[544] Durch dieses Erfordernis soll die Subsidiarität der Verfassungsbeschwerde gewahrt werden.

bb) Schadensersatz aus Amtshaftung bei Prozessverzögerung?

(1) Deutschland – Amtshaftung aus Art. 34 GG, 839 BGB

Eine Effektuierung des Beschleunigungsgrundsatzes bedeutete es darüber hinaus, wenn der Bürger bei überlanger Verfahrensdauer Schadensersatzansprüche gegen den Staat geltend machen könnte. Hierzulande käme als Anspruchsgrund-

---

[542] Im Anschluss an die Kudla-Entscheidung wurde die Einführung einer Verzögerungsrechtsbeschwerde erwogen. Vgl. etwa zu den Vorschlägen des hessischen Justizministeriums *Hess*, FS Rechberger, S. 211 (223 f.).Bislang sind diese Vorschläge jedoch noch nicht Gesetzesrecht geworden.

[543] *Meyer-Ladewig*, NJW 2001, S. 2679 f.

[544] Ständige Rechtsprechung: STC 140/1998, F.J. 4; STC 32/1999; STC 303/2000 F.J. 5. Im letztgenannten Fall handelte es sich um ein Verfahren geringen Streitwerts nach LEC/1881. Der Beschwerdeführer – Kläger im Zivilverfahren – hatte vom zuständigen Juzgado de Primera Instancia den Beschluss über die Beendigung des Beweisverfahrens verlangt. Das erstinstanzliche Verfahren hatte im Mai 1995 begonnen. Die Beklagten hatten die Möglichkeit der LEC/1881 wahrgenommen und bereits im laufenden erstinstanzlichen Prozess Beschlüsse des Gerichtes systematisch mit der Beschwerde angegriffen und die Entscheidung des Beschwerdegerichtes wiederum mit der Berufung. Das erstinstanzliche Verfahren lag derweil brach. Erst im Juli 1998 konnte das Verfahren vor dem erstinstanzlichen Gericht fortgeführt werden. Als dieses zögerte, die Beweisperiode zu beenden, machte der Kläger sein Recht auf einen Prozess ohne ungebührliche Verzögerung vor dem Juzgado de Primera Instancia geltend. Bereits 7 Tage später legte er Verfassungsbeschwerde ein – keine angemessene Frist nach Ansicht des TC. Aufgrund dessen scheide eine Verletzung des Art. 24.2 CE insgesamt aus.

lage der Amtshaftungsanspruch nach Art. 34 GG, § 839 BGB in Frage. Problematisch ist dessen Anwendung jedoch insofern, als die Haftung des Staates für richterliches Unrecht durch das Spruchrichterprivileg nach § 839 II BGB begrenzt wird. Erfolgt eine Amtspflichtverletzung „bei einem Urteil in einer Rechtssache", so besteht ein Amtshaftungsanspruch nur, wenn die Pflichtverletzung des Richters „in einer Straftat" besteht oder gem. § 839 I 2 BGB eine pflichtwidrige Verweigerung oder Verzögerung der Amtsausübung vorliegt. Grund für die Privilegierung des Richters ist die Rechtskraft des Urteils und der daraus resultierende Rechtsfrieden: Es soll verhindert werden, dass die Rechtskraftwirkung eines Urteils umgangen wird, indem die Entscheidung im Rahmen einer Amtshaftungsklage nochmals überprüft wird.[545] Deshalb werden auch Verstöße gegen den Beschleunigungsgrundsatz bislang nicht finanziell sanktioniert.[546]

Dies allerdings lässt sich kaum mehr begründen. Eine am Schutzzweck orientierte Auslegung des § 839 II BGB ergibt, dass nur solche Amtspflichtverletzungen dem Richterprivileg unterfallen, die eine inhaltliche Überprüfung des rechtskräftigen Urteils im Amtshaftungsprozess überhaupt nach sich ziehen. Verfahrensrechtliche Amtspflichtverletzungen indes, die keine Auswirkungen auf den Urteilsinhalt haben, können vom Spruchrichterprivileg ausgenommen werden, da sie die Rechtskraft des Urteils nicht beschädigen.[547] Diese Auslegung findet ihre gesetzliche Stütze auch in § 839 II 2 BGB, wonach das Spruchrichterprivileg bei pflichtwidriger Verweigerung oder Verzögerung der Amtsausübung keine Anwendung findet – sogar unabhängig davon, ob die Prozessverzögerungen Auswirkungen auf den Urteilsinhalt hatte oder nicht.[548] Diese Vorschrift kann als Grundlage für einen Amtshaftungsanspruch gegen den Staat bei Prozessverschleppung durch den Richter dienen – etwa wenn er seiner Prozessförderungspflicht nicht nachkommt.[549] Soweit die Verfahrensdauer in Hinblick auf das GG bzw. Art. 6 I EMRK unzulässig ist, ist eine solche Auslegung sogar verfassungsrechtlich geboten.[550] Damit kann durch eine verfassungsorientierte

---

[545] Staudinger/*Wurm*, BGB, § 839, Rdnr. 317.

[546] *Baur*, FS für Schwab (1990), S. 53 (58); *Hess*, Effektiver Rechtsschutz, in: Effektivität des Rechtsschutzes vor staatlichen und privaten Gerichten, S. 165 ff.

[547] MünchKommBGB/*Papier*, § 839, Rdnr. 327 m.w.N.

[548] *Hess*, FS für Rechberger, S. 211 (220).

[549] Stein/Jonas/*Brehm*, ZPO, Einl. Vor § 1, Rdnr. 292, der bei Verweigerung der Justizgewährung einen Anspruch aus Amtshaftung annimmt. *Baur*, FS für Schwab, S. 53 (58); *Hess*, Effektiver Rechtsschutz, in: Effektivität des Rechtsschutzes vor staatlichen und privaten Gerichten, S. 165 ff.; *ders.*, FS für Rechberger, S. 211 (224 f.).

[550] Erwogen wird von *Lansnicker/Schwirtzek*, NJW 2001, S. 1969 (1973 f.) Amtshaftungsansprüche gegen den Dienstherrn der Richter – also Bund oder Land – geltend zu machen, soweit diese durch die geringe sachliche/personelle Ausstattung die Prozessverzögerungen mitverursacht haben. So sei der Rechtsprechung des BVerfG und des EGMR zu entnehmen, dass

Auslegung des einfachen Rechts die effektive Durchsetzung des Beschleunigungsgebotes erreicht werden[551] – einer gesetzgeberischen Initiative bedarf es dafür nicht.[552]

(2) Spanien – „funcionamiento anormal de la administración de justicia"

In Spanien besteht in Literatur[553] und Rechtsprechung[554] Einigkeit darüber, dass bei überlanger Verfahrensdauer im Sinne des Art. 24.2 CE und Art. 6 I EMRK ein Anspruch des Geschädigten auf Schadensersatz besteht.[555] Im Gegensatz zum EGMR allerdings stellt der Tribunal Constitucional nur die Verletzung des Grundrechts aus Art. 24.2 CE fest, ohne dabei über einen Entschädigungs- bzw. Schadensersatzanspruch des Betroffenen zu entscheiden.[556] Die Geltendmachung des Schadensersatzanspruchs bei Verletzung des verfassungsrechtlichen Beschleunigungsgebotes richtet sich nach den allgemeinen Vorschriften des Art. 292 ff. LOPJ, die das Gebot des Art. 121 CE umsetzen. Nach Art. 121 CE müssen Schäden, die durch „einen Justizirrtum oder durch ein unregelmäßiges Funktionieren der Administración de Justicia entstehen einen Schadensersatzanspruch gegen den Staat im Rahmen des geltenden Rechts begründen"[557]. Die ers-

---

das Beschleunigungsgebot auch einen Auftrag an die Justizverwaltung enthalte für die notwendige Ausstattung der Gerichte zu sorgen. Schwierig dürfte im Einzelfall jedoch der Kausalitätsnachweis sein.

[551] Der Umfang des Schadensersatzanspruchs richtet sich nach den §§ 249 ff. Zunächst ist Geldersatz für die durch die Prozessverzögerung entstandenen materiellen Schäden zu leisten. Fraglich ist, ob darüber hinaus beim Amtshaftungsanspruch auch der Ersatz von immateriellen Schäden in Betracht kommt. Für schwere Persönlichkeitsverletzungen hat der BGH dies indes bejaht, wenn sich die „erlittene Beeinträchtigung nicht auf andere Weise ausgleichen lässt" (BGH, NJW 1981, S. 675 f.). Diese Grundsätze könnte man auch auf die Verletzung des Anspruchs auf effektiven Rechtsschutz aus Art. 2 I GG i.V.m. Art. 20 III und Art. 6 I EMKR übertragen.

[552] a. A. *Lansnicker/Schwirtzek*, NJW 2001, S. 1969 (1973 f.), die allerdings den Gehalt des § 839 I S. 2 BGB verkennen.

[553] *Perello Domenech*, in: Jueces para la democracia 39 (2000), S. 16 (25 f.); *Riba Trepat*, La eficacia temporal, S. 153 ff.; *Carreras del Rincón*, Comentarios, S. 551 ff.; *Borrajo Iniesta*, in: Cuadernos de Derecho Publico 10 (2000), S. 132 (145); *Vallespín Pérez*, El modelo constitucional, S. 86 ff.

[554] STS, 1163/1992; STC 103/2000; STC 81/1989; STC 125/1999; STC 109/1997.

[555] Vgl. dazu in deutscher Sprache: *Meyer-Ladewig*, NJW 2001, S. 2679 ff.

[556] STC 81/1989; STC 125/1999; STC 109/1997.

[557] Los daños causados por error judicial, así como los que sean consecuencia del funcionamiento anormal de la Administración de Justicia (zu übersetzen mit Rechtsprechung, da sich Art. 121 CE im Abschnitt über die rechtsprechende Gewalt befindet), daran derecho a una indemnización a cargo del Estado, conforme a la ley.

te Alternative soll Einzelfallgerechtigkeit schaffen, wenn das Gericht einem schweren Irrtum unterliegt und eine nicht mit der Rechtsordnung zu vereinbarende, ungerechte Entscheidung trifft. Die zweite Alternative indes greift weiter – irreguläre Verfahrensabläufe im Rahmen der „Administración de Justicia" sollen erfasst werden, wenn dadurch ein Schaden entstanden ist.

Unter dem Begriff „Administración de Justicia" versteht man – entgegen dem deutschen Sprachgebrauch des Wortes Administration – die rechtsprechende Tätigkeit des Richters, nicht etwa Handlungen der Justizverwaltung.[558] Diese Auslegung ergibt sich aus einer Zusammenschau von Verfassungsnormen. Während Art. 106.2 CE die Haftung des Staates für die Verwaltung vorsieht, bezieht sich Art. 121 CE auf die Haftung für Schäden, die durch die rechtsprechende Gewalt verursacht werden.[559] Unter Art. 106.2 CE fällt begrifflich auch die Justizverwaltung wie etwa das Justizministerium.[560] Da davon auszugehen ist, dass die Verfassungsgeber durch Schaffung des Art. 121 CE nicht die Haftung der Justizverwaltung doppelt regeln wollten, fallen nach überwiegender Ansicht unter den Begriff der „Administración de Justicia" im Sinne des Art. 121 CE die ausübenden Tätigkeiten der Rechtsprechung und ihrer Hilfsorgane wie etwa dem Rechtspfleger.[561] Eine andere Betrachtungsweise würde dazu führen, dass die 2. Alternative des Art. 121 CE – die Haftung für das irreguläre Funktionieren der „Administración de Justicia" – überflüssig wäre. Wird die Prozessverzögerungen also durch die Gerichtsverwaltung – beispielsweise dem Justizministerium verursacht – so ist die LRJAE[562] anwendbar, die die Haftung für Verwaltungshandeln regelt und nicht die LOPJ[563], die die Haftung für Tätigkeiten der Rechtsprechung regelt.[564]

In der Praxis kommt die Haftung wegen unregelmäßigen Funktionierens der „Administración de Justicia" hauptsächlich wegen ungebührlicher Prozessver-

---

558 *Diaz Delgado*, La responsabilidad Patrimonial, S. 52 f.; *Gonzalez Montes*, La responsabilidad, S. 33 ff.

559 Art. 106 ist im Abschnitt über die Regierung und die Verwaltung enthalten, Art. 121 im Abschnitt über die rechtsprechende Gewalt.

560 *Gonzalez Montes*, La responsabilidad, S. 37.

561 *Diaz Delgado*, La responsabilidad Patrimonial, S. 52 f.; *Gonzalez Montes*, La responsabilidad, S. 38.

562 Ley de régimen jurídico de la Administración del Estado.

563 Ley Organica de Poder Judicial. Dies ergibt auch deshalb Sinn, weil nach Art. 293.2 LOPJ der Schadensersatzanspruch wegen irregulären Funktionierens der Justiz an das Justizministerium selbst zu richten ist. Läge also eine Verfehlung des Justizministeriums vor, müsste es zunächst selbst darüber befinden.

564 *Gonzalez Montes*, La responsabilidad, S. 38. Bedeutend ist diese Unterscheidung, weil bei der Haftung wegen richterlichen Unrechts zunächst das Justizministerium zuständig ist und erst dann die Verwaltungsgerichte. Bei Haftung aufgrund rechtswidrigen Verwaltungshandels ist hingegen direkt der Verwaltungsrechtsweg eröffnet.

zögerungen im Sinne des Art. 24.2 CE zum Zuge.[565] Hat der Tribunal Constitucional also eine Verletzung des Art. 24.2 CE wegen einer ungebührlichen Prozessverzögerungen festgestellt, kann der Betroffene Schadensersatz nach den gesetzlichen Vorschriften verlangen.[566] Nach Rechtsprechung des Tribunal Constitucional ist dieser Weg ohne Umweg über die Verfassungsbeschwerde direkt zu beschreiten, wenn der in Frage stehende Prozess bereits abgeschlossen ist.[567] Im Rahmen eines Amtshaftungsanspruch wegen überlanger Dauer eines Zivilprozesses ist darüber hinaus zu beachten, dass der Tribunal Supremo besondere Anforderungen an die Zurechenbarkeit der Prozessverzögerung stellt: Sie muss dem Gericht vorwerfbar sein, was nicht der Fall ist, wenn die unzulässige Verzögerung auf das Verhalten einer Partei zurückzuführen ist.[568] In Anlehnung an die Rechtsprechung des EGMR können sowohl materielle als auch immaterielle Schäden ersetzt werden.[569]

2. Die Auswirkungen des Beschleunigungsgrundsatzes auf den Zivilprozess

Nach Erörterung der verfassungsrechtlichen Ausgangslage stellt sich die Frage, inwiefern die Zivilprozessordnungen Deutschlands und Spaniens das prozessuale Beschleunigungsgebot verwirklichen. Gegenstand der Erörterung sind in diesem Zusammenhang der Gang des Verfahrens, die Präklusion und die Ausgestaltung des Instanzenzugs. Diese prozessrechtlichen Institute waren immer wie-

---

[565] *González Rivas*, Revista General de Legislación y Jurisprudencia, 1999-1, S. 331 (342); *Valléspin Peréz*, El modelo constitucional, S. 88.

[566] *Borrajo Iniesta*, Cuadernos de Derecho Publico 10 (2000), S. 132 (138).

[567] STC 146/2000. Es ist zu unterscheiden zwischen verschiedenen Zeitpunkten: Wird das Verfassungsgericht angerufen, wenn der Prozess bereits abgeschlossen wurde, dann ist kein Raum mehr für eine Verfassungsbeschwerde. Der Betroffene muss Schadensersatzansprüche geltend machen. Verhält es sich hingegen so, dass im Verlauf der Verfassungsbeschwerde ein den Prozess beendendes Urteil gefällt wird, so erledigt sich dadurch die Verfassungsbeschwerde nicht. Diese Argumentation erinnert an das Fortsetzungsfeststellungsinteresse im deutschen Verwaltungsprozess: Erledigt sich ein beanstandeter Verwaltungsakt nach Klageerhebung, so liegt ein Fortsetzungsfeststellungsinteresse des Klägers vor – es ergibt sich daraus, dass in einem Schadensersatzprozess vor den Zivilgerichten das Urteil des VG Präjudizwirkung entfalten kann und der Kläger nicht um die Früchte des laufenden Verwaltungsprozesses gebracht werden soll. Erledigt sich der Verwaltungsakt hingegen vor Klageerhebung, so kann das Fortsetzungsfeststellungsinteresse des Klägers nicht mit der Präjudizwirkung des Urteils für einen folgenden Amtshaftungsprozess begründet werden. Der Kläger muss seinen Schadensersatzanspruch direkt vor den Zivilgerichten geltend machen, da eine andere Lösung zur Verdopplung der Rechtsstreitigkeiten führen würde und damit wenig prozessökonomisch wäre. Vgl. dazu *Kopp/Schenke*, VwGO, § 113, Rdnr. 136.

[568] STS, 1163/1992.

[569] *Diaz Delgado*, La Responsabilidad, S. 96.

der Gegenstand von Zivilprozessreformen – auch der jüngsten Reformen in Spanien und Deutschland. Die spanische Reform des Jahres 2000 etwa regelte den Gang des Verfahrens umfassend neu und stärkte die Prozessförderungspflicht der Parteien durch Ausweitung der Präklusion. Darüber hinaus gestalteten beide Länder das Rechtsmittelrecht tief greifend um.

a) Der Gang des Verfahrens – Verwirklichung der Konzentrationsmaxime

aa) Das „Stuttgarter Modell" in Deutschland

Der Ablauf des Verfahrens in seiner heutigen Form wurde bereits durch das Gesetz zur Vereinfachung und Beschleunigung des Zivilverfahrens aus dem Jahre 1976 eingeführt, das das so genannte „Stuttgarter Modell" umsetzte, das die 20. Zivilkammer des LG Stuttgart entwickelt hatte.[570] Kernstück des Verfahrens ist die durch Parteien und Gericht umfassend vorbereitete mündliche Verhandlung einschließlich Beweisaufnahme (§ 272 ZPO).[571] Nach Einreichung der Klage kann das Gericht zu diesem Zweck entweder einen frühen ersten Termin (§ 275 ZPO) oder ein schriftliches Vorverfahren anberaumen (§ 276 ZPO). Diese Vorbereitungsmöglichkeiten sollen zu einer „Intensivierung und Aufwertung" der Hauptverhandlung führen und der Beschleunigung des Prozesses dienen.[572] Findet ein früher erster Termin statt, gibt es bereits zu diesem Zeitpunkt verschiedene Möglichkeiten den Rechtsstreit zügig beizulegen – der Beklagte kann den Anspruch anerkennen, der Kläger darauf verzichten, es kann zu einem Prozessvergleich kommen oder das Gericht muss bei Vorliegen von Urteilsreife (§ 300 ZPO) ein Urteil zu erlassen.[573]
Seit der ZPO-Reform des Jahres 2002 ist im Rahmen des Prozesses außerdem so früh wie möglich ein obligatorisches Güteverfahren durchzuführen (§ 278 II ZPO) – entweder bereits im Rahmen des frühen ersten Termins oder bei Anordnung des schriftlichen Vorverfahrens zu Beginn der Hauptverhandlung.[574] Ziel

---

[570] *Baur*, NJW 1987, S. 2636 (2639); *Grunsky*, JZ 1977, S. 201 (201). Diese Verfahrensgestaltung gilt im ersten Rechtszug vor den Land- und Amtsgerichten. Im Amtsgerichtsprozess besteht darüber hinaus die Möglichkeit der Durchführung eines Verfahrens nach billigem Ermessen in Bagatellfällen unter 600, - € (495 a ZPO).

[571] *Jauernig*, Zivilprozessrecht, § 23 III; MünchKommZPO/*Prütting*, § 272, Rdnr. 1.

[572] MünchKommZPO/*Prütting*, § 272, Rdnr. 1.

[573] *Jauernig*, Zivilprozessrecht, § 23 II.

[574] In Hinblick auf die Zuständigkeit in zivilgerichtlichen Streitigkeiten ist eine weitere Neuerung durch das Zivilprozessreformgesetz zu verzeichnen: Einem stetigen Trend folgend hat es die Einzelrichterzuständigkeit der Landgerichte in der ersten Instanz ausgeweitet, um die Eingangskapazität des Landgerichts als erstinstanzlichem Gericht zu steigern. Verstärkte Bedeutung hat der Einzelrichterinstanz im ersten Rechtszug deshalb, weil in diesen Fällen auch im

des Gesetzgebers ist es, durch gütliche Einigungen den Rechtsfrieden zu stärken, aber auch die Zivilgerichtsbarkeit zu entlasten.[575] Durch eine gütliche Einigung kann nicht nur der in Frage stehende Prozess schneller beendet, sondern die Gerichte können durch die Arbeitsersparnis insgesamt mehr Fälle in kürzerer Zeit bearbeiten.[576] Damit dient die Einführung einer Güteverhandlung nicht zuletzt auch der Verfahrensbeschleunigung. Denn im Gegensatz zur Regelung des § 15 a EGZPO kann das Gericht von der Güteverhandlung absehen, wenn diese erkennbar aussichtslos ist und damit Verfahrensverzögerungen vorbeugen.[577]

bb) „Juicio ordinario" und „juicio verbal" im neuen spanischen Zivilprozess

Die spanische Zivilprozessreform des Jahres 2000 erneuerte den Gang des Erkenntnisverfahrens vollständig. Das alte Prozessrecht galt als rückständig, da es im Gegensatz zu den modernen Verfahrensordnungen Kontinentaleuropas in weiten Teilen durch Schriftlichkeit, Mittelbarkeit und Formalismus gekennzeichnet war.[578] Aus diesem Grund wurde der LEC/1881 dringender Reformbedarf attestiert, da das Festhalten an alten Verfahrensmaximen dazu geführt hatte, dass die Ziviljustiz langsam und ineffektiv war.[579] Ziel der Reform war es, diesem Missstand durch Konzentration des Verfahrens und Stärkung von Unmittelbarkeit und Mündlichkeit abzuhelfen.[580] Um dies zu erreichen, verringerte der Gesetzgeber unter anderem die Verfahrensarten in LEC/2000, da in LEC/1881 eine übertrieben große Zahl verschiedener Verfahrenstypen bestand.[581] Die

---

Berufungsverfahren ein Einzelrichter entscheiden kann (§ 526 I Nr. 1 ZPO). Dadurch sollte jedoch nicht das Verfahren beschleunigt werden, sondern man erwartete, dass 225 Richterstellen bundesweit eingespart werden können. (BT-Drucks. 14/4722, S. 63). Die Regelung wird allerdings kritisiert, da es zur Einsparung der Rechtsprechungsressourcen nicht gekommen zu sein scheint und dafür das Kollegialprinzip, das eine höhere Richtigkeit von Urteilen gewährt, abgeschafft wurde. Vgl. dazu *Greger*, JZ 2004, S. 805 (816).

575 BT-Drucks. 14/4722, S. 62.

576 Vgl. zur praktischen Umsetzung *Greger*, JZ 2004, S. 805 (806 f.); *Rosenberg/Schwab/Gottwald*, Zivilprozessrecht, § 103, Rdnr. 15; Kritisch jedoch *Jauernig*, Zivilprozessrecht, § 28 II 2.

577 Zöller/*Greger*, ZPO, § 278 Rdnr. 22; Vgl. zur problematischen Regelung des § 15 a EGZPO: 2. Teil B I 2 a (aa).

578 *Giméno Sendra*, La Ley 1999- 1, S. 1794 (1794). Vgl. 1. Teil A I 2 a (bb).

579 *Diéz-Picazo Giménez*, TdJ 1999-2, S. 79 f.; *Gimeno Sendra,* La Ley 1999 – 1, S. 1794.

580 *Diéz-Picazo Giménez*, TdJ 1999- 2, S. 79 (84 ff.). Die Ausweitung der Mündlichkeit wird dabei in unmittelbaren Zusammenhang mit der Konzentration des Verfahrens gestellt (vgl. dazu *Montero Aroca*, Derecho jurisdiccional I, S. 385).

581 *Ortells Ramos*, ZZPInt 2000, S. 96 (106 f.); *Gutiérrez-Alviz Conradi*, El proceso civil, S. 91.

LEC/2000 sieht deshalb lediglich zwei Regelverfahren: das ordentliche Verfahren (juicio ordinario) und das mündliche Verfahren (juicio verbal).[582]

(1) „Juicio ordinario" - vorherige Anhörung als Mittel der Prozessbeschleunigung

Das „juicio ordinario" ist nach Art. 249 LEC/2000 zunächst bei bestimmten Sachmaterien anwendbar oder wenn der Streitwert 3000,- € übersteigt.[583] Gegliedert ist es in Klage, Klageerwiderung, vorherige Anhörung („audiencia previa"), Hauptverhandlung und Urteil.[584]
Insbesondere die „audiencia previa" dient der Beschleunigung des Verfahrens. Die Durchführung eines Termins vor der Hauptverhandlung ist im spanischen Zivilprozess relativ neu: Erstmals eingeführt wurde sie durch die „Dringende Reform des Zivilprozesses" im Jahre 1984 im Rahmen des Verfahren geringen Streitwerts, das durch besagte Reform zum Regelverfahren wurde.[585] Absicht dieser ersten Reform des Zivilprozesses nach Erlass der spanischen Verfassung war es, hauptsächlich die Verfahrensdauer zu verkürzen und die Garantien des Art. 24 CE zu verwirklichen.[586] Auch die die Ausgestaltung der „audiencia previa" im ordentlichen Verfahren der LEC/2000 zeichnet sich durch die Zielsetzung der Verfahrensbeschleunigung aus. In erster Linie ist sie darauf gerichtet, eine Einigung zwischen den Parteien herzustellen und so den Rechtsstreit

---

[582] Spezielle Verfahrensarten bleiben nur soweit bestehen wie es notwendig ist: So für Fragen der Geschäftsfähigkeit und in Kindschafts- und Ehesachen, weil ein öffentliches Interesse an diesen Prozessen besteht. Außerdem gibt es ein spezielles Verfahren für die Trennung von Vermögensmassen (bei Scheidung und Erbschaft), weil hier spezielle Handlungen durch das Gericht vorgenommen werden müssen. Außerdem regelt die LEC/2000 ein Mahnverfahren und einen Wechselprozess, wodurch die zügige Durchsetzung von Geldforderungen verwirklicht werden soll. Vgl. dazu *Diéz-Picazo Giménez*, TdJ 1999-2, S. 79 (84).

[583] Nach Art. 249.1 LEC/2000 gehören zu den speziellen Sachmaterien beispielsweise Persönlichkeitsrechte, Schutz von Grundrechten oder Mietstreitigkeiten soweit es sich nicht um Räumungsklagen wegen Nichtzahlung oder Ablauf des Mietverhältnisses handelt.

[584] Geregelt ist das „juicio ordinario" in den Art. 399 ff. LEC/2000. Vgl. zur „Audiencia previa" *Montero Aroca*, Derecho jurisdiccional II, S. 223 ff.

[585] Reforma Urgente de la Ley de Enjuiciamiento Civil (abgekürzt RULEC); vgl. zur Entwicklung der "audiencia previa" im spanischen Zivilprozess *Montero Aroca*, Derecho jurisdiccional civil, S. 224 f.. Die Anhörung der Parteien vor der Hauptverhandlung geht zurück auf Klein, den Erschaffer der österreichischen ZPO aus dem Jahre 1895. Die Parteien wurden bereits vor der Klageerwiderung vor Gericht gehört.

[586] *Miras*, Die Entwicklung, S. 142 f. Eine der wichtigsten Änderungen stellt es dar, dass das „juicio de menor cuantia" zum Regelverfahren wurde und dadurch, das „juicio de mayor cuantia", das durch die formalistische „solemnis ordo iudicarius" geprägt war, ablöste.

schnell zu beenden (vgl. Art. 414.1 und 415 LEC/2000).[587] Gelingt dies nicht, prüft das Gericht, ob die Prozessvoraussetzungen erfüllt sind – ist dies nicht der Fall, werden die Mängel behoben oder falls dies nicht möglich ist, der Prozess beendet. Dieses Vorgehen soll eine unnötige inhaltliche Beschäftigung des Gerichts mit dem Prozessstoff vermeiden und dient dazu, unzulässige Klagen möglichst schnell abzuweisen.[588]
Sind die formellen Prozessvoraussetzungen erfüllt, wird die Hauptverhandlung vorbereitet. Die Parteien müssen die geltend gemachten Ansprüche endgültig fixieren, die strittigen Punkte herausarbeiten und Beweis darüber anbieten.[589] In der „audiencia previa" wird mündlich verhandelt und es gilt der Unmittelbarkeitsgrundsatz.[590] Ein Verstoß gegen diese Grundsätze führt nach Art. 137 LEC/2000 zur absoluten Nichtigkeit der vorgenommen Prozesshandlung.[591]
Im Rahmen der Hauptverhandlung wird schließlich die Beweisaufnahme durchgeführt und die Parteien haben nochmals Möglichkeit, sich abschließend zu äußern. Nach Abschluss der Hauptverhandlung muss das Urteil innerhalb von 20 Tagen verkündet werden. Entstehen in diesem Zeitraum neue Tatsachen, die die Parteien im Haupttermin noch nicht vorbringen konnten, können diese im Rahmen des Urteils berücksichtig werden.[592] Erklärtes Ziel des Gesetzgebers ist es, durch die Aufteilung des ordentlichen Verfahrens in zwei Termine, alle für das Urteil wesentlichen Tatsachen zu ermitteln und dadurch die Richtigkeit des Urteils zu gewähren, sowie den Parteien hinreichend rechtliches Gehör zu gewähren.[593]

(2) „Juicio verbal"

Neben dem „juicio ordinario" kommt das mündliche Verfahren in Betracht, das bei einem Streitwert bis zu 3000,- € oder bei Vorliegen von bestimmten abschließend geregelten Sachmaterien anwendbar ist.[594] Im „juicio verbal" konzentrieren sich alle Prozesshandlungen in einer einzigen mündlichen Verhand-

---

[587] *Diéz Picazo-Giménez*, TdJ 1999-2, S. 79 (85); *Ortells Ramos*, ZZPInt 2000, S. 96 (107).
[588] Exposición de Motivos, LEC/2000 Abs. XII.
[589] *Gutiérrez-Alviz Conradi*, El proceso civil, S. 94 f.; *Diéz Picazo-Giménez*, TdJ 1999-2, S. 79 (85).
[590] *Montero Aroca*, Derecho jurisdiccional II, S. 226.
[591] *Gutiérrez-Alviz Conradi*, El proceso civil, S. 93.
[592] Vgl. Art. 435 LEC/2000.
[593] Exposición de Motivos, LEC/2000, Abs. XII.
[594] Art. 250 LEC/2000. Vgl. zum mündlichen Verfahren 2. Teil B 3 b.

lung („vista") - nur Klageschrift und Urteil erfolgen schriftlich.[595] Das Urteil muss innerhalb von 10 Tagen nach der „vista" erlassen werden.[596] Ziel des „jui cio verbal" ist es damit, bei geringer ökonomischer Bedeutung oder Komplexität des Falles, ein Verfahren anzubieten, das noch einfacher und zügiger als das „juicio ordinario" gestaltet ist.

b) Die Entwicklung der Präklusion seit Erlass von GG und CE

Konzentrierte Verfahrensgestaltung und Verhinderung von Prozessverschleppungen werden auch dadurch erreicht, dass man den Parteien Fristen setzt und ihnen eine allgemeine Prozessförderungspflicht auferlegt. Dadurch kann verhindert werden, dass die Parteien nach und nach das für die Entscheidung Erhebliche vorbringen und dadurch die Entscheidungsfindung verzögern. Der Verstoß gegen die Prozessförderungspflicht oder gegen gesetzliche bzw. richterliche Fristen wird durch Eintritt der Präklusion sanktioniert. Das Vorbringen der Partei wird nicht mehr berücksichtigt – auch wenn dies die Gefahr von Fehlurteilen birgt.

aa) Verschärfung der Präklusion im deutschen Zivilprozess

(1) Grundkonzeption

Seit Erlass des Grundgesetzes wurden die Pflichten der Parteien zur Förderung des Prozesses stetig erweitert, um dadurch eine zügige Erledigung des Rechtsstreits zu erreichen. Im Rahmen des Verfahrens im ersten Rechtszug erfolgte dies durch das Gesetz zur Vereinfachung und Beschleunigung gerichtlicher Verfahren aus dem Jahre 1976, das auch das oben erläuterte konzentrierte „Stuttgarter Modell" in den Zivilprozess integrierte.[597] Die Novelle verstärkte die Prozessförderungspflichten der Parteien nach § 282 ZPO und die Präklusionsmöglichkeiten nach § 296 ZPO.[598]
Nach § 282 I ZPO müssen die Parteien ihre Angriffs- und Verteidigungsmittel so zeitig vorbringen, wie es einer sorgfältigen und verfahrensfördernden Prozessführung entspricht. Ein Verstoß gegen diese Pflicht kann mit der Präklusion

---

[595] *Montero Aroca*, Derecho jurisdiccional II, S. 397.
[596] Vgl. Art. 447.1 LEC/2000.
[597] Gesetz zur Vereinfachung und Beschleunigung gerichtlicher Verfahren, BGBl. I, 1976, S. 3281.
[598] *Rosenberg/Schwab/Gottwald*, Zivilprozessrecht, § 81 III 1, Rdnr. 15; Vgl. zur Reform *Grunsky*, JZ 1977, S. 201 ff. und *Deubner*, NJW 1977, S. 921 ff.

verspäteten Vorbringens sanktioniert werden: Unterlässt die Partei, was jedem nach dem Stand des Verfahrens hätte einleuchten müssen, so kann sie gem. § 296 II ZPO mit ihrem Vorbringen zurückgewiesen werden, wenn sich andernfalls der Rechtsstreit verzögern würde und die Verspätung auf grober Fahrlässigkeit beruht.[599] Gem. § 296 Abs. I ZPO ist das Gericht sogar verpflichtet, Angriffs – und Verteidigungsmittel zurückzuweisen, die unter schuldhafter und verfahrensverzögernder Missachtung von richterlichen Fristen vorgebracht werden.[600]

Auch die Zivilprozessreform des Jahres 2002 zielte auf eine Verstärkung der Prozessförderungspflicht der Parteien ab. Insbesondere § 531 II ZPO n. F. verschärfte den Eintritt der Präklusion im Berufungsverfahren.[601] Damit wird der Neukonzeption der Berufung Rechnung getragen, die sich auf die Fehlerkontrolle des erstinstanzlichen Urteils beschränkt und damit nicht mehr volle Tatsacheninstanz ist.[602] Es soll erreicht werden, dass die Parteien nichts für das Berufungsverfahren aufsparen und der Prozess dadurch bereits in der ersten Instanz erschöpfend behandelt wird. Nach § 531 II ZPO ist das Berufungsgericht deshalb an die fehlerfrei gewonnenen Erkenntnisse des ersten Rechtszugs gebunden. Neue Angriffs- und Verteidigungsgründe sind nach § 531 II Nr. 1 ZPO n.F. nur dann zulässig, wenn sie einen Gesichtspunkt betreffen, den das Gericht des ersten Rechtszugs erkennbar übersehen oder für unerheblich gehalten hat. Dadurch wird verhindert, dass die Parteien im erstinstanzlichen Verfahren dazu gezwungen sind, Angriffs – und Verteidigungsmittel vorzubringen, die das erstinstanzliche Gericht für unerheblich hält.[603]

Die ZPO statuiert damit weitreichende Pflichten der Parteien, den Prozess zu fördern und dadurch eine Prozessverschleppung zu verhindern. Dies bedeutet indes nicht, dass die ZPO der reinen Eventualmaxime folgt, d. h. die Parteien alles vorbringen müssten, was in irgendeiner Weise relevant sein könnte. Dies würde letztlich dazu führen, dass der Prozessstoff „aufgebläht" würde – in Hinblick auf die zeiteffektive Gestaltung von Prozessen kontraproduktiv.[604] Den-

---

599 *Jauernig*, Zivilprozessrecht, § 28 II 4.

600 Zöller/*Greger*, ZPO, Rdnr. 8 und zu den Fristen im einzelnen Rdnr. 8c.

601 Zöller/*Gummer/Heßler*, ZPO, § 530, Rdnr. 1.

602 BT-Drucks. 14/4722, in: *Rimmelspacher*, Zivilprozessreform 2002, S. 182 f.

603 BT-Drucks. 14/4722, in: *Rimmelspacher*, Zivilprozessreform 2002, S. 183. In der Praxis hat sich das gesetzgeberische Konzept bislang jedoch nicht durchgesetzt, da der BGH die ohnehin geringen Anforderungen des § 531 II ZPO nochmals vermindert hat: Nach Ansicht des BGH ist das Berufungsgericht nicht an verfahrensfehlerfrei gewonnene Beweisergebnisse des erstinstanzlichen Gerichtes gebunden, wenn es sie anders würdigen will (BGH, NJW 2005, S. 1583 ff.; BGH, NJW 2004, S. 2751 ff.). Vgl. zu dieser Problematik eingehend. 2. Teil B II 2 c aa (1).

604 *Grunsky*, JZ 1977, S. 201 (201) „gigantische Aufblähung des Prozessstoffes"; Vgl. auch *Jauernig*, Zivilprozessrecht, § 28 III.

noch lassen die Reformen erkennen, dass seit Entstehen der ZPO im Jahre 1877 eine deutliche Hinwendung zur Eventualmaxime erfolgt ist.[605]

(2) Restriktive Anwendung der Präklusionsvorschriften in Hinblick auf Art. 103 I GG

Da § 296 ZPO das Gericht ermächtigt, Parteivorbringen zurückzuweisen, kollidiert er mit dem Anspruch auf rechtliches Gehör.[606] Seit Verschärfung der Präklusionsmöglichkeiten im Jahre 1977 musste das Bundesverfassungsgericht deshalb wiederholt die Frage der Verfassungsmäßigkeit der Präklusionsvorschriften beantworten.[607] Es hielt die Präklusionsvorschriften für verfassungsgemäß, soweit es sich um Vorbringen handelt, das eine Partei bereits früher in den Prozess hätte einbringen können, es jedoch aus von ihr zu vertretenden Gründen nicht getan hat.[608]
Jedoch führt nach der Rechtsprechung des Bundesverfassungsgerichtes eine fehlerhafte Anwendung der Präklusionsvorschriften zu einem Verstoß gegen Art. 103 I GG.[609] In Hinblick auf die Auslegung des § 296 II ZPO hat das Bundesverfassungsgericht darüber hinaus die Anforderungen an das Vorliegen einer „Verzögerung" konkretisiert: Verfassungsgemäß sei es, das Vorliegen einer Verzögerung daran zu messen, ob bei Zulassung des Vorbringens der Rechtsstreit länger dauern würde als im Falle seiner Nichtzulassung (absoluter Verzögerungsbegriff).[610] Damit muss das Gericht grundsätzlich nicht prüfen, ob der Rechtsstreit bei Berücksichtigung des verspäteten Vorbringens tatsächlich länger dauern würde als bei rechtzeitigem Vorbringen (relativer Verzögerungsbegriff). Letztere Auslegung würde zwar zu gerechteren Ergebnissen führen, die hypothetische Prüfung kann allerdings Schwierigkeiten bereiten.[611] Gemildert werden die Auswirkungen des absoluten Verzögerungsbegriffes indes dadurch, dass nach Ansicht des Bundesverfassungsgerichtes für die Bestimmung der Verzögerung dann auf den hypothetischen Prozessverlauf abzustellen ist, wenn er „ohne jeden Aufwand" erkennbar ist.[612]

---

605 *Jauernig*, Zivilprozessrecht, § 28 III 2.
606 *Waldner*, Der Anspruch auf rechtliches Gehör, Rdnr. 263; *ders.*, NJW 1984, S. 2925 ff.; Zöller/*Greger*, ZPO, § 296 Rdnr. 2.
607 *Waldner*, NJW 1984, S. 2925 (2925) mit umfangreichen Nachweisen auf die verfassungsgerichtliche Rechtsprechung.
608 BVerfGE 81, 264 (273), BVerfG, NJW 2000, S. 945 (946).
609 Ständige Rechtsprechung: Vgl. BVerfG, NJW 2000, S. 945 (946) m.w.N.
610 BVerfG, NJW 1991, S. 2275; BVerfGE 75, 302 (315 ff.).
611 *Rosenberg/Schwab/Gottwald*, Zivilprozessrecht, § 68 Rdnr. 31.
612 BVerfGE 75, 302 (316 f.).

Findet der absolute Verzögerungsbegriff Anwendung, darf kein Fehlverhalten Dritter oder des Gerichts die Verzögerung mitverursacht haben.[613]
Diese verfassungsgerichtliche Rechtsprechung hat dazu geführt, dass das Gericht selbst eine große Mitverantwortung für eine zügige Prozessführung trägt. Aus diesem Grund werden die Präklusionsvorschriften in der Praxis eher zurückhaltend angewendet.[614] Damit kann das Instrumentarium der Präklusion zwar zu einer Beschleunigung des Prozesses führen, das Bundesverfassungsgericht hat jedoch in Hinblick auf Art. 103 I GG enge Grenzen gesteckt und betrachtet § 296 ZPO als Ausnahmevorschrift.

bb) Die Ausweitung der Präklusion durch die LEC/2000

Die Präklusion dient auch im spanischen Zivilprozess als Mittel der Verfahrensbeschleunigung und wird in Zusammenhang mit Art. 24.2 CE gestellt, wonach ungebührliche Verzögerungen zu vermeiden sind.[615] Bereits die LEC/1881 enthielt Präklusionsvorschriften, die nach Erlass der spanischen Verfassung im Jahre 1984 durch die dringende Reform des Zivilprozesses (RULEC) verschärft wurden: Art. 306 LEC/1881 sah von diesem Zeitpunkt an vor, dass nach Ablauf der gesetzlichen Fristen Präklusion eintritt – eine Regelung, die weitgehend § 296 I ZPO entspricht.[616]
Die LEC/2000 setzt diese Tradition des spanischen Zivilprozesses fort und baut sie aus:[617] Art. 136 LEC/2000 gilt für die Präklusion bei Ablauf von Fristen. Er gibt weitgehend Art. 306 LEC/1881 wieder und stellt damit keine Neuerung dar.[618] Verschärfung erfährt die Präklusion im neuen Zivilprozess indes durch die Neuregelung der Fristen: Sie sollen so lange wie nötig und so kurz wie möglich sein. Dadurch soll das Recht auf einen Prozess mit allen Garantien im Sinne des Art. 24 CE in Ausgleich gebracht werden mit dem Recht auf einen Prozess ohne ungebührliche Verzögerungen.[619] Soweit nach Ablauf der Fristen neue Tatsachen auftreten, können diese gem. Art. 286.1 LEC/2000 geltend gemacht werden, bis die Frist zur Urteilsverkündung verstrichen ist (vgl. etwa Art. 435/447 LEC/2000).

---

613 BVerfG, NJW 1992, S. 680; BVerfGE 81, 264 (273 f.); 75, 302 (316 f.).
614 *Roth*, in: Prozessrecht an der Jahrtausendwende, S. 181 (229).
615 *Riba Trepat*, La eficacia temporal, S. 186 ff.
616 *Riba Trepat*, La eficacia temporal, S. 190.
617 *Ortells Ramos*, ZZPInt 2000, S. 96 (103 ff.).
618 *Cordon Moreno/Muerza Esparza*, Comentarios, Art. 136 II; *León Tirado*, Actualidad Civil 2001 – 3; S. 797 (809).
619 Exposición de Motivos, LEC/2000, Abs. IX.

Eine Neuheit im spanischen Zivilprozess stellt die Präklusionsvorschrift des Art. 400 LEC/2000 dar.[620] Im spanischen Recht gab es bis dahin keine Verpflichtung, in einem Prozess alle Tatsachen und rechtlichen Begründungen vorzutragen, auf die sich der Anspruch stützt.[621] Damit konnte der Kläger, wenn er unterlag, in späteren Prozessen Ansprüche geltend machen, indem er sich auf Tatsachen und Rechtsausführungen stützte, die er im ersten Prozess nicht vorgebracht hatte.[622] Um die Zahl der Verhandlungen insgesamt zu verringern, sieht Art. 400.1 LEC/2000 nun vor, dass der Kläger alle Tatsachen und rechtlichen Gesichtspunkte, auf die sich die Forderung stützen kann, rechtzeitig vorbringen muss, wenn sie bereits entstanden sind und er Kenntnis davon hatte. Er kann sie nicht für einen späteren Prozess aufsparen. Art. 400.3 LEC/2000 unterstreicht dieses Ergebnis: Allen rechtlichen Ausführungen und Tatsachen, die bereits in einem vorangegangenen Prozess hätten geltend gemacht werden konnten, steht in einem nachfolgenden Prozess die Rechtskraft entgegen.[623] Diese Regelung entspricht weitgehend der Rechtskrafterstreckung im deutschen Prozess, die sich aus dem der Klage zugrunde liegenden Streitgegenstand ergibt: Bei Leistungsklagen ist für den Umfang des Streitgegenstands der Klageantrag in Zusammenschau mit dem Lebenssachverhalt maßgeblich. Den Lebenssachverhalt bilden diejenigen Tatsachen eines natürlichen Lebensvorgangs, die ganz oder teilweise den gesetzlichen Tatbestand solcher Anspruchsnormen ausfüllen, aus denen das im Antrag behauptete Recht abgeleitet werden kann.[624] Handelt es sich in einem zweiten Prozess um denselben Streitgegenstand, dann bindet in Deutschland die Rechtskraft des ersten Prozesses.

c) Die Berufung vor dem Hintergrund des Beschleunigungsgrundsatzes

aa) Beschränkungen des Prozessstoffs im Berufungsverfahren

(1) Deutschland

Die ZPO-Reform des Jahres 2001 zielte darauf ab, die Eingangsinstanz zu stärken und die Berufungsinstanz vornehmlich zu einem Instrument der Fehlerkontrolle und – beseitigung umzugestalten.[625] Dies bedeutet, dass die Berufung kei-

---

[620] Vgl. ausführlich zur Art. 400 *Luis Serrera*, Revista de Derecho procesal 2003, S. 451 (454 ff.).

[621] *León Tirado*, Actualidad Civil 2001 – 3; S. 797 (810).

[622] *Ortells Ramos*, ZZPInt 2000, S. 96 (104).

[623] *Ortells Ramos*, ZZPInt 2000, S. 96 (104).

[624] Zöller/*Vollkommer*, ZPO, Vor § 322, Rdnr. 30.

[625] BT-Drucks. 14/4722, S. 61.

ne volle zweite Tatsacheninstanz mehr ist. Rechtsstreitigkeiten sollen umfassend und möglichst endgültig bereits durch die erstinstanzlichen Gerichte gelöst werden. Um dieses Ziel zu verwirklichen, verschärfte die ZPO-Reform - wie bereits im vorangegangen Abschnitt erläutert - die Präklusionsvorschriften im Berufungsverfahren: Nach § 531 II ZPO ist das Berufungsgericht an die fehlerfrei gewonnenen Erkenntnisse des Erstgerichts gebunden. Nur soweit konkrete Anhaltspunkte Zweifel an der Richtigkeit oder Vollständigkeit der entscheidungserheblichen Feststellungen begründen, muss eine erneute Feststellung des Tatsachenstoffs stattfinden (vgl. § 529 I Nr. 1 ZPO). Die Konzentration des Prüfungsumfangs in der zweiten Instanz soll zu einer Beschleunigung des Prozesses führen.[626]

Das Bundesverfassungsgericht[627] und der Bundesgerichtshof[628] jedoch haben die Beschränkungen des Prüfungsstoffes in der zweiten Instanz in erheblichem Umfang aufgeweicht und dadurch die Intention des Gesetzgebers unterlaufen.[629] So ist das Bundesverfassungsgericht der Auffassung, dass das Berufungsgericht zwar grundsätzlich an die Tatsachenfeststellungen des ersten Rechtszuges gebunden sei.[630] Zweifel an der Richtigkeit und Vollständigkeit entscheidungserheblicher Feststellungen könnten sich jedoch schon aus der Möglichkeit einer unterschiedlichen Wertung durch das Berufungsgericht ergeben. In diesem Fall sei eine erneute Beweisaufnahme geboten. Und auch der BGH hat seit Bestehen der reformierten ZPO die Beschränkungen des Prüfungsstoffes in der zweiten Instanz verwässert. So ist das Berufungsgericht auch nach Ansicht des BGH nicht an verfahrensfehlerfrei gewonnene Beweisergebnisse des erstinstanzlichen Gerichtes gebunden, wenn es sie anders würdigen will.[631]

Damit kann nach höchstrichterlicher Rechtsprechung schon die bloße Möglichkeit einer abweichenden Beweiswürdigung die Tatsachenbindung beseitigen. Das Berufungsgericht kann dann eine erneute Beweisaufnahme durchführen um eventuelle Anhaltspunkte für Zweifel zu gewinnen. Dies führt dazu, dass die Berufung trotz der Zivilprozessreform ihren Charakter als zweite Tatsacheninstanz weitgehend beibehalten hat.[632] Das Ziel der Verfahrensbeschleunigung durch Beschränkung des Prozessstoffs dürfte damit in der Praxis nicht erreicht werden.

---

626 *Däubler-Gmelin*, ZRP 2000, S. 33 (37).
627 BVerfG, NJW 2003, S. 2524 f.
628 BGH, NJW 2005, S. 1583 ff.; BGH, NJW 2004, S. 2751 ff.
629 *Greger*, JZ 2004, S. 805 (812 f.); *Gottwald*, Reform der ZPO aus Sicht der Wissenschaft, in: Verhandlungen des 65. deutschen Juristentages 2004, Bd. II/1, M12.
630 BVerfG, NJW 2003, S. 2524 f.
631 BGH, NJW 2005, S. 1583 ff.; BGH, NJW 2004, S. 2751 ff.
632 *Greger*, JZ 2004, S. 805 (812).

(2) Spanien

Auch im spanischen Prozessrecht dient die Berufung ausschließlich der Rechts- und Fehlerkontrolle des erstinstanzlichen Urteils. Der Reformgesetzgeber der LEC/2000 behält damit die in Spanien seit Jahrhunderten bestehende Tradition bei, dass die Berufung keinen neuen Prozess eröffnet.[633] Dies bedeutet allerdings nicht, dass sich das Berufungsgericht einzig auf die im erstinstanzlichen Verfahren gewonnen Erkenntnisse stützt. Die LEC/2000 regelt abschließend, in welchem Umfang neue Beweismittel in den Prozess eingebracht werden dürfen und eine neue Beweisaufnahme stattfinden darf. Nach Art. 460 II LEC/2000 ist dies der Fall, wenn das erstinstanzliche Gericht Beweise zu Unrecht abgelehnt hat und dagegen Einspruch eingelegt wurde. Außerdem kann Beweis über solche entscheidungserheblichen Tatsachen erhoben werden, die erst nach Erlass des erstinstanzlichen Urteils entstanden sind. Eine weitere Möglichkeit zur Erhebung neuer Beweise besteht dann, wenn das erstinstanzliche Gericht ein Versäumnisurteil erlassen hat und die säumige Partei unverschuldet versäumt hat, ihre Beweismittel anzubieten. Die erneute Erhebung von Beweisen ist damit an strenge Voraussetzungen geknüpft und ist im Berufungsverfahren die absolute Ausnahme.[634] Die abschließende Regelung steht im Gegensatz zum deutschen Recht, wo nach § 529 I Nr. 1 ZPO bereits Zweifel an der Richtigkeit oder Vollständigkeit der entscheidungserheblichen Feststellungen zu einer erneuten Beweisaufnahme führen können. Die Vorschrift des § 529 I Nr. 1 ZPO lädt aufgrund ihrer weiten Formulierung geradezu dazu ein, in hohem Maße die Erhebung neuer Beweise zuzulassen, um dadurch Fehlentscheidungen zu vermeiden.

bb) Der Zugang zur Berufung

(1) Deutschland

Auch das neu gestaltete Annahmeverfahren für Berufungen soll einer „beschleunigten und Kosten sparenden Behandlung aussichtsloser Berufungen“ dienen.[635] Nach § 522 II ZPO weist das Berufungsgericht die Berufung durch einstimmigen Beschluss unverzüglich zurück, wenn die Berufung keine Aussicht auf Erfolg hat, die Rechtssache keine grundsätzliche Bedeutung hat und nicht die Fortbildung des Rechts oder der Sicherung einer einheitlichen Rechtsprechung die Entscheidung des Berufungsgericht erfordert. Intention des Re-

---

[633] *Oliva Santos/Díez-Picazo-Giménez*, Derecho procesal civil, S. 444; Exposición de Motivos de la LEC/2000, Abs. XIII.
[634] *Montero Aroca*, Derecho jurisdiccional II, S. 438.
[635] *Däubler-Gmelin*, ZRP 2000, S. 33 (37).

formgesetzgebers ist es, den Gläubiger davor zu schützen, dass Berufung nur mit dem Ziel der Vollstreckungsverzögerungen eingelegt wird. Im zuvor geltenden Recht musste über jede zulässige Berufung mündlich verhandelt werden. Dies konnte zu einer Rechtsvereitelung zu Lasten des Gläubigers führen, der die Sicherheitsleistung für das vorläufig vollstreckbare erstinstanzliche Urteil nicht aufbringen konnte.[636] Vor diesem Hintergrund sollen erfolgslose Berufungen unverzüglich und ohne mündliche Verhandlungen zurückgewiesen werden. Konsequenterweise ist dieser Beschluss gem. § 522 III ZPO nicht anfechtbar, um den verfahrensbeschleunigenden Effekt und die schnellere Rechtskraft der erstinstanzlichen Entscheidung nicht zu gefährden.[637]

Diese Beschränkung des Zugangs zur Berufungsinstanz mit dem Ziel der Verfahrensbeschleunigung führt dazu, dass die Rechte der unterlegenen Partei beschnitten werden. Damit zeichnet sich hinter der Beschränkung eine Grundrechtskollision ab, die das Bundesverfassungsgericht bereits wegen Verstoßes gegen das Recht auf effektiven Rechtsschutz überprüfte. Die Karlsruher Richter sahen jedoch in § 522 III ZPO keine Verletzung des Grundgesetzes.[638] Die Verfassung gewährleiste keinen Anspruch auf ein Rechtsmittel, sondern es liege in der Gestaltungsfreiheit des Gesetzgebers, Rechtsmittel vorzusehen.[639] Die Unanfechtbarkeit des Zurückweisungsbeschlusses sei verfassungsgemäß. Sie billigten die Regelung des § 522 III ZPO damit im Grundsatz.

Allerdings zogen die Verfassungsrichter dem sich in § 522 II ZPO widerspiegelnden verfassungsrechtlichen Grundsatz, strittige Rechtsverhältnisse in angemessener Zeit zu klären, auch Grenzen: Mit der Verfassungsbeschwerde hatten die Beschwerdeführer die Zurückweisung ihrer Berufung nach § 522 II ZPO wegen Verletzung ihres Rechtes auf effektiven Rechtsschutzes aus Art. 2 I GG i.V.m. dem Art. 20 III GG gerügt.[640] Die Berufung der Beschwerdeführer war zurückgewiesen worden, obwohl aufgrund einer Pressemitteilung bekannt war, dass die vom Berufungsgericht zugrunde gelegte Rechtsauffassung des XI. Zivilsenats des BGH vom II. Zivilsenat nicht geteilt wurde. Anstatt die Veröffentlichung der Entscheidung des II. Zivilsenates abzuwarten, wies das Berufungsgericht die Berufung unverzüglich zurück. Der II. Zivilsenat bestätigte in der

---

[636] BT-Drucks. 14/4722, S. 60.

[637] BT-Drucks. 14/4722, S. 62.

[638] BVerfG, NJW 2003, S. 281; BVerfG, ZIP 2005, S. 1293 ff.

[639] a.A. *Lindner*, ZIP 2003, S. 192 (199), der in § 522 II ZPO eine Regelung des Zugangs zur Revision erblickt und sie an den Grundsätzen messen will, die das BVerfG für den Zugang zur Revision in BVerfGE 54, 277 aufstellte. In dieser Entscheidung stellte das Bundesverfassungsgericht klar, dass dem Revisionsgericht kein Ablehnungsermessen zusteht, um seine Arbeitsbelastung selbst zu steuern. *Lindner* (aaO) geht indes davon aus, dass die Vorschrift des § 522 II ZPO und die Unanfechtbarkeit des Beschlusses das Berufungsgericht dazu verleiten könnte, seine Arbeitsbelastung zu verringern.

[640] BVerfG, ZIP 2005, S. 1293 ff.

Entscheidung seine von der Rechtsprechung des XI. Zivilsenats abweichende Meinung. Das Berufungsgericht wäre zwar inhaltlich nicht an die Entscheidung des II. Zivilsenats gebunden gewesen und hätte die Berufung des Beschwerdeführers als unbegründet abweisen können. Nach Ansicht des Bundesverfassungsgerichtes allerdings hat das Berufungsgericht verkannt, dass die Rechtssache aufgrund der divergierenden Rechtsprechung der Zivilsenate des BGH grundsätzliche Bedeutung hatte, die nicht durch unanfechtbare Zurückweisung der Berufung der höchstrichterlichen Klärung hätte entzogen werden dürfen. Dies gelte umso mehr, als das Urteil des II. Zivilsenates unmittelbar bevorgestanden habe und die „zu erwartende Verzögerung so geringfügig war, dass sie im Hinblick auf die Bedeutung der Sache keine relevante Beeinträchtigung des Rechtsstaatsprinzips bedeute“[641].
Inzwischen entschärft auch das Anhörungsrügegesetz[642] die Brisanz der Unanfechtbarkeit des Zurückweisungsbeschlusses: War die Gehörsrüge nach § 321 a ZPO zunächst nur bei Gehörsverletzung in erstinstanzlichen unanfechtbaren Entscheidungen anwendbar, so erstreckt sich ihr Anwendungsbereich seit dem 1.1.2005 auf alle unanfechtbaren Entscheidungen. Diese Erweiterung des Rechtsschutzes zielt nach dem ausdrücklichen Willen des Gesetzgebers insbesondere auch auf die Zurückweisungsbeschlüsse nach § 522 ZPO ab.[643] Erfüllt werden soll dadurch das Postulat des Bundesverfassungsgerichts, wonach bei Verletzung des rechtlichen Gehörs eine fachgerichtliche Überprüfungsmöglichkeit für alle unanfechtbaren Entscheidungen bestehen muss.[644] Dies soll zu einer Entlastung des Bundesverfassungsgerichtes führen.[645]
Deutlich wird an den Entwicklungen in Rechtsprechung und Gesetzgebung, dass Maßnahmen zur Beschleunigung des Verfahrens immer auch damit einhergehen, die Balance zu anderen prozessualen Menschenrechtsstandards wie dem Anspruch auf rechtliches Gehör oder dem Recht auf effektiven Rechtsschutz herzustellen. Diese Austarierung der verschiedenen Grundrechtspositionen durch Legislative und Judikative stellt einen Prozess der Konstitutionalisierung des Zivilprozessrechts dar.

(2) Spanien

Das neue spanische Zivilprozessrecht beschränkt - im Gegensatz zum deutschen Recht - den Zugang zur Berufung nicht. Dies bedeutet, dass alle erstinstanzli-

641 BVerfG, ZIP 2005, S. 1293 ff.
642 BGBl. I 2004, S. 3220; BT-Drucks. 15/3706.
643 BT-Drucks. 15/3706, S. 15.
644 BVerfGE 107, 395 (416 ff.).
645 Vgl. 2. Teil B III 1.

chen Entscheidungen unabhängig von ihrem Streitwert oder dem Vorliegen bestimmter Zulassungsgründe berufungsfähig sind.[646] Die Möglichkeit der Berufung besteht sowohl gegen Urteile als auch gegen endgültige Beschlüsse (vgl. Art. 455 I LEC/2000). Die LEC/2000 begrenzt einzig die Möglichkeit, gegen prozessleitende Entscheidungen ohne verfahrensbeendende Wirkung selbständig Berufung einzulegen.[647] Nach LEC/1881 war auch gegen diese Zwischenentscheidungen des Gerichtes die Berufung möglich, was zu erheblichen Verfahrensverzögerungen führte.[648] Die LEC/2000 sieht gegen diese Zwischenentscheidungen nun lediglich die Möglichkeit des Einspruchs vor, für den der iudex a quo zuständig ist. Insbesondere diese Neuerung im Rahmen des Zugangs zur Berufung soll zu einer Beschleunigung des Prozesses führen.
Für die Einlegung der Berufung ist das Gericht zuständig, das die angefochtene Entscheidung erlassen hat (vgl. Art. 457.1 LEC/2000). Lässt das erstinstanzliche Gericht die Berufung nicht zu, ist gegen diese Entscheidung gem. Art. 457.4 LEC/2000 die Beschwerde vor dem Berufungsgericht möglich. Eine dem § 522 ZPO entsprechende Vorschrift existiert damit im spanischen Recht nicht. Als Korrektiv zur Steuerung des Zugangs zur Berufungsinstanz dient allerdings das System der vorläufigen Vollstreckbarkeit.[649] Da alle erstinstanzlichen Urteile ohne Sicherheitsleistung vorläufig vollstreckbar sind, entfällt der Anreiz, Berufungen allein mit dem Ziel der Vollstreckungsverzögerung einzulegen.[650]

d) Revision und Kassation

aa) Die Revision im neuen deutschen Zivilprozess

Die Reform des Rechtsmittelrechts in Deutschland zielte darauf ab, eine Funktionsdifferenzierung der einzelnen Instanzen herbeizuführen. In Hinblick auf den Zugang zur Revision bedeutet dies, dass der Gesetzgeber das Mischsystem zwischen Streitwert- und Zulassungsrevision abschaffte und durch eine reine Zulassungsrevision ersetzte.[651] Dies sollte zum einen dazu führen, dass der Zugang zur Revision durch den Verzicht auf Streitwertgrenzen auch dem „kleinen Mann"[652]

---

646 *Richard González*, RDP 1999 (Nr. 2), S. 395 (400).
647 Exposición de Motivos de la LEC/2000, Abs. XIII.
648 *Ortells Ramos*, ZZPInt 5 (2000), S. 95 (108 f.); *Oliva Santos/Díez-Picazo Giménez*, Derecho procesal civil, S. 14.
649 Vgl. zur vorläufigen Vollstreckbarkeit 2. Teil C III 2 b.
650 *Oliva Santos/Diéz-Picazo Giménez*, Derecho procesal civil, S. 15.
651 Zu beachten ist in diesem Zusammenhang die Übergangsvorschrift des § 26 Nr. 8 EGZPO.
652 Auch für berufungsfähige Urteile des Amtsgerichts ist der Zugang zur Revision durch die ZPO-Reform eröffnet worden.

eröffnet ist. Zum anderen wollte man durch die Reform erreichen, dass die Rechtsprechungsressourcen des BGH nicht durch Rechtsstreitigkeiten erschöpft werden, die keine grundsätzliche Bedeutung haben und nicht im Interesse der Allgemeinheit liegen. Das vorher geltende Recht verwirklichte dieses Ziel nur bedingt, was zu einer Überlastung des BGH führte. War der Streitwert von 60.000 DM erreicht, so konnte die Revision als so genannte Wertrevision auch ohne Zulassung eingelegt werden. Der BGH konnte die Revision in diesen Fällen zwar gem. § 554 b ZPO a.F. ablehnen, wenn sie keine grundsätzliche Bedeutung hatte. Allerdings galt dies nach der Rechtsprechung des Bundesverfassungsgerichtes entgegen dem Wortlaut der Vorschrift nicht, wenn die Revision Aussicht auf Erfolg hatte.[653] Dies führte dazu, dass die „Arbeitskraft der Zivilsenate des Bundesgerichtshofs zu weit mehr als 80 % von Revisionen gebunden war, die weder rechtsgrundsätzliche Bedeutung hatten noch einen durchgreifenden Rechtsfehler des angefochtenen Urteils aufzeigten".[654] Der Reformgesetzgeber befürchtete, dass diese Situation zu einer „Blockade der höchstrichterlichen Rechtsprechung" führen könnte.[655]

Um diesem Misstand abzuhelfen, gestaltete der Gesetzgeber im Jahre 2001 den Zugang zur Revision vollkommen neu. Nach § 543 II ZPO n. F. muss das Berufungsgericht die Revision unabhängig vom Streitwert zulassen, wenn die Rechtssache grundsätzliche Bedeutung hat oder die Fortbildung des Rechts oder die Sicherung einer einheitlichen Rechtsprechung eine Entscheidung des Revisionsgerichts erfordert.[656] Dadurch soll erreicht werden, dass der BGH seine Ressourcen als Revisionsgericht optimal ausschöpft und ausschließlich Rechtsstreitigkeiten, deren Entscheidung Auswirkung auf die Allgemeinheit hat, vor den BGH gelangen.[657] Dies soll nicht zuletzt auch zu einer Beschleunigung des Zi-

---

[653] BVerfGE 54, 277.

[654] BT-Drucks. 14/4722, S. 65. Die Zahl der am Jahresende unerledigten Revisionen stieg zwischen 1980 und 1999 von 2175 auf 4101 an. Von 1992 bis 1999 stieg der Geschäftsanfall um 52, 6 %. Dies war insbesondere auf die Wertrevisionen zurückzuführen.

[655] BT-Drucks. 14/4722, S. 66.

[656] Gegen die Nichtzulassung der Revision kann Beschwerde eingelegt werden. Die Einführung dieser Beschwerde erweitert die Rechtsschutzmöglichkeiten, da vor der ZPO-Reform die Nichtzulassung der Revision nicht anfechtbar war. Der BGH soll dadurch in die Lage versetzt werden, einheitliche Richtlinien für das Vorliegen der Zulassungsgründe herauszubilden (vgl. *Hannich/Meyer-Seitz*, ZPO-Reform 2002, Vor § 542, Rdnr. 3.).

[657] BT-Drucks. 14/4722, S. 66 – dem Revisionsgericht soll eine „maximale Wirkungsbreite" gesichert werden. Teilweise wird kritisiert, dass das Revisionsrecht gegen die Grundsatzentscheidung des Bundesverfassungsgerichtes verstoße, wonach das Revisionsgericht keine Revisionen, die Aussicht auf Erfolg hatten, gem. § 554 b ZPO a.F. zur Selbststeuerung der Arbeitsbelastung ablehnen durfte (*Fischer*, AnwBl. 2002, S. 139 (141 f.)). Allerdings ist diese Rechtsprechung nicht auf das neue Revisionsrecht übertragbar. Denn das Bundesverfassungsgericht befürchtete, dass es bei Anwendung des § 554 b ZPO a. F. zu willkürlichen Entschei-

vilprozesses führen, da eine Vielzahl von Fällen nicht mehr revisibel ist und Berufungsurteile aufgrund dessen schneller in Rechtskraft erwachsen. Insofern fand die Umsetzung des verfassungsrechtlichen Beschleunigungsgebotes auch ihren Niederschlag in der Reform des Revisionsrechtes.
Zwar hat der beschriebene Systemwechsel der Zulassungskriterien zu einem Rückgang der eingelegten Revisionen um 20 % geführt. Kritisiert wird jedoch, dass es seit der Reform zu einer Verdrängung der wirtschaftlich bedeutenden Rechtsstreitigkeiten durch „Bagatellfälle des Alltagsrechts" gekommen sei.[658] Als Hauptursachen dafür gelten die Befugnis der Landgerichte, Revisionen zum BGH zuzulassen, sowie das Fehlen jeglicher Streitwertgrenzen.[659] Allerdings ist dieses Ergebnis beabsichtigt, da ausweislich der Gesetzesbegründung Rechtsstreitigkeiten unabhängig von ihrem Streitwert revisibel sein sollten.[660]

bb) Die Kassation im neuen spanischen Zivilprozess

Auch der spanische Gesetzgeber zielte durch Schaffung eines vollkommen neuen Rechtsmittelsystems darauf ab, die Ziviljustiz insgesamt zu entlasten und dadurch eine schnellere Erledigung von Rechtsstreitigkeiten herbeizuführen. Das neue spanische Zivilprozessrecht verließ zu diesem Zweck herkömmliche Wege und führte umfassende Neuerungen in Hinblick auf die Rechtsmittel ein, die nach der Berufung zulässig sind.[661] Dadurch sollte eine deutliche Entlastung der höchsten Gerichte herbeigeführt werden. Insbesondere in Hinblick auf den Zugang zur Kassation hält es der Gesetzgeber nicht für erforderlich, dass jede Rechtsstreitigkeit revisibel ist.[662] Drei Zielsetzungen waren bei Schaffung der LEC/2000 für die Neugestaltung der Kassation ausschlaggebend: Keiner Materie des Handels- und Zivilrechtes sollte der Zugang zur Kassation grundsätzlich verwehrt werden, rein prozessuale Fragestellungen sollten aus der Kassation ausgeklammert werden und Aufgabe der Kassation sollte die Vereinheitlichung

---

dungen kommen könne, wenn der BGH sein Ermessen zur Steuerung der Arbeitsbelastung einsetze. Daneben stellte das Bundesverfassungsgericht allerdings klar, dass es grundsätzlich Sache des Gesetzgebers sei, den Instanzenzug auszugestalten. Damit obliegt es auch dem Gesetzgeber, eine reine Zulassungsrevision einzurichten und diese insbesondere am Allgemeininteresse und weniger am Prinzip der Einzelfallgerechtigkeit zu orientieren.

658 *Büttner*, Eine Wirkungskontrolle des neuen Revisionsrechts, in: Verhandlungen des 65. Deutschen Juristentages 2004, Bd. II/1, M 29.

659 *Büttner*, aaO, M 29.

660 *Gottwald*, Die Reform der ZPO aus Sicht der Wissenschaft, in: Verhandlungen des 65. Deutschen Juristentages 2004, Bd. II/1, M 9 (M 10).

661 *Oliva Santos/Díez-Picazo Giménez*, Derecho procesal civil, S. 15.

662 Exposición de Motivos, Abs. XIV.

divergierender Rechtsprechung sein.[663] Damit sind nicht mehr wie nach zuvor geltendem Recht ausschließlich der wirtschaftliche Wert oder das Rechtsgebiet maßgeblich für die Eröffnung der Kassationsinstanz.[664] Nach Art. 477 Abs. 2 Nr. 1 LEC/2000 ist die Revision gegen Berufungsurteile der Audiencias Provinciales zulässig, wenn es sich um Urteile handelt, die dem Schutz anderer Grundrechte als des Anspruchs auf effektiven Rechtsschutz aus Art. 24 CE dienen. Zum anderen sind Urteile revisibel, wenn der Streitwert 50000, - € übersteigt. Darüber hinaus führt die LEC/2000 den Kassationsgrund des Kassationsinteresses ein (interés casacional). Dieses Interesse besteht gem. Art. 477 Abs. 3 LEC/2000, wenn das Berufungsurteil der Rechtsprechung des Tribunal Supremo widerspricht oder divergierende Rechtsprechung anderer Audiencias Provinciales in der Rechtsfrage existiert.

Um den Tribunal Supremo zu entlasten, hat der Gesetzgeber rein prozessuale Fragestellungen aus der Kassation ausgenommen – sie ist ausschließlich beschränkt auf die Verletzung des materiellen Rechts.[665] Nach Art. 469 Abs. 1 LEC/2000 kann der „recurso extraordinario por infracción procesal" (außerordentliches Rechtsmittel wegen prozessualer Verstöße) vor den Tribunales Superiores de Justicia (Obergerichte)[666] eingelegt werden, wenn ein Verstoß gegen rein prozessrechtliche Vorschriften vorliegt.[667] Daneben kann dieses außerordentliche Rechtsmittel eingelegt werden, wenn ein Verstoß gegen das Recht auf effektiven Rechtsschutz in Frage steht (Art. 469 Abs. 1 Nr. 4 LEC/2000). Zwischen Kassation und „recurso por infracción procesal" besteht Alternativität. Dies bedeutet, dass nur eines der Rechtsmittel gleichzeitig eingelegt werden kann.[668] Hat sich der Rechtssuchende für das außerordentliche Rechtsmittel wegen prozessualer Verstöße entschieden und bleibt dieses ohne Erfolg, kann er anschließend nicht wegen Verstoßes gegen das materielle Recht Kassation einlegen (Art. 476 Nr. 4 LEC/2000). Bei gleichzeitiger Einlegung von Kassation und „recurso extraordinario por infracción procesal" ist die Kassation unzulässig

---

[663] Exposición de Motivos, Abs. XIV.

[664] *Ortells Ramos*, ZZPInt 2000, S. 95 (113). Nach Art. 1687 LEC/1881 war die Revision statthaft bei Verfahren höheren Streitwerts (mayor cuantia). Handelte es sich um ein Verfahren geringen Streitwerts (menor cuantia) so war sie statthaft, wenn der Streitwert über 6 Millionen Pesetas lag (ca. 36000 €). Des Weiteren war die Revision etwa statthaft in Kindschaftssachen oder bei Zwangsräumungen. (Vgl. zum Verfahren geringen und höheren Streitwerts nach LEC/1881 auch im 2. Teil B I 3 a).

[665] *Ortells Ramos*, ZZPInt 5 (2000), S. 95 (111).

[666] Jede autonome Region hat ein Tribunal Superior de Justicia gem. Art. 34 LOPJ. Damit existieren in Spanien 17 Tribunales Superiores de Justicia.

[667] Art. 477 Abs. 1 Nr. 1 und 2 erfassen Verstöße gegen Vorschriften über die Gerichtsbarkeit, die sachliche und die funktionale Zuständigkeit, sowie Verstöße gegen prozessuale Normen, die das Urteil regeln.

[668] *Oliva Santos/Díez-Picazo Giménez*, Derecho procesal civil, S. 15 f.

(Art. 466.2 LEC). Um dennoch eine einheitliche Anwendung der LEC/2000 zu gewährleisten, kann bei divergierender Rechtsprechung der Tribunales Superiores de Justicia die Staatsanwaltschaft als Oberbehörde oder der Ombudsmann das Rechtsmittel im Interesse des Gesetzes („recurso en interés de la ley", Art. 490 ff. LEC/2000) einlegen. Ziel dieses Rechtsbehelfes ist es, dass der Tribunal Supremo eine einheitliche Rechtsprechung auch in prozessualen Fragen schaffen kann, da aufgrund der Anzahl der Tribunales Superiores de Justicia divergierende Rechtsprechung entstehen kann.[669] Ingesamt verspricht man sich von dieser umfassenden Erneuerung des Rechtsmittelsystems eine deutliche Entlastung des Tribunal Supremo und damit nicht zuletzt auch eine effektivere Bearbeitung der anhängigen Verfahren.[670]

3. Resümee

Die Verankerung des Beschleunigungsgrundsatzes in den Verfassungen Spaniens und Deutschlands sowie der EMRK hat ihren Niederschlag auch in den jüngsten Zivilprozessreformen beider Länder gefunden. In Hinblick auf den Gang des Verfahrens gehen beide Länder ähnliche Wege, um eine Konzentration des Prozesses zu erreichen. Beide Zivilprozessordnungen sehen die Durchführung eines Vorverfahrens vor, in dem die Hauptverhandlung umfassend vorbereitet werden soll, damit der Rechtsstreit zügig erledigt werden kann. Überdies setzt man darauf, möglichst früh eine gütliche Einigung zwischen den Parteien zu erzielen. Auch die Verschärfung der Präklusion in beiden Ländern soll der Beschleunigung des Zivilprozesses dienen.

Daneben zielt auch die Ausgestaltung des Rechtsmittelsystems nicht zuletzt auf die Verwirklichung des verfassungsrechtlichen Beschleunigungsgebotes. Allerdings wählen Spanien und Deutschland unterschiedliche Lösungen, um eine Be-

---

669 *Montero Aroca*, Derecho Jurisdiccional II, S. 462.

670 *Gómez Andrés*, Boletín de Información, 2003, Nr. 1946, S. 2607 (2618); *Montero Aroca*, Derecho jurisdiccional II, S. 447; *Ortells Ramos*, ZZPInt 2000, S. 95 (111). Ebenso soll dadurch die Zahl der Verfassungsbeschwerden vermindert werden (vgl. dazu 2. Teil B III 2 a). Um zu vermeiden, dass die Zuständigkeit von 17 verschiedenen Tribunales Superiores de Justicia in Spanien zu einer uneinheitlichen Rechtsprechung in Hinblick auf das Prozessrecht führt, hat der Gesetzgeber den „recurso in interés de la ley" (Rechtsmittel im Interesse des Gesetzes) eingeführt. Dieses Rechtsmittel dient dazu eine Rechtsvereinheitlichung durch Entscheidung des Tribunal Supremo herbeizuführen, wenn die die Obergerichte das Prozessrecht unterschiedlich anwenden. Dieses Rechtsmittel kann nur vom Ombudsmann und juristischen Personen des öffentlichen Rechts eingelegt werden, deren Aufgaben mit prozessualen Fragen zusammenhängen wie zum Beispiel Anwaltskammern. Nach Art. 493 LEC/2000 bindet die Entscheidung alle niederen Gerichte für die Zukunft.

schleunigung des Prozesses zu erreichen. Zwar sind die Berufungsgerichte in beiden Ländern grundsätzlich an die tatsächlichen Feststellungen des erstinstanzlichen Gerichtes gebunden. In Deutschland allerdings kann bereits dann erneut Beweis erhoben werden, wenn Zweifel an der Richtigkeit oder Vollständigkeit der entscheidungserheblichen Tatsachen bestehen. Eine großzügige Rechtsprechung des BGH hat dazu geführt, dass in hohem Maße erneut Beweis erhoben werden kann und die Berufung trotz der Zivilprozessreform de facto weitgehend Tatsacheninstanz geblieben ist. In Spanien hingegen sieht die Zivilprozessordnung detailliert vor, in welchen Fällen eine erneute Tatsachenfeststellung im Berufungsverfahren geboten ist. Dadurch wird erreicht, dass die Berufung in Spanien eine Instanz der reinen Fehlerkontrolle ist.

In Hinblick auf den Zugang zur Berufung setzt das deutsche Recht darauf, erfolglose oder unzulässige Berufungen durch einen unanfechtbaren Zurückweisungsbeschluss abzulehnen. Dadurch verspricht man sich, dass offensichtlich erfolglose Berufungen gar nicht erst eingelegt werden und das erstinstanzliche Urteil schneller in Rechtskraft erwächst. In Spanien hingegen existieren keinerlei Zugangsbeschränkungen, d.h. jedes erstinstanzliche Urteil kann mit der Berufung überprüft werden. Das spanische Recht steuert die Einlegung des Rechtsmittels einzig über das System der vorläufigen Vollstreckbarkeit: Da alle erstinstanzlichen Urteile ohne Sicherheitsleistung vorläufig vollstreckbar sind, entfällt der Anreiz Berufungen allein mit dem Ziel der Vollstreckungsvereitelung einzulegen.

Daneben sollten die jüngsten Zivilprozessreformen beider Länder die höchsten Zivilgerichte entlasten, damit sie ihre Funktion als Revisions- bzw. Kassationsgericht effektiv wahrnehmen können. Das deutsche Recht führt zu diesem Zweck eine reine Zulassungsrevision ein und beschränkt dadurch den Zugang zum BGH. Die spanische LEC/2000 setzt ebenfalls darauf, die Anzahl der mit der Kassation überprüfbaren Rechtsstreitigkeiten zu beschränken. Aus diesem Grund nimmt die LEC/2000 alle prozessualen Fragen aus dem Anwendungsbereich der Kassation aus. Diese Lücke wird durch die Schaffung eines neuen Rechtsmittels – des „recurso extraordinario por infracción procesal“ vor den Obergerichten geschlossen.

III. Innerprozessualer Grundrechtsschutz

Dieses Kapitel beschäftigt sich mit der Frage, welche Abhilfemöglichkeiten bei Prozessgrundrechtsverletzungen im spanischen und deutschen Zivilprozess bestehen. Was kann man tun, wenn der Richter das tatsächliche oder rechtliche Vorbringen einer Partei nicht zur Kenntnis nimmt[671], von einer bisher geübten Prozesspraxis ohne Vorankündigung abweicht[672] oder die Parteien ungleich behandelt? In Frage stehen damit Verstöße gegen das rechtliche Gehör aus Art. 103 I GG, das faire Verfahren und das Gebot der prozessualen Waffengleichheit. Sowohl in Deutschland als auch in Spanien zielten die jüngsten Prozessrechtsreformen insbesondere auch darauf ab, neue Wege in Hinblick auf die Verletzung prozessualer Grundrechte zu gehen. So wurde durch die ZPO-Reform die Gehörsrüge nach 321a ZPO eingeführt, um Abhilfe bei Gehörsverletzungen zu schaffen. In Spanien wurde der „recurso extraordinario por infracción procesal“[673] eingeführt. Dieses Rechtsmittel sieht die Möglichkeit vor, im Anschluss an das Berufungsverfahren eine Verletzung von Prozessgrundrechten geltend zu machen.

Gegenstand der Untersuchung ist die Zielsetzung und Ausgestaltung dieser Sonderrechtsbehelfe. Darüber hinaus soll geklärt werden, inwiefern die klassischen Rechtsmittel wie Berufung und Revision[674] Abhilfemöglichkeiten bei Verletzung von Prozessgrundrechten enthalten und wie das Zusammenspiel der neu eingeführten außerordentlichen Rechtsbehelfe zu den klassischen Rechtsmitteln ausgestaltet ist.

1. Die Rechtslage in Deutschland

a) Die Entstehung der Gehörsrüge

Der einzige Rechtsbehelf, der in der ZPO ausdrücklich auf die Verletzung eines Prozessgrundrechtes abzielt, ist die durch die ZPO-Reform im Jahre 2002 eingeführte Gehörsrüge nach § 321a ZPO. Zunächst bezog sich § 321a ZPO a.F. ausschließlich auf die Verletzung des rechtlichen Gehörs im ersten Rechtszug, wenn die Berufung gem. § 511 II ZPO nicht zulässig war und das erstinstanzliche Gericht den Anspruch auf rechtliches Gehör in entscheidungserheblicher Weise verletzt hatte. § 321a ZPO a.F. sollte damit die Fälle erfassen, in denen

---

[671] So etwa in BVerfG, NJW 82, S. 30.
[672] So etwa in BVerfGE 78, 123 (126 f.); 79, 372 (377 f.).
[673] Außerordentliches Rechtsmittel wegen prozessualer Verstöße.
[674] In Spanien „casación“ genannt. Nicht zu verwechseln mit der „revisión“, welche die Wiederaufnahme des Verfahrens darstellt.

bei Verletzung des rechtlichen Gehörs in amtsgerichtlichen Bagatellfällen ausschließlich der Weg zum Bundesverfassungsgericht offen stand. Sehr bald jedoch wurde die Regelung des 321a ZPO a.F. durch einen Plenarbeschluss des Bundesverfassungsgerichtes aus dem Jahre 2003 als nicht ausreichend erachtet. Der Gesetzgeber besserte durch das Anhörungsrügegesetz[675] nach, das am 01.01.2005 in Kraft trat und die Gehörsrüge auf alle Instanzen ausweitete. Insbesondere anhand der Einführung des 321a ZPO, die maßgeblich durch die Rechtsprechung des Bundesverfassungsgerichtes initiiert wurde, sowie der Diskussion um den Anwendungsbereich des § 321a ZPO a.F. und das „Nachbessern" des Gesetzgebers im Jahre 2005 kann man die Rolle von Bundesverfassungsgericht, Gesetzgeber, Literatur und Fachgerichten im Rahmen des Konstitutionalisierungsprozesses erkennen.

aa) Die Rolle des BVerfG als „Superberufungsgericht"

Das Bundesverfassungsgericht wehrte sich vor Einführung des § 321a ZPO dagegen, bei Verletzung des rechtlichen Gehörs zum „Superberufungsgericht in Zivilsachen"[676] für unanfechtbare Urteile des Amtsgerichtes zu werden. Da die Berufung nur bei einem Streitwert von über 1500,- DM möglich war, war der einzige Rechtsbehelf gegen ein amtsgerichtliches Urteil mit einem Streitwert unter 1500,- DM, das ein Prozessgrundrecht verletzte, die Verfassungsbeschwerde. Insbesondere bei Verletzung des rechtlichen Gehörs stellte sich diese Situation als misslich dar, da in diesem Fall niemals eine fehlerfreie fachgerichtliche Anhörung stattgefunden hatte. Darüber hinaus führte dies zu einer Überlastung des Bundesverfassungsgerichtes. Deshalb forderten die Karlsruher Richter wiederholt, dass durch die Auslegung des Verfahrensrechtes eine Möglichkeit geschaffen werden müsse, Entscheidungen, die nach einer Verletzung des rechtlichen Gehörs ergangen waren, durch die Zivilgerichte korrigieren zu können.[677] Die Fachgerichte reagierten auf dieses Postulat mit der Begründung außerordentlicher Rechtsbehelfe im Wege der Rechtsfortbildung. Im Rahmen des Urteilsverfahrens wendeten sie Vorschrift des § 513 II ZPO analog an, wenn das rechtliche Gehör verletzt worden war. § 513 II a.F. ZPO regelte ausdrücklich den Fall, dass ein zweites Versäumnisurteil, welches gem. § 345 ZPO a.F. nicht mehr anfechtbar war, ohne Vorliegen von Säumnis erlassen wurde. In diesem Fall konnte Berufung eingelegt werden, ohne dass die Erwachsenheitssumme

---

[675] BGBl. I 2004, S. 3220; BT-Drucks. 15/3706.
[676] *Voßkuhle*, NJW 1995, S. 1377 (1378).
[677] BVerfGE 42, 243 (248 f.); 46, 185 (187); 47, 182 (191); 49, 252 (259 f.); 60, 96 (99). BVerfGE 96, 27 (40): „Es obliegt zuvörderst den Fachgerichten, die Grundrechte zu wahren und durchzusetzen."

von 1500,- DM erreicht wurde. Durch die analoge Anwendung des § 513 II ZPO konnte man auch bei Gehörsverletzungen – insbesondere in streitigen Urteilen ohne mündliche Verhandlung nach § 128 II ZPO a.F. oder im vereinfachten Verfahren nach § 495a ZPO – ohne Rücksicht auf das Erreichen der Beschwerdesumme die Berufung zulassen.[678] Uneinheitlich war jedoch die Reichweite dieser Analogie. Einige Gerichte zeigten sich großzügig. Das Landgericht Frankfurt am Main[679] etwa ließ eine Berufung in den in Frage stehenden Bagatellfällen immer zu, wenn der Rechtsmittelführer die Verletzung des Anspruches auf rechtliches Gehör beanstandete. Der BGH hingegen lehnte eine so weitreichende Analogie ab: § 513 II ZPO sei eine nicht analogiefähige Ausnahmevorschrift, die „allenfalls vorsichtig über ihren Wortlaut hinaus angewandt werden könne".[680] Ebenso lehnten viele Fachgerichte[681] als auch Stimmen der Literatur[682] eine solche Analogie ab. Insbesondere wurde kritisiert, dass das Bundesverfassungsgericht massiv in das Rechtsmittelsystem der ZPO eingreife und sich als Gesetzgeber geriere.[683]

Dieser Streit ist heute zwar in Hinblick auf Gehörsverletzungen durch die Einführung der Gehörsrüge weitgehend obsolet geworden. Deutlich wird jedoch, dass vor der ZPO-Reform eine gravierende Unsicherheit in Hinblick auf die Zulässigkeit einer Berufung in den Fällen der Verletzung des rechtlichen Gehörs bestand. Je nach Landgerichtsbezirk war eine solche möglich oder nicht.[684] Erkennen kann man auch die bereits im ersten Kapitel erläuterte Zurückhaltung des BGH gegenüber „Aufträgen" des Bundesverfassungsgerichtes[685]: Bei der Frage des Anwendungsbereichs des § 513 II ZPO a.F. ließ sich der BGH nicht allzu sehr auf verfassungsrechtliche Erwägungen ein, argumentierte mit klas-

---

[678] Zöller/*Vollkommer*, ZPO, 22. Aufl. (2002), Einl. Rdnr. 103. Einen weiteren außerordentlichen Rechtsbehelf stellte die außerordentliche Beschwerde wegen greifbarer Gesetzeswidrigkeit dar. Die Beschwerde nach § 567 ZPO a.F. richtete sich gegen Entscheidungen, die einem Urteil vorausgingen oder nachfolgten wie die Zwangsvollstreckung. War eine Entscheidung greifbar gesetzeswidrig – insbesondere bei einem Verstoß gegen das Willkürverbot – konnte eine an sich nicht statthafte Beschwerde zugelassen werden. Nach Rechtsprechung des BGH war die Beschwerde auf „wirkliche Ausnahmefälle krassen Unrechts" beschränkt (ständige Rechtsprechung – vgl. nur BGH, NJW-RR 1994, S. 62 m.w.N.) und Verstöße gegen Art. 103 I GG sollten nicht zur Eröffnung der außerordentlichen Beschwerde führen: Vielmehr sei in diesem Fall im Wege der Gegenvorstellung eine Korrektur des Verstoßes durch das Ausgangsgericht selbst vorzunehmen (BGH, NJW 1995, S. 403 f. u. 2497 f.).

[679] LG Frankfurt a.M., NJW 1987, S. 2591 f.

[680] BGH, NJW 1990, S. 838.

[681] LG Bonn, NJW 1985, S. 1170; LG Köln, MDR 1987, S. 63.

[682] *Scherer*, DriZ 2000, S. 490 (495); *Putzo/Reichold* in Thomas/Putzo, 22. Aufl. (1999), Einl. I, Rdnr. 26; *Kunze*, NJW 1997, S 2154 (2155).

[683] *Kunze*, NJW 1997, S. 2154 (2155).

[684] *Scherer*, DriZ 2000, S. 490 (492); *Voßkuhle*, NJW 2003, S. 2193 (2195).

[685] Vgl. 1. Teil A II 3.

sisch zivilrechtlicher Methodik und stellte fest, dass § 513 II ZPO a.F. eine grundsätzlich nicht analogiefähige Ausnahmevorschrift sei.[686]

bb) Die Einführung der Gehörsrüge als Konstitutionalisierungsprozess

Zu Beginn des neuen Jahrtausends deutete sich an, dass das Bundesverfassungsgericht die bestehenden Unsicherheiten nicht mehr länger akzeptieren würde. Der Erste Senat war der Auffassung, dass Abhilfemöglichkeiten bei Verletzung des rechtlichen Gehörs ausdrücklich in den Rechtsordnungen geregelt sein müssten, um Rechtsklarheit zu schaffen. Im Jahre 2001 – dem Jahr der Zivilprozessreform also – rief der Erste Senat des Bundesverfassungsgerichtes deshalb den Zweiten Senat mit der Frage an, ob dieser an seiner Rechtsprechung festhalte, dass die Verfassung in keinem Fall Rechtsschutz gegen den Richter gewähre. Dieser bejahte das Festhalten an seiner Rechtsprechung, woraufhin der erste Senat am 16.01.2002 das Plenum des Bundesverfassungsgerichtes gem. § 16 BVerfGG anrief.[687]
Eine Änderung der verfassungsgerichtlichen Rechtsprechung deutete sich also an und der Gesetzgeber reagierte in „vorauseilendem Gehorsam“[688] mit der Einführung des § 321a ZPO a.F.[689] In amtsgerichtlichen Bagatellfällen, bei denen eine entscheidungserhebliche Verletzung des rechtlichen Gehörs in Frage stand, ermöglichte die Gehörsrüge eine Selbstkorrektur des Amtsrichters. Intention des Gesetzgebers war es, der neuen Zivilprozessordnung ein ablehnendes Votum des Bundesverfassungsgerichtes zu ersparen. Diese bereits eingangs erläuterte Vorwirkung von Beschlüssen des Bundesverfassungsgerichts stellt ein Vehikel für den Konstitutionalisierungsprozess dar, da der Gesetzgeber sich bereits im Vorfeld von der Rechtsprechung des Bundesverfassungsgerichtes leiten lässt.[690]

cc) Die Kehrtwende durch den Plenarbeschluss im Juni 2003

Im Juni 2003 schließlich nahm das Plenum des Bundesverfassungsgericht[691] aufgrund der Anfrage des Ersten Senates Stellung zur Frage des innerprozessualen Grundrechtsschutzes im Zivilprozess. Grundlage der Entscheidung bildete

---

[686] BGH, NJW 1990, S. 838.
[687] BVerfGE 104, 357.
[688] *Voßkuhle*, NJW 2003, S. 2193 (2195).
[689] Seit dem 1.1.2005 ist das Anhörungsrügegesetz in Kraft, womit die erst durch die ZPO – Reform eingeführte Gehörsrüge bereits abgeändert wurde.
[690] Vgl. 1. Teil A II 1 c.
[691] BVerfGE 107, 395 ff.

die Geltendmachung der Verletzung des rechtlichen Gehörs durch ein Berufungsurteil. Die eingelegte Revision zum BGH wurde zurückgewiesen: Weder sei sie durch das Berufungsgericht zugelassen worden, noch sei die Erwachsenheitssumme erreicht, noch liege ein Fall greifbarer Gesetzeswidrigkeit vor.[692] Die Nichtzulassung der Revision beruhte noch auf der Anwendung der §§ 545 – 547 ZPO a.F., was das Bundesverfassungsgericht jedoch nicht davon abhielt, auch die reformierte ZPO und die von ihr favorisierte Abhilfemöglichkeit in Form der Gehörsrüge in Augenschein zu nehmen.

Zunächst bestätigte das Bundesverfassungsgericht seine ständige Rechtsprechung, dass aus Art. 19 IV GG nicht das Erfordernis des Rechtsschutzes gegen den Richter abgeleitet werden könne.[693] Art. 19 IV GG erstrecke sich ausschließlich auf Akte der Exekutive – dies gelte auch, wenn der Richter ein Verfahrensgrundrecht verletzt habe.[694] Statt Art. 19 IV GG zog das Bundesverfassungsgericht den allgemeinen Justizgewährungsanspruch heran: Dieser Anspruch basiere auf dem Rechtsstaatsprinzip in Verbindung mit den Grundrechten. Er bilde die „Grundlage des Rechtsschutzes" im Zivilprozess.[695] Der Justizgewährungsanspruch verlange Rechtsschutzmöglichkeiten, wenn das rechtliche Gehör im Zivilprozess erstmals verletzt werde - andernfalls bleibe ausschließlich der Weg zum Bundesverfassungsgericht, was dem System zwischen Verfassungsgerichtsbarkeit und Fachgerichtsbarkeit nicht gerecht werde.

Das Bundesverfassungsgericht forderte, dass das Rechtsmittelsystem vor diesem verfassungsrechtlichen Hintergrund ausgestaltet sein müsse. Die ZPO erfülle diese verfassungsrechtlichen Vorgaben gegenwärtig nur teilweise. Verfassungsgemäß sei die ZPO, soweit das allgemeine Rechtsmittelsystem eine Überprüfungsmöglichkeit gewähre.[696] Ist also die Berufung zulässig, weil die Erwachsenheitssumme erreicht ist und kann eine geltend gemachte Gehörsverletzung auf diesem Wege überprüft werden, so ist der Verfassung Genüge getan. Darüber hinaus müsse jedoch auch bei entscheidungserheblichen Verletzungen des Art. 103 I GG in der letzten vorgesehenen Instanz eine Überprüfungsmöglichkeit vorgesehen werden. Verletze also etwa das Berufungsgericht das rechtliche

---

692 BGH, NJW 1999, 290. Bei Annahme von greifbarer Gesetzeswidrigkeit konnte eine an sich nicht eröffnete Beschwerde zugelassen werden, wenn die Entscheidung nach Meinung des angerufenen Beschwerdegerichts grob fehlerhaft war (vgl. dazu Zöller/*Gummer*, ZPO, 22.Aufl., § 567, Rdnr. 18). Nach Rechtsprechung des BGH sollte die außerordentliche Beschwerde „auf wirkliche Ausnahmefälle krassen Unrechts" beschränkt bleiben. Wegen Verstoßes gegen ein Verfahrensgrundrecht sollte die außerordentliche Beschwerde nicht eröffnet sein – in diesen Fällen tendierte der BGH dazu, eine instanzinterne Gegenvorstellung zu fordern. Vgl. dazu bereits Fn. 618 m.w.N.

693 BVerfGE 15, 275 (280); 49, 329 (340); 65, 76 (90).

694 BVerfGE 107, 395 (403 ff.).

695 BVerfGE 107, 395 (406 f.).

696 BVerfGE 107, 395 (416).

Gehör erstmals, so müsse auch diesem Fehler durch die Fachgerichte selbst abgeholfen werden können.[697]
Außerdem widmete sich das Bundesverfassungsgericht den durch den Gesetzgeber eingeführten „Sonderrechtsbehelfen“ [698]: Grundsätzlich bestehe ein Spielraum des Gesetzgebers, wie er das Rechtsmittelsystem ausgestalte, um den verfassungsrechtlichen Vorgaben gerecht zu werden. Eine instanzinterne Selbstkontrolle des Richters sei verfassungsrechtlich nicht zu beanstanden, ebenso wenig die Beschränkung des Rechtsbehelfs „auf die Überprüfung des nach Art. 103 I GG verfassungsrechtlich Gebotenen“[699]. Soweit jedoch die Fachgerichte außerordentliche Rechtsbehelfe begründet hätten, um den bisher aufgestellten Vorgaben des Bundesverfassungsgerichtes gerecht zu werden, seien diese nicht mehr mit dem verfassungsrechtlichen Gebot der Rechtsmittelklarheit zu vereinbaren.[700] Vielmehr müssten diese Rechtsbehelfe in den Verfahrensordnungen festgeschrieben werden.
Insoweit diese verfassungsrechtlichen Anforderungen nicht bereits durch das Zivilprozessreformgesetz erfüllt seien, müsse dies durch den Gesetzgeber bis zum 31.12.2004 neu geregelt werden.

dd) Die Vereinbarkeit von § 321a ZPO a.F. mit dem Plenarbeschluss

Aus dem Plenarbeschluss ergab sich, dass § 321a ZPO a.F. den durch das Bundesverfassungsgericht gestellten Anforderungen nur teilweise gerecht wurde, da sein Anwendungsbereich sich auf Gehörsverletzungen in unanfechtbaren erstinstanzlichen Urteilen beschränkte, das Bundesverfassungsgericht jedoch eine Überprüfungsmöglichkeit für alle unanfechtbaren Entscheidungen gefordert hatte. Daran lässt sich erkennen, dass die Einführung von gesetzlichen Regelungen im Vorfeld von verfassungsrechtlichen Entscheidungen Risiken birgt, da der Gesetzgeber zu diesem Zeitpunkt nicht wissen kann, welche Anforderungen das Bundesverfassungsgericht überhaupt stellen wird. Darüber hinaus wird deutlich wie die Rechtspraxis auf Entscheidungen des Bundesverfassungsgerichtes reagiert. Da das Bundesverfassungsgericht gefordert hatte, dass eine Abhilfemöglichkeit bei erstmaligen Gehörsverletzungen in jeder Instanz bestehen müsse, wendeten die Fachgerichte § 321a ZPO a.F. teilweise auch auf unanfechtbare Entscheidungen höherer Instanzen an. Dies galt etwa für die die Berufung zu-

[697] BVerfGE 107, 395 (410).
[698] BVerfGE 107, 395 (411 ff.) – das Bundesverfassungsgericht nennt zwar an dieser Stelle nicht ausdrücklich die Vorschrift des § 321a ZPO a.F., klar ist jedoch, dass sich seine Ausführungen darauf beziehen.
[699] BVerfGE 107, 395 (412).
[700] BVerfGE 107, 395 (416 f.).

rückweisenden Beschlüsse nach § 522 II ZPO, die nach § 522 III ZPO unanfechtbar sind.[701] Insgesamt kann man anhand der Einführung des § 321a ZPO a.F. erkennen, wie vielschichtig die Akteure Bundesverfassungsgericht, Gesetzgeber und Literatur am Prozess der Konstitutionalisierung beteiligt sind, bis schließlich eine verfassungskonforme Lösung entsteht.

b) Innerprozessualer Grundrechtsschutz seit dem 01.01.2005

aa) Die Regelung des § 321a ZPO

Fristgerecht zum 01.01.2005 wurde das Anhörungsrügegesetz[702] erlassen und einige der geschilderten Probleme des Anwendungsbereiches des § 321a ZPO a.F. behoben – insbesondere die Begrenzung auf unanfechtbare erstinstanzliche Urteile aufgegeben: § 321a ZPO n. F. greift bei allen Entscheidungen, in denen das rechtliche Gehör verletzt wurde und gegen die kein Rechtsmittel bzw. Rechtsbehelf zulässig ist.[703] Obwohl sich die Gehörsrüge im ersten Abschnitt des zweiten Buches im zweiten Titel befindet, der Vorschriften über Urteile der Landgerichte enthält, ist § 321a ZPO n.F. auf alle Entscheidungsformen anwendbar – sowohl Urteile als auch Beschlüsse.[704] Die Ausdehnung der Rüge auf unanfechtbare Beschlüsse zielt insbesondere auf die unanfechtbare Zurückweisung der Berufung nach § 522 II ZPO ab, auf die zuvor teilweise § 321a ZPO a.F. bei Verletzung des rechtlichen Gehörs analog angewendet wurde. Der Gesetzgeber hat diesen Fall nun ausdrücklich geregelt, da § 321a ZPO a.F. nach seinem Wortlaut nicht eingriff und damit nach Gesetzeslage bei unanfechtbaren Berufungsbeschlüssen nur noch der Weg zum Bundesverfassungsgericht gegeben war.[705]

bb) Das Zusammenspiel von klassischen Rechtsmitteln und der Gehörsrüge

In der Plenarentscheidung aus dem Jahre 2003 führte das Bundesverfassungsgericht aus, dass „die Rechtsordnung dem Erfordernis fachgerichtlicher Kontrolle

---

[701] OLG Celle, NJW 2003, S. 906; OLG Naumburg, NJW-RR 2003, S. 353; OLG Frankfurt a.M., NJW 2004, 165; a.A. jedoch OLG Oldenburg, NJW 2003, S. 149 und BGH, NJW 2004, S. 1531. Auch die Literatur bejahte die analoge Anwendung teilweise: *Schmidt*, MDR 2002, S. 915 (917 f.) und *Müller*, NJW 2002, S. 2743 (2745).

[702] BGBl. I 2004, S. 3220; BT-Drucks. 15/3706.

[703] *Treber*, NJW 2005, S. 97 (98).

[704] BT-Drucks. 15/3706, S. 15.

[705] BT-Drucks. 15/3706, S. 15.

entspricht, soweit Rügen des Verfahrensgrundrechts (Bezug nehmend auf Art. 103 I GG, Anm. der Verf.) noch im allgemeinen Rechtsmittelsystem geltend gemacht werden können".[706] Das Anhörungsrügegesetz greift diese Aussage auf und geht davon aus, dass Anhörungsverstöße zunächst im vorhandenen Rechtsmittelzug geltend gemacht werden müssen.[707] Soweit also die klassischen Rechtsmittel der Berufung oder Revision statthaft sind oder eine Beschwerde möglich ist, ist kein Raum für die Gehörsrüge. Ihr Anwendungsbereich hängt damit maßgeblich davon ab, inwieweit andere Rechtsbehelfe eingreifen. Unproblematisch ist die Subsidiarität der Gehörsrüge, wenn beispielsweise die Berufung aufgrund des Erreichens der Erwachsenheitssumme von 600, - € zuzulassen ist oder die Revision statthaft ist. Denn Grundrechtsverstöße stellen Rechtsfehler dar und werden damit durch die Rechtsmittelgerichte geprüft (vgl. §§ 513, 546 ZPO) und eine Abhilfe in diesem Rahmen ermöglicht.[708]
Fraglich ist jedoch, inwieweit Berufung und Revision darauf gestützt werden können, dass die Ausgangsentscheidung ein Verfahrensgrundrecht verletzte. Klärungsbedürftig ist damit, inwieweit die Gründe für Zulassungsberufung und Revision, die durch die ZPO-Reform parallel ausgestaltet sind, bei Verletzung von Verfahrensgrundrechten eingreifen: Hat also eine Rechtssache grundsätzliche Bedeutung oder erfordert die Fortbildung des Rechtes oder die Sicherung einer einheitlichen Rechtsprechung die Entscheidung des Berufungs- bzw. Revisionsgerichtes, wenn ein Verfahrensgrundrecht verletzt wurde? Da der BGH seit der ZPO-Reform in dieser Frage schwankte, soll zunächst die Zulassungspraxis des BGH bei Verletzung von Verfahrensgrundrechten untersucht werden.

(1) Die Verletzung von Verfahrensgrundrechten als Revisionsgrund

Die Zivilprozessreform führte eine reine Zulassungsrevision ein. Ohne Rücksicht auf die Höhe des Streitwertes sind sowohl Berufungsurteile des Landgerichtes als auch des Oberlandesgerichtes revisibel, wenn das Berufungs- oder Revisionsgericht die Revision zugelassen hat.[709] Nach dem gesetzgeberischen Willen soll mit der Einführung einer reinen Zulassungsrevision eine Erweiterung der Zulassungsgründe einhergehen. Nach der Rechtsprechung des BGH war grundsätzliche Bedeutung einer Rechtsfrage nach § 554 b ZPO a. F. nur anzunehmen, wenn sie klärungsbedürftig, noch nicht entschieden und von allgemeiner Bedeutung war.[710] Das ZPO-Reformgesetz zielt durch die Hinzufügung

---

[706] BVerfGE 107, 395 (416).
[707] BT-Drucks. 15/3706, S. 13.
[708] *Scheuch/Lindner*, ZIP 2004, S. 973 (973).
[709] Zöller/*Gummer*, ZPO, § 543, Rdnr. 3.
[710] BGHZ 2, 396 ff.; BAGE 2, 26 ff.

der Revisionsgründe der Rechtsfortbildung und der Einheitlichkeit der Rechtsprechung darauf ab, das Kriterium der „grundsätzlichen Bedeutung einer Rechtssache“ zu konkretisieren und seinen Anwendungsbereich zu erweitern.[711] Zur Sicherung einer einheitlichen Rechtsprechung sollen nach Vorstellung des Gesetzgebers auch Revisionen zugelassen werden, die „zwar eine Leitentscheidung nicht erfordern, gleichwohl aber eine Ergebniskorrektur wegen offensichtlicher Unrichtigkeit oder wegen der Verletzung eines Verfahrensgrundrechts geboten erscheinen lassen“.[712] Dadurch sollte ausdrücklich vermieden werden, dass Verfassungsbeschwerde eingelegt wird.[713] Prozessualer Grundrechtsschutz ist damit vorrangig eine Aufgabe der Fachgerichte und Entscheidungen des BGH in Hinblick auf Grundrechtsverletzungen sind vorrangig gegenüber Urteilen des Bundesverfassungsgerichtes.

Im Fall der Verletzung von Verfahrensgrundrechten ist davon auszugehen, dass die Zulassung zur Revision mit der Nichtzulassungsbeschwerde erzwungen werden muss, da das Berufungsgericht die Revision nicht mit der Begründung zulassen wird, es habe Verfahrensgrundrechte verletzt: Aus diesem Grund ist die Zulassungspraxis des BGH bei Grundrechtsverletzungen im Rahmen der Nichtzulassungsbeschwerde gem. § 544 ZPO von entscheidender Bedeutung.[714] Der BGH erkannte die gesetzgeberische Motivation, die Verletzung von Verfahrensgrundrechten als Revisionsgrund zu betrachten, im Grundsatz an - wenn auch zunächst mit Einschränkungen. Der XI. Zivilsenat[715] ging davon aus, dass die Revision zur Sicherung einer einheitlichen Rechtsprechung nur in Fällen der Divergenz sowie Wiederholungs- und Nachahmungsgefahr gegeben sei – Einzelfälle würden von diesem Revisionsgrund auch dann nicht erfasst, wenn eine Verletzung von Verfahrensgrundrechten geltend gemacht werde. Zwar sei dies die Ansicht des Regierungsentwurfes, die jedoch insofern unbeachtlich sei, als

---

[711] BT-Drucks., 14/4722, S. 67.

[712] BT-Drucks., 14/4722, S. 67. Damit passt der Gesetzgeber die ZPO anderen Verfahrensordnungen an – so ist es nach § 138 Nr. 3 ein absoluter Revisionsgrund, wenn einem Beteiligten das rechtliche Gehör versagt wurde, entsprechendes gilt nach § 119 Nr. 3 FGO für die Finanzgerichtsordnung (vgl. dazu eingehend *Wolff*, Die Verletzung rechtlichen Gehörs als Revisionsrüge, ZZP 116 (2003), S. 403 ff.).

[713] BT-Drucks., 14/4722, S. 104.

[714] Gem. § 544 ZPO unterliegt die Nichtzulassung der Revision durch das Berufungsgericht der Beschwerde. Gem. § 574 I Nr. 1 i.V.m. II Nr. 1 ist die Beschwerde aus denselben Gründen zulässig wie die Revision nach § 543 II ZPO. Wird der Beschwerde gegen die Nichtzulassung der Revision stattgegeben, so wird das Beschwerdeverfahren als Revisionsverfahren fortgesetzt (§ 544 VI) – ist allerdings das rechtliche Gehör verletzt, so *kann* das Revisionsgericht abweichend von Abs. 6 in dem der Beschwerde stattgebenden Beschluss das angefochtene Urteil aufheben und den Rechtsstreit zur neuen Verhandlung und Entscheidung an das Berufungsgericht zurückverweisen.

[715] BGH, NJW 2003, S. 65.

sie im Wortlaut des § 543 II 1 Nr. 2 Alt. 2 ZPO („Sicherung einer einheitlichen Rechtsprechung") keinen Ausdruck gefunden habe.[716] Jedoch könnten Rechtsfehler im Einzelfall und ausnahmsweise grundsätzliche Bedeutung (Revisionsgrund nach § 543 II 1 Nr. 1 ZPO) haben, wenn die angefochtene Entscheidung objektiv willkürlich sei oder Verfahrensgrundrechte des Beschwerdeführers verletze. Voraussetzung für eine Zulassung der Revision sei allerdings, dass „nicht zweifelhaft erscheint, dass das BVerfG die angefochtene Entscheidung auf eine Verfassungsbeschwerde hin aufheben würde". Die Grundrechtsverletzung müsse offenkundig sein, sich geradezu aufdrängen und das angefochtene Urteil müsse auf ihr beruhen.[717] Das Erfordernis der Offenkundigkeit ergebe sich daraus, dass andernfalls kein Allgemeininteresse berührt sei, das die Überprüfung des Urteils rechtfertige. Nur offenkundige Fehler seien dazu geeignet „das Vertrauen der Allgemeinheit in die Rechtsprechung als Ganzes zu erschüttern"[718].

Inzwischen hat der XI. Zivilsenat seine kritisierte[719] Rechtsprechung aufgegeben und festgestellt, dass die Sicherung einer einheitlichen Rechtsprechung zur Zulassung der Revision führe, wenn die angefochtene Entscheidung objektiv willkürlich sei oder Verfahrensgrundrechte verletze und die Entscheidung darauf beruhe.[720] Neben diesem formalen Aspekt senkte der XI. Zivilsenat darüber hinaus die inhaltlichen Anforderungen an eine Zulassung der Revision: So sei die Offenkundigkeit des Verstoßes gegen ein Verfahrensgrundrecht oder das Willkürverbot nicht mehr erforderlich.

Damit schloss sich der XI. Zivilsenat vollumfänglich der Rechtsprechung des V. Senates an, der bei Verletzung von Prozessgrundrechten in Übereinstimmung mit den Plänen des Gesetzgebers den Revisionsgrund der Sicherung einer einheitlichen Rechtsprechung annimmt und nicht die Offensichtlichkeit der Grundrechtsverletzung verlangt.[721] Nicht nur offenkundige Fehler könnten das Vertrauen der Allgemeinheit in die Rechtsprechung erschüttern, sondern dies sei insbesondere der Fall, wenn „das Berufungsgericht bei der Auslegung oder Anwendung von Vorschriften des materiellen Rechts oder Verfahrensrechts gegen verfassungsrechtlich abgesicherte Gerechtigkeitsanforderungen verstoßen hat".[722] Voraussetzung für die Zulässigkeit der Revision sei, dass nach der

---

[716] BGH, NJW 2003, S. 65 (67).

[717] BGH, NJW 2003, S. 65 (68).

[718] BGH, NJW 2003, S. 65 (68).

[719] *Scheuch/Lindner*, ZIP 2004, S. 973 (974); Durch das Anhörungsrügegesetz sollten §§ 543 II ZPO und 573 II ZPO ursprünglich erweitert werden und die Verletzung von Verfahrensgrundrechten – da der BGH allerdings seine restriktive Rechtsprechung aufgegeben hat, wurde auf diese Änderung verzichtet. Vgl. dazu Zöller/*Vollkommer*, ZPO, Einl., Rdnr 103.

[720] BGH, NJW 2004, S. 2222 ff.

[721] BGH, NJW 2003, S. 1943 = BGHZ 154, 288.

[722] BGH, NJW 2003, S. 1943; BGH, NJW 2002, S. 2957. In Hinblick auf das Erfordernis der Offenkundigkeit führt der V. Senat in BGH, NJW 2003, S. 1943 (1946 f.) aus, dass er in frü-

Rechtsprechung des Bundesverfassungsgerichtes eine Verfassungsbeschwerde Erfolg gegen das Urteil hätte.[723]
Die Zivilsenate des BGH haben damit in Hinblick auf die Revisionseröffnung eine einheitliche Linie gefunden, was nicht zuletzt auf das Bundesverfassungsgericht zurückzuführen ist, das im Januar 2004 Stellung zur Frage der Verfassungsmäßigkeit des § 543 II ZPO n. F. nehmen musste.[724] Der Entscheidung des Bundesverfassungsgerichtes lag die Frage zugrunde, ob § 543 II ZPO n. F. das Gebot des effektiven Rechtsschutzes aus Art. 19 IV GG verletze. Der Beschwerdeführer machte geltend, dass die uneinheitliche Auslegung des § 543 II ZPO n. F. durch die Zivilsenate nicht mit dem Bestimmtheitsgrundsatz und dem daraus resultierenden Gebot der Rechtsmittelklarheit vereinbar sei. Außerdem sei die Norm selbst verfassungswidrig, da sie unklar und unbestimmt sei.
Das Bundesverfassungsgericht hat diese Vorwürfe als unbegründet erachtet, da die Zivilprozessreform ein neues Konzept des Zugangs zur Revision habe einführen wollen. Dies erfordere, dass die unbestimmten Rechtsbegriffe des § 543 II ZPO n. F. durch die Fachgerichte konkretisiert würden. In Hinblick darauf, dass das Revisionsrecht erst seit kurzem in Kraft sei, sei es auch nicht zu beanstanden, dass der BGH noch keine einheitliche Linie in Hinblick auf die Auslegung des § 543 II ZPO n. F. gefunden habe, da der Gesetzgeber nach Erlass einer Regelung zunächst abwarten dürfe, ob ein neu geschaffener Tatbestand zu einer gleichmäßigen Rechtsanwendung führe. Werde das Ziel einer einheitlichen Anwendung der Revisionsvorschriften allerdings nicht erreicht, könne die Verfassungsmäßigkeit der Auslegung des § 543 II ZPO n. F. durchaus in Frage stehen.[725] Daraufhin passte sich der XI. Zivilsenat in seinem kurz darauf erfolgenden Beschluss[726] der Rechtsprechung der anderen Zivilsenate an.[727]

---

heren Entscheidungen zwar gefordert habe, dass der Verstoß gegen Verfahrensgrundrechte offenkundig sein müsse (BGH, NJW 2002, S. 3029 (3030, 3031) und BGH, NJW 2002, S. 3180) – damit sollten jedoch keine zusätzlichen Voraussetzungen aufgestellt werden, sondern an die Rechtsprechung des Bundesverfassungsgerichtes angeknüpft werden, die für die Bejahung eines Verfassungsverstoßes eine bestimmte Qualität der Rechtsverletzung verlange.

[723] BGH, NJW 2003, S. 1943 (1946).

[724] BVerfG, NJW 2004, S. 1371 ff.

[725] BVerfG, NJW 2004, S. 1371 (1372) – das Bundesverfassungsgericht führt an dieser Stelle aus: „Dass es dem BGH bislang noch nicht gelungen ist, zu einer einheitlichen und zugleich für den Rechtssuchenden eindeutigen Linie zu kommen, bewirkt angesichts der Kürze der Zeit, in der das Revisionsrecht anzuwenden war, keinen grundsätzlichen Einwand gegen die vom Gesetzgeber gewählte Regelungstechnik. Anders wird dies aber zu beurteilen sein, wenn die Rechtsprechung nicht in der Lage sein sollte, die Rechtsbegriffe so zu konkretisieren, dass die gesetzlichen Voraussetzungen der Zulässigkeit des Rechtsmittels für den Rechtssuchenden erkennbar werden."

[726] BGH, NJW 2004, S. 2222 ff.

(2) Die Zulassungsberufung bei Verletzung von Verfahrensgrundrechten?

Die Gehörsrüge ist auch subsidiär gegenüber der Berufung. Ist die Erwachsenheitssumme von 600, - € erreicht, kann einer Prozessgrundrechtsverletzung im Berufungsverfahren abgeholfen werden. Darüber hinaus hat der Gesetzgeber eine Zulassungsberufung eingeführt, deren Zulassungsgründe parallel zur Revision ausgestaltet sind.[728] Die Berufung ist gem. § 511 IV ZPO zuzulassen bei grundsätzlicher Bedeutung der Rechtssache oder wenn die Fortbildung des Rechts und die Einheitlichkeit der Rechtsordnung eine Entscheidung des Berufungsgerichtes erfordern. Durch die Möglichkeit der Zulassungsberufung soll erreicht werden, dass jede Rechtssache unabhängig von der Höhe des Streitwertes vor den BGH gelangen kann.[729] Die Zulassungsgründe sollen sich an die Auslegung der Revisionsgründe anlehnen,[730] auf die der Gesetzgeber in der Gesetzesbegründung zu § 511 IV ZPO n.F. ausdrücklich verweist.[731]
In der Literatur wird deshalb die Rechsprechung des BGH zu den unbestimmten Rechtsbegriffen des § 543 II ZPO n.F. als Auslegungshilfe im Rahmen der Zulassungsberufung herangezogen.[732] Grundsätzlich würde dies bedeuten, dass auch bei der Verletzung von Verfahrensgrundrechten die Berufung zuzulassen ist – praktisch wird dieser Fall allerdings niemals eintreten. Nach § 511 IV ZPO

[727] Wird der Nichtzulassungsbeschwerde des BGH stattgegeben so gilt grundsätzlich gem. § 544 VI ZPO n. F., dass das Beschwerdeverfahren als Revisionsverfahren fortgeführt wird. Durch das Anhörungsrügegesetz wird dieser Grundsatz durch § 544 VII ZPO n. F. modifiziert: Hat das Berufungsgericht den Anspruch des Beschwerdeführers auf rechtliches Gehör in entscheidungserheblicher Weise verletzt, so kann das Revisionsgericht abweichend von Abs. 6 in dem der Beschwerde stattgebenden Beschluss das angefochtene Urteil aufheben und den Rechtsstreit zur neuen Verhandlung und Entscheidung an das Berufungsgericht zurückverweisen. Durch diese Regelung soll Formalismus verhindert und dadurch das Verfahren beschleunigt werden: Ergibt sich die Zulassung der Revision aus der Verletzung rechtlichen Gehörs so steht damit auch fest, dass das Berufungsurteil aufgehoben und eine Zurückverweisung an das Berufungsgericht stattfinden muss (Vgl. Zöller/*Gummer*, ZPO, § 544, Rdnr. 19). Würde man dennoch das Beschwerdeverfahren als Revisionsverfahren fortsetzen, müsste eine mündliche Verhandlung vorbereitet und durchgeführt werden, obwohl das Ergebnis feststeht. Deshalb soll dem BGH instanzbeendenden aus prozessökonomischen Erwägungen die Möglichkeit gegeben werden, das angefochtene Urteil bereits in dem der Beschwerde stattgebenden Beschluss aufzuheben und an das Berufungsgericht zurückzuverweisen. (BT-Drucks. 15/3706, S. 17). Wird der Nichtzulassungsbeschwerde nicht stattgegeben, ist gegen diesen Beschluss grundsätzlich die Gehörsrüge nach 321a ZPO n. F. möglich, soweit ihre Voraussetzungen vorliegen.

[728] Vgl. BT-Drucks. 14/4722, S. 93.

[729] Zöller/*Gummer/Heßler*, ZPO, § 511, Rdnr. 35.

[730] Zöller/*Gummer/Heßler*, ZPO, § 511, Rdnr. 36.

[731] BT-Drucks. 14/4722, zu § 511 ZPO, S. 93.

[732] *Jauernig*, Zivilprozessrecht, § 73 IV.

n. F. lässt das Gericht des ersten Rechtszuges selbst die Berufung zu – bei Fällen unter 600, - € also das Amtsgericht. Das Amtsgericht selbst müsste also die Berufung mit der Begründung zulassen, es habe gegen Verfahrensgrundrechte verstoßen – eine Fallgestaltung die so nicht eintreten wird. Denn ist dem Amtsgericht eine „Panne“ unterlaufen, so ist es prozessökonomischer, es behebt diese selbst im Rahmen des § 321a ZPO n .F. als aufgrund dessen die Berufung zuzulassen. Hat das Amtsgericht ein Verfahrensgrundrecht durch eine Prozesshandlung verletzt, von deren Richtigkeit es überzeugt ist, wird es darin selbst wohl kaum eine Verletzung von Prozessgrundrechten sehen. Da gegen die Nichtzulassung der Berufung keine Nichtzulassungsbeschwerde wie im Revisionsrecht nach § 544 ZPO existiert, fehlt auch jede Kontrollmöglichkeit, ob die Nichtzulassung der Berufung durch das erstinstanzliche Gericht rechtens ist.[733] Die Rechtsprechung des BGH in Hinblick auf die Zulassung der Revision bei Verletzung von Verfahrensgrundrechten lässt sich deshalb nicht auf die Zulassungsberufung übertragen.

cc) Der materielle Rechtsschutzbereich der Gehörsrüge

(1) Der Anspruch auf rechtliches Gehör aus Art. 103 I GG

Auch nach Erlass des Anhörungsrügegesetzes gilt, dass § 321a ZPO n. F. auf Gehörsverletzungen beschränkt ist. Erfasst werden damit entscheidungserhebliche Verstöße gegen den verfassungsrechtlichen Anspruch auf rechtliches Gehör aus Art. 103 I GG, aber auch Verstöße gegen das einfachgesetzlich gewährleistete Gehörsrecht.[734] Der Schutzbereich des Art. 103 I GG bildet lediglich einen Mindeststandard, der durch zivilprozessuale Vorschriften überboten werden kann – so enthielt die ZPO bereits im Jahre 1877 Vorschriften, die dem Schutz des rechtlichen Gehörs dienten, ohne dass sich dies auf ein verfassungsrechtliches Gebot zurückführen lassen könnte.[735] Auch die Verletzung dieser einfachgesetzlichen Vorschriften oberhalb des Mindeststandards des Art. 103 I GG eröffnet den Anwendungsbereich der Gehörsrüge.[736]

---

[733] *Jauernig*, Zivilprozessrecht, § 73 IV.

[734] Zöller/*Vollkommer*, ZPO, § 321a, Rdnr. 7 f.; *Vollkommer*, FS Schumann, 2001, S. 507 (517 ff.).

[735] *Jauernig*, Zivilprozessrecht, § 29 I.

[736] Zöller/*Vollkommer*, ZPO, § 321a, Rdnr. 7; *Vollkommer*, FS für Schumann, S. 507 (518), der insbesondere Präklusionsfälle nennt: Werde ein Beteiligter über den Anwendungsbereich einer Präklusionsvorschrift hinaus mit seinem Vorbringen präkludiert, so sei darin jedenfalls ein Verstoß gegen das einfachgesetzliche gewährte rechtliche Gehör zu bejahen – inwieweit darin gleichzeitig ein Verstoß gegen Art. 103 I GG liege, sei für die Gehörsrüge unbeachtlich.

Im Mittelpunkt der Anhörungsrüge steht jedoch unzweifelhaft der Schutz des Art. 103 I GG, da § 321a ZPO gerade dazu geschaffen wurde, prozessspezifischen Grundrechtsverletzungen abzuhelfen, um dadurch das Bundesverfassungsgericht zu entlasten.[737] Der Anwendungsbereich des § 321a ZPO n. F. hängt damit maßgeblich vom Schutzbereich des rechtlichen Gehörs aus Art. 103 I GG ab, das ein „prozessuales Urrecht“ des Menschen darstellt und verhindern soll, dass „kurzer Prozess“ gemacht wird.[738] Durch diese Zielsetzung steht Art. 103 I GG in engem Zusammenhang mit der Menschenwürde aus Art. 1 I GG, wonach der Mensch nicht zum bloßen Objekt staatlichen Handelns werden darf. Für den Prozess bedeutet dieses verfassungsrechtliche Gebot, dass der Einzelne auf eine ihn betreffende Entscheidung Einfluss nehmen können muss.[739] Neben dem Grundgesetz garantiert auch Art. 6 EMRK die Gewährung rechtlichen Gehörs im Prozess.[740]

(2) Abgrenzung zum Willkürverbot aus Art. 3 I GG

Der Schutzbereich des Art. 103 I GG erfasst zunächst die klassischen Pannenfälle, in denen dem Richter sein Fehlverhalten gar nicht bewusst ist[741] – so etwa, wenn ein Schriftsatz abhanden kommt und deshalb nicht berücksichtigt werden kann.[742] Gerade diese Sachverhalte führten zur „Pannenjudikatur“ des Bundesverfassungsgerichts und schließlich zur Einführung der Gehörsrüge. Liegt eine solche Fallgestaltung vor, ist Raum für die Anwendung des § 321a ZPO.
Art. 103 I GG ist außerdem verletzt, wenn die Äußerungsmöglichkeiten einer Partei entgegen dem geltenden Recht – insbesondere der Präklusionsvorschriften – beschnitten werden.[743] Daneben kommt eine Gehörsverletzung auch dann in Betracht, wenn der Richter eine aus Art. 103 I GG folgende Hinweispflicht verletzt hat - beispielsweise, wenn sich das Gericht ohne Vorankündigung auf rechtliche Erwägungen stützt, mit denen auch „eine gewissenhafte und kundige Partei nach dem bisherigen Prozessverlauf nicht zu rechnen brauchte“.[744]

[737] BT-Drucks. 14/4722, S. 63.
[738] BVerfGE 55, 1 (6).
[739] BVerfGE 9, 89 (95); 39, 156 (168).
[740] *Jauernig*, Zivilprozessrecht, § 29 I.
[741] *Vollkommer*, FS für Schumann, S. 507 (520 f.).
[742] Das Bundesverfassungsgericht führt dazu in E 42, 243 (248) aus: „Der Grundrechtsverstoß ist oftmals nur eine bloße „Panne“: eine Frist wurde übersehen, eine Zustellung ist nicht in Ordnung, ein Schriftsatz gerät in die falsche Akte (etwa in BVerfGE 40, 101) oder sonst in Verlust (etwa in BVerfGE 36, 85), (...).“; Vgl. auch: Zöller/*Vollkommer*, ZPO, § 321a, Rdnr. 8.
[743] Zöller/*Vollkommer*, ZPO, § 321a, Rdnr. 9.
[744] BVerfGE 84, 188 (190); 86, 133 (144); 98, 218 (263); 108, 341 (345).

Weitaus problematischer jedoch sind die Fälle offenkundiger Unrichtigkeit, da in diesem Zusammenhang die Frage auftaucht, wie sich das Verhältnis zwischen dem rechtlichen Gehör und dem rechtsstaatlichen Willkürverbot aus Art. 3 I GG darstellt. Ein Verstoß gegen das Willkürverbot liegt vor, wenn „ein Richterspruch unter keinem denkbaren Aspekt rechtlich vertretbar ist und sich daher der Schluss aufdrängt, dass er auf sachfremden Kriterien beruht“[745], ohne dass es auf ein Verschulden des Gerichtes ankommt.[746] Diese Fälle evidenter Unrichtigkeit wertete das Bundesverfassungsgericht teilweise als Verstoß gegen das rechtsstaatliche Willkürverbot, teilweise als Verstoß gegen das rechtliche Gehör.[747] Diese Koinzidenz von Grundrechtsverletzungen kann etwa dadurch verursacht werden, dass das Gericht aufgrund übergangenen Parteivorbringens einen falschen Sachverhalt zugrundelegt und dadurch ein evident fehlerhaftes Urteil fällt.[748] Darin liegt sowohl eine Gehörsverletzung als auch ein Verstoß gegen das Willkürverbot aus Art. 3 I GG.[749] Aufgrund dieser Austauschbarkeit muss der Anspruch auf rechtliches Gehör im Sinne des § 321a ZPO n.F. weit ausgelegt werden: Fälle offenbarer Unrichtigkeit werden von § 321a ZPO n. F. dann erfasst, wenn darin auch eine Verletzung des Art. 103 I GG liegt.[750]

dd) Kritik am System des innerprozessualen Grundrechtsschutzes

(1) Rechtsschutzlücken bei Verletzung anderer Verfahrensgrundrechte

Trotz Einführung der Gehörsrüge ist es dem Gesetzgeber nicht gelungen, die seit Jahrzehnten bestehende Kritik an der Ausgestaltung des innerprozessualen Grundrechtsschutzes zum Verstummen zu bringen. Es wird als inkonsequent erachtet, dass § 321a ZPO ausschließlich auf die Verletzung rechtlichen Gehörs Anwendung findet, andere Verfahrensgrundrechte jedoch außen vor bleiben. Deshalb wurde vor Inkrafttreten des Anhörungsrügegesetzes vielfach dafür plädiert, § 321a ZPO a.F. analog auf die Verletzung anderer Prozessgrundrechte als des rechtlichen Gehörs anzuwenden.[751] Die Analogie wurde damit begründet,

---

[745] BVerfGE 80, 48 (51); 86, 59 (62); 87, 273 (278); 96, 189 (203).

[746] BVerfGE 58, 163 (167 f.); BVerfG, NJW 1998, S. 2810.

[747] So zuerst E. *Schumann*, der von „beliebiger Austauschbarkeit der Prüfungsmaßstäbe“ spricht, in: Bundesverfassungsgericht, Grundgesetz und Zivilprozeß, 1983, S. 24 f.; *Vollkommer*, FS für Schumann 2001, S. 507 (530 f.); *Kroppenberg*, ZZP 116 (2003), S. 421 (425 ff.).

[748] BVerfGE 57, 39 ff.; BVerfG, NJW 2001, S. 1200.

[749] *Vollkommer*, FS Schumann, S. 507 (530).

[750] *Vollkommer*, FS Schumann, S. 507 (531).

[751] *Kroppenberg*, ZZP 116 (2003), S. 421 (434 ff.); *Treber*, NJW 2005, S. 97 (100); *Müller*, NJW 2002, S. 2745 (2747); *Schmidt*, MDR 2002, S. 915 (917 f.); *Musielak*, NJW 2000, S. 2769 (2776); *Voßkuhle*, NJW 2003, S. 2193 (2197 f.).

dass das Bundesverfassungsgericht die verschiedenen Prozessgrundrechte über den Grundsatz des „fair trial“ so eng miteinander verknüpft habe, dass eine gesonderte Behandlung des Anspruchs auf rechtliches Gehör wenig sinnvoll erscheine.[752] Diese Kritik hat der Gesetzgeber im Rahmen des Anhörungsrügegesetzes nicht angenommen, sondern behält die Beschränkung auf das rechtliche Gehör bei, da „ die Erstreckung (der Rechtschutzmöglichkeiten, Anm. der Verf.) auf die Verletzung anderer Verfahrensgrundrechte nicht Gegenstand des vom Bundesverfassungsgericht erteilten Gesetzgebungsauftrages“ sei.[753] In seiner Plenarentscheidung hatte das Bundesverfassungsgericht hervorgehoben, dass sich seine Ausführungen ausschließlich auf die Verletzung rechtlichen Gehörs beschränken.[754] Damit ist für eine Analogie des § 321a ZPO n.F. in Hinblick auf die Verletzung anderer Verfahrensgrundrechte kein Raum mehr, da der ausdrückliche gesetzgeberische Wille entgegensteht – vielmehr verweist die Begründung zu § 321a ZPO n. F. darauf, dass in Hinblick auf andere Prozessgrundrechte die Anwendung der außerordentlicher Rechtsbehelfe wie außerordentlicher Beschwerde oder Gegenvorstellung nicht ausgeschlossen werden soll.[755] Damit findet eine Aufspaltung des Rechtsweges statt – je nach Art des verletzten Grundrechtes kommt eine außerordentliche Beschwerde oder eine Gegenvorstellung in Betracht.

Klärungsbedürftig ist, inwiefern die Aufrechterhaltung dieser außerordentlichen Rechtsbehelfe mit der Verfassung in Einklang steht. Das Bundesverfassungsgericht prüfte zwar in der Plenarentscheidung allein die Vereinbarkeit des Rechtsmittelsystems mit Art. 103 I GG. Es betonte darüber hinaus allerdings die Unvereinbarkeit von außerordentlichen Rechtsbehelfen mit dem Gebot der Rechtsmittelklarheit.[756] Dieses Gebot ist jedoch bereits dadurch verletzt, dass außerordentliche Rechtsbehelfe überhaupt bestehen, ohne dass es darauf ankäme welcher Art die zugrunde liegende Prozessgrundrechtsverletzung ist. Durch diese Aufspaltung des Rechtsschutzes tritt eine Verunsicherung der Rechtssuchenden ein, da eine Abgrenzung zwischen Willkürverbot und rechtlichem Gehör schwierig sein kann.[757] Das Rechtsstaatsprinzip erfordert jedoch, dass für den Einzelnen erkennbar ist, ob ein Rechtsmittel eingelegt werden kann, damit er sein Verhalten danach ausrichten kann. Damit verlangt das Rechtsstaatsprinzip eine eindeutige Regelung durch den Gesetzgeber in Hinblick auf alle Verfahrensgrundrechte. Außerordentliche Rechtsbehelfe außerhalb des geschriebenen Rechtes stehen damit nicht mit der Verfassung im Einklang. Dies ist im Übrigen

---

752 *Kroppenberg*, ZZP 116 (2003), S. 421 (434).
753 BT-Drucks., 15/3706, S. 14.
754 BVerfGE 107, 395 (408).
755 BT-Drucks., 15/3706, S. 14.
756 BVerfGE 107, 395 (416 f.)
757 *Vollkommer*, FS für Schumann, S. 507 (530).

auch die Linie des BGH, der seit Inkrafttreten des ZPO-Reformgesetzes in einer Grundsatzentscheidung[758] die außerordentliche Beschwerde nach Neuregelung des Beschwerderechts für unzulässig hält. Vor diesem Hintergrund erscheint es noch weniger verständlich, dass der Gesetzgeber in der Begründung zum Anhörungsrügegesetz weiterhin vom Bestehen außerordentlicher Rechtsbehelfe ausgeht.[759]

(2) Effektiver Rechtsschutz durch Selbstkontrolle des iudex a quo?

Der zweite Kritikpunkt im Rahmen der Gehörsrüge richtet sich gegen das Prinzip der Selbstkontrolle, das dann Schwächen aufweist, wenn der Richter bewusst Art. 103 I GG verletzt.[760] Dies kann beispielsweise bei willkürlichen Entscheidungen der Fall sein, in denen gleichzeitig eine Gehörsverletzung wegen unberechtigter Präklusion vorliegt.[761] Das Bundesverfassungsgericht hat das Prinzip der Selbstkontrolle zwar gebilligt – allerdings gekoppelt an ein Effektivitätserfordernis: Eine instanzinterne Kontrolle sei denkbar, „sofern auf diese Weise der Mangel effektiv beseitigt werden“ könne.[762] Da dies bei bewussten Gehörsverletzungen durch den Richter nicht möglich sein dürfte, soll in diesen Fällen die außerordentliche Beschwerde zum nächsthöheren Gericht bestehen bleiben, um effektiven Rechtsschutz gewähren zu können.[763]

Dies führt jedoch zu weiteren Unsicherheiten, da der Rechtssuchende kaum wissen kann, inwieweit eine Gehörsverletzung bewusst war. Bedeutung erlangt diese Frage für die Einlegung einer Verfassungsbeschwerde, da nach § 90 II 1

---

758 BGH, NJW 2002, S. 1577.

759 *Nasall*, NJW 2005, S. 164 (170).

760 *Voßkuhle*, NJW 2003, S. 2193 (2197); *Kroppenberg*, ZZP 116 (2003), S. 421 (437 ff.);

761 Vgl. 2. Teil B III 1 b cc (2).

762 BVerfGE 107, 395 (412).

763 Zöller/*Vollkommer*, ZPO, § 321a Rdnr. 4. Nach dem BFH, NJW 2004, S. 2854 ist der Anwendungsbereich für außerordentliche Beschwerden erheblich eingeschränkt, seit der BFH davon ausgeht (BFHE 200, 42), dass schweres Verfahrensunrecht im Finanzprozess mit einer Gegenvorstellung analog § 321a ZPO bei dem Ausgangsgericht geltend gemacht werden kann. Davon sind - über die Verletzung des rechtlichen Gehörs hinaus - alle schwerwiegenden Fehler umfasst, die das FG bei der Handhabung seines Verfahrens begeht und die den materiellen Inhalt der Entscheidung beeinflusst haben können. Nicht umfasst sind nach BFH, NJW 2004, S. 2854 indessen Verletzungen von Verfahrensvorschriften, deren Auslegung gerade den Gegenstand der Entscheidung bildet. Insoweit kann eine Gegenvorstellung beim Ausgangsgericht keinen wirksamen Rechtsschutz gewährleisten, weil sich das Gericht bereits ausdrücklich eine Überzeugung von der Rechtmäßigkeit seines Verfahrens gebildet hat. Vielmehr erfordert effektiver Rechtsschutz in einem solchen Fall eine Entscheidung des Beschwerdegerichtes. Damit stellt der BFH an die Gehörsrüge das Erfordernis der Effektivität.

BVerfGG zunächst der Rechtsweg erschöpft werden muss.[764] Der Beschwerdeführer muss also geltend machen, alle ihm zur Verfügung stehenden Mittel ausgeschöpft zu haben. Ist nicht ersichtlich, ob der Richter das rechtliche Gehör bewusst verletzt hat, könnte dies bedeuten, dass der Beschwerdeführer zunächst versuchen muss, nach § 321a ZPO n. F. vorzugehen. Stellt er fest, dass dieses Vorgehen aufgrund des bewussten Vergehens des Richters nicht effektiv ist, stellt sich die Frage, ob er dann noch eine außerordentliche Beschwerde einlegen muss, bevor er Verfassungsbeschwerde einlegen kann. Durch die Abgrenzung zwischen bewussten und unbewussten Gehörsverletzungen wird der Rechtsweg damit unnötig erschwert - prozessökonomisch erscheint ein solches Vorgehen kaum.
Aus diesem Grund sollte eine eindeutige Regelung geschaffen werden: Die erstmalige Verletzung eines Verfahrensgrundrechtes sollte – streitwertunabhängig - die nächsthöhere Instanz eröffnen. Erst wenn es den Fachgerichten nicht gelingt, der Grundrechtsverletzung abzuhelfen, sollte der Weg zum Bundesverfassungsgericht eröffnet werden. Durch diese Lösung könnte auch eine echte Entlastung des Bundesverfassungsgerichtes eintreten und die Zweifelsfragen in Hinblick auf die Regelung des § 321a ZPO n. F. würden ausgeräumt. Die bestehende Rechtslage jedenfalls wird aufgrund ihrer minimalistischen Ausgestaltung weiterhin zu Diskussionen führen und dadurch personelle Ressourcen binden.

2. Rechtslage in Spanien

a) Die Rolle des Verfassungsgerichtes bei der Ausgestaltung des innerprozessualen Grundrechtsschutzes in LEC/2000

Auch der spanische Reformgesetzgeber der LEC/2000 traf eine Neuregelung des innerprozessualen Grundrechtsschutzes. Die Gesetzesbegründung verweist diesbezüglich ausdrücklich auf die Erfordernisse des Art. 53.2 CE[765], wonach vor Einlegung einer Verfassungsbeschwerde aufgrund der Verletzung eines Grundrechts ein summarisches, d. h.[766] beschleunigtes Verfahren vor den ordentlichen

---

[764] Vgl. dazu auch *Kroppenberg*, ZZP 116 (2003), S. 421 (437 ff.).

[765] Art. 53.2 CE lautet: Jeder Bürger kann Rechtschutz in Hinblick auf die in Art. 14 CE und im ersten Abschnitt des 2. Kapitels (in diesem Abschnitt befindet sich auch das Recht auf effektiven Rechtsschutz gem. Art. 24 CE, Anm. der Verf.) gewährten Grundrechte durch ein schnelles und vorrangiges Verfahren vor den ordentlichen Gerichten verlangen.

[766] Summarisch wird nicht im streng prozessrechtlichen Sinn als vorläufiges, lediglich begrenztes Verfahren gebraucht – vielmehr wird „sumariedad" mit Schnelligkeit oder Beschleunigung übersetzt. Vgl. dazu *Sommermann*, Der Schutz der Grundrechte, S. 296 f.

Gerichten durchzuführen ist.[767] Vor Erlass der LEC/2000 wurde das Postulat des Art. 53. 2 CE durch ein Organgesetz[768] verwirklicht, das bei Grundrechtsverletzungen durch die öffentliche Gewalt ein spezielles Verfahren vorsah.[769] Der Anwendungsbereich des Gesetzes erstreckte sich laut Art. 1 jedoch lediglich auf die klassischen Freiheitsrechte wie etwa die Meinungs-, Versammlungs- und Religionsfreiheit – in Hinblick auf die Verletzung der Verfahrensgrundrechte des Art. 24 CE durch die Gerichte sah das Gesetz kein Verfahren vor.[770] Diese fehlende prozessuale Abhilfemöglichkeit bei Verletzung eines Prozessgrundrechtes wurde durch den Tribunal Constitucional moniert.[771]

Ende der 90er Jahre lagen dem Verfassungsgericht einige Entscheidungen vor, in denen es um die Anwendung des Art. 240 LOPJ ging. Nach dieser Vorschrift können Prozesshandlungen für nichtig erklärt werden, wenn ein absoluter Nichtigkeitsgrund im Sinne des Art. 238 LOPJ vorliegt. Dies ist etwa der Fall, wenn ein unzuständiges Gericht entschieden hat (Nr.1), wenn ein Urteil durch Gewalt oder Drohung erzwungen wurde (Nr.2), gegen den Anwaltszwang verstoßen wurde (Nr. 4) oder wenn eine essentielle verfahrensrechtliche Vorschrift außer Acht gelassen wurde und dadurch „Verteidigungslosigkeit“ eingetreten ist (Nr.3).[772]

Art. 238 LOPJ dient damit dem Schutz der Verfahrensgarantien des Art. 24 CE.[773] So zielt etwa Art. 238.3 LOPJ auf Verstöße gegen Vorschriften ab, die ein Gleichgewicht zwischen den Parteien herstellen und jeder Seite ihre Verteidigung ermöglichen sollen: Denn die eine Seite ohne die andere zu hören, führt zur Verteidigungslosigkeit.[774] Art. 238.3 LOPJ ist folglich die einfachgesetzliche Umsetzung des Art. 24.1 CE, der das Verbot der Verteidigungslosigkeit enthält.[775] Und auch die anderen Nichtigkeitsgründe des Art. 238 LOPJ dienen letztlich der Verwirklichung von fundamentalen prozessualen Garantien: So soll der Anwaltszwang in bestimmten Verfahren ebenfalls der Verteidigungslosigkeit der Parteien vorbeugen und die Nichtigkeit einer durch einen unzuständigen

[767] Exposición de Motivos, LEC/2000, Abs. X.

[768] Ley 62/1978, del 26 de diciembre, de protección jurisdiccional de los derechos fundamentales.

[769] *Sommermann*, Der Schutz der Grundrechte, S. 296 ff.

[770] *Pico i Junoy*, Las garantias constitucionales, S. 29 ff.

[771] STC 211/1989; STC 212/1989; STC 185/1990.

[772] Weitere spezielle Nichtigkeitsgründe ergeben sich etwa aus Art. 48.2, 68.4, 97.2, 113, 137.3, 166.1, 167.1, 204.3, 280, 562.2, 589 und 609 LEC/2000.

[773] *Martínez Escribano*, “Garantias constitucionales”, in: La aplicación jurisdiccional de la constitución, S. 153 ff.

[774] *Vázquez Iruzubieta*, Comentarios, Art. 225, S. 378.

[775] Art. 24 CE lautet: Todas las personas tienen derecho a obtener la tutela efectiva de los jueces y tribunales en el ejercicio de sus derechos e intereses legítimos, sin que, en ningún caso, *pueda producirse indefensión*.

Richter getroffenen Entscheidung soll das Recht auf den gesetzlichen Richter im Sinne des Art. 24.2 CE absichern.[776]
Zweifel an der Verfassungsmäßigkeit des Art. 240.2 LOPJ entstanden aufgrund der zeitlichen Beschränkung der Norm. Dem Tribunal Constitucional lag ein Fall[777] vor, in dem gegen den Beklagten in der zweiten Instanz ein Versäumnisurteil erlassen wurde, obwohl er nicht ordnungsgemäß geladen worden war. Nachdem das Urteil gefällt und in Rechtskraft erwachsen war, machte der Beklagte geltend, dass durch die fehlende Ladung Verteidigungslosigkeit im Sinne des Art. 238 LOPJ eingetreten und die Prozesshandlungen deshalb nichtig sei. Das Berufungsgericht lehnte dies in Hinblick auf die bereits eingetretene Rechtskraft des Urteils ab und folgte damit der ständigen zivilprozessualen Rechtsprechung.[778] Ein weiteres Rechtsmittel gegen das Berufungsurteil war nicht statthaft. Der Beklagte legte daraufhin als letztes Mittel Verfassungsbeschwerde ein, die auch Erfolg hatte, da der Angeklagte in seinem Grundrecht aus Art. 24.1 CE verletzt worden sei. Der zweite Senat stellte in der Entscheidung auch die Verfassungsmäßigkeit des Art. 240.2 LOPJ in Frage.
In einem am selben Tag erlassenen Urteil rief der zweite Senat das Plenum des Verfassungsgerichtes mit der Frage an, ob die Vorschrift des Art. 240 LOPJ gegen Art. 24.1 CE verstoße, sowie gegen Art. 53.2 CE, wonach die Fachgerichte vorrangigen Rechtsschutz bei Grundrechtsverletzungen gewähren müssen.[779] Auch diesem Urteil lag ein Fall zugrunde, in dem der enge Anwendungsbereich des Art. 240 LOPJ dem Beklagten die Rechtsschutzmöglichkeiten trotz Nichtgewährung des rechtlichen Gehörs abschnitten. Die Beschwerdeführerin Mutua Madrileña Automovilista hatte gegen die Union Europea de Seguros, S.A. (UNESA) geklagt. Das erstinstanzliche Gericht gab der Klage statt und verurteilte die UNESA, die daraufhin Berufung einlegte. Die Parteien wurden vor die „Audiencia Provincial de Madrid" geladen, wo sich Mutua Madrileña Automovilista auch am 20. November 1986 einfand – allerdings war die Berufung ohne Kenntnis der Beklagten vor die zweite Sektion der Audiencia Provincial verlegt worden, wodurch es Mutua Madrileña Automovilista unmöglich gemacht wurde, vor Gericht zu erscheinen. Dennoch verhandelte das nun zuständige Gericht in Abwesenheit der Beklagten, hob das erstinstanzliche Urteil auf und bürdete ihr die Verfahrenskosten auf. Auch in diesem Fall war die Aufhebung des Berufungsurteils nach Art. 240.2 LOPJ nicht mehr möglich. Das Plenum des Verfassungsgerichtes teilte in der darauf folgenden Plenarentscheidung[780] die Ansicht

[776] *Vázquez Iruzubieta*, Comentarios, Art. 225, S. 378.
[777] STC 211/1990.
[778] *Ramos Méndez*, Derecho procesal civil I, S. 369, Fn. 6 m.w.N. auf die zivilprozessuale Rechtsprechung.
[779] STC 212/1989.
[780] STC 185/1990.

des zweiten Senates nicht und erklärte die Vorschrift des Art. 240.2 LOPJ für verfassungsgemäß. Zwar entstünden Zweifel an der Verfassungsmäßigkeit der Vorschrift dann, wenn bei Verletzung eines Verfahrensgrundrechts der Richter nach Erlass des Urteils keine Möglichkeit mehr habe, dieser Verletzung abzuhelfen, selbst wenn ihm die Verletzung im Nachhinein bewusst werde und gegen die Entscheidung auch kein anderes Rechtsmittel möglich sei.[781] Jedoch sei Art. 240 LOPJ insofern verfassungskonform, als auch die Rechtskraft eines Urteils aus Gründen der Rechtssicherheit, die ebenfalls ein verfassungsrechtliches Gebot sei, respektiert werden müsse. Aus diesem Grund scheide auch eine erweiterte Anwendung der Vorschrift aus.[782]
Jedoch kritisierte das Verfassungsgericht in einem „obiter dictum" die unzureichende Ausgestaltung des vorrangigen Rechtsschutzes durch die Fachgerichte bei Verletzung von Prozessgrundrechten in LEC/1881. Nach Art. 53.2 CE sei es Aufgabe des Gesetzgebers bei Verletzung eines Verfahrensgrundrechtes ein vorrangiges und beschleunigtes Verfahren vor den Gerichten einzurichten. Dies habe der Gesetzgeber bisher versäumt[783], was in letzter Konsequenz zu einer „Denaturalisierung" des Verfassungsgerichtes führe.[784] Dieses obiter dictum des Tribunal Constitucional kann man als Grundlage der Gewährung von Rechtsschutz bei Prozessgrundrechtsverletzungen durch die LEC/2000 betrachten. Der Gesetzgeber berücksichtigte die Aufforderung des Verfassungsgerichtes und integrierte in das neue Zivilprozessgesetz Vorschriften, die dazu dienen sollen den innerprozessualen Grundrechtsschutz zu stärken. So wurde der „recurso extraordinario por infracción procesal" eingeführt, der auch bei Prozessgrundrechtsverletzungen greift.[785] Dadurch sollte der Rechtsschutz durch die ordentlichen Gerichte bei Verletzung des Art. 24 CE verstärkt werden. Vor Erlass des Zivilprozessreformgesetzes stellte sich die Lage damit ähnlich dar wie in Deutschland. Auch das spanische Verfassungsgericht wandte sich gegen die Überhäufung mit Verfassungsbeschwerden wegen simpler Verfahrensgrundrechtsverletzungen, denen aufgrund der mangelhaften Ausgestaltung des Rechtsmittelsystems nicht durch die Fachgerichte selbst abgeholfen werden konnte.

---

[781] STC 185, 1990, F.J. 2.
[782] STC 185, 1990, F.J. 4.
[783] STC 185, 1990, F.J. 5.
[784] STC 185, 1990, F.J. 6; Vgl. zu den Auswirkungen des Konzepts der Nichtigkeit nach Art. 240 LOPJ auf die Rechtswegerschöpfung *Senes Motilla*, La via judicial previa, S. 126 ff.
[785] *Gimeno Sendra*, La Ley, 6-1997, S. 1439 (1439).

b) Der Rechtsschutz bei Prozessgrundrechtsverletzungen in LEC/2000

aa) Die Berufung bei Verletzung eines Prozessgrundrechts nach Art. 459 LEC/2000

Die LEC/2000 verzichtet darauf, ein Verfahren einzurichten, das ausschließlich dazu dient, Prozessgrundrechtsverletzungen abzuhelfen, sondern versucht im Rahmen der allgemeinen Vorschriften ein beschleunigtes und vorrangiges Verfahren im Sinne des Art. 53.2 CE bei Verletzung des Art. 24 CE zu gewährleisten.[786] So kann man nach Art. 459 LEC/2000 bei Verletzung von prozessualen Vorschriften oder Verfahrensgarantien Berufung einlegen. Damit können zum einen Verstöße gegen das einfache Prozessrecht wie etwa Zuständigkeitsvorschriften oder Beweisregeln mit der Berufung angegriffen werden, zum anderen aber auch Verstöße gegen Verfahrensgarantien („garantias procesales").[787] Art. 459 LEC/2000 nennt damit im Gegensatz zur Regelung des „recurso extraordinario por infracción procesal" in Art. 469 LEC/2000[788] nicht ausdrücklich Art. 24 CE, allerdings können sich prozessuale Garantien auch aus Art. 24 CE ergeben. Dies wird durch die Auslegung des Art. 459 S. 2 LEC/2000 gestützt, wonach die Berufungsschrift grundsätzlich die verletzten Verfahrensvorschriften zitieren muss. Koinzidiert der Verstoß gegen eine Verfahrensgarantie mit dem gegen eine einfachgesetzliche Norm, so ist diese zu nennen. Lässt sich allerdings keine konkrete prozessuale Vorschrift benennen, so kann in der Berufungsbegründung auch auf die allgemein definierten Verfahrensgarantien zurückgegriffen werden.[789] Diese allgemeinen Verfahrensgarantien können sich indes auch aus der Verfassung ergeben.[790] Durch die Eröffnung der Berufung bei Verletzung von verfassungsrechtlich fundierten Prozessgrundsätzen entsteht eine umfassende Rechtsschutzmöglichkeit im Sinne des Art. 53.2 CE, da gem. Art. 455.1 LEC/2000 alle Beschlüsse und Urteile der ersten Instanz unabhängig von ihrem Streitwert berufungsfähig sind.[791]

Stellt das Berufungsgericht tatsächlich fest, dass gegen eine Verfahrensgarantie verstoßen wurde, so sind zwei Vorgehensweisen denkbar: Ist der prozessuale Verstoß durch das Berufungsgericht selbst heilbar, so nimmt es die Heilung vor und fällt ein eigenes Urteil in der Sache.[792] Aus Art. 665.3 LEC/2000 geht her-

---

[786] Exposición de Motivos, Abs. X.

[787] *Bonet Navarro*, Los Recursos, S. 110 f.

[788] Vgl. 2. Teil B III 2 b (bb).

[789] *Bonet Navarro*, Los Recursos, S. 110 f.

[790] *Martínez Escribano*, „Garantías constitucionales ", in: La aplicación jurisdiccional de la constitución, S. 153 ff.; *Picó i Junoy*, Las garantías constitucionales del proceso.

[791] *Montero Aroca*, Derecho jurisdiccional II, S. 430.

[792] *Bonet Navarro*, Los Recursos, S. 115; *Montero Aroca*, Derecho jurisdiccional II, S. 439.

vor, dass dies die favorisierte Lösung darstellt.[793] Ist der Verstoß nicht heilbar, was der Fall ist, wenn ein absoluter Nichtigkeitsgrund vorliegt, erklärt das Berufungsgericht die Nichtigkeit, versetzt den Prozess zurück zu dem Zeitpunkt, in dem der Verstoß stattgefunden hat und verweist an das erstinstanzliche Gericht zurück.[794] Die LEC/2000 führt mit Art. 225 einen Katalog von Nichtigkeitsgründen[795] ein, der sich mit denen des bereits oben erläuterten Art. 238 LOPJ deckt und damit ebenso dem Schutz von Verfahrensgarantien des Art. 24 CE dient.[796] Damit wird die Verletzung des Art. 24 CE in vielen Fällen zur absoluten Nichtigkeit der Prozesshandlung gem. Art. 225 LEC/2000 führen und eine Zurückweisung an das Ausgangsgericht nach sich ziehen.

bb) Das außerordentliche Rechtsmittel wegen prozessualer Verstöße bei Verletzung von Verfahrensgarantien

(1) Grundzüge des außerordentlichen Rechtsmittels

Eine weitere Verstärkung des innerprozessualen Grundrechtsschutzes im Bereich der Prozessgrundrechte stellt die Einführung des sog. „recurso extraordinario por infracción procesal" (Rechtsmittel wegen eines prozessualen Verstoßes) dar. Dieser außerordentliche Rechtsbehelf soll unter anderem den fachgerichtlichen Rechtsschutz von Grundrechten prozessualer Herkunft stärken, da insbesondere die Geltendmachung ihrer Verletzung seit mehr als einem Jahrzehnt Gegenstand eines großen Teils der Rechtsstreite ist.[797]
Der „recurso extraordinario por infracción procesal" stellt ein außerordentliches Rechtsmittel dar, das nur bei Vorliegen von speziellen Gründen und nur gegen bestimmte Entscheidungen möglich ist, wenn es weder in der ersten noch in der zweiten Instanz möglich gewesen ist, prozessuale Defekte zu heilen. Das neue Rechtsmittel verfügt über Devolutiveffekt. Suspensiveffekt besteht, wenn es sich um der Klage stattgebende Berufungsurteile handelt.[798] Zuständig sind die Tribunales Superiores de Justicia.

---

[793] *Montero Aroca*, Derecho jurisdiccional II, S. 440.
[794] *Vázquez Iruzubieta*, Comentarios, Art. 665, S. 663.
[795] Weitere spezielle Nichtigkeitsgründe ergeben sich etwa aus Art. 48.2, 68.4, 97.2, 113, 137.3, 166.1, 167.1, 204.3, 280, 562.2, 589 und 609 LEC/2000.
[796] *Martínez Escribano*, „Garantías constitucionales ", in: La aplicación jurisdiccional de la constitución, S. 153 ff.; Vgl. dazu 2. Teil B III 2 a.
[797] Exposición de Motivos LEC/2000, Abs. XIV.
[798] Boletín de Información del Ministerio de Justicia, Nr. 1946 (2003), S. 2607 (2611).

(2) Angreifbare Entscheidungen

Der „recurso extraordinario por infracción procesal“ ist gegen instanzbeendende Beschlüsse und Urteile der Berufungsgerichte möglich, die von den sog. „Audiencias Provinciales“ erlassen wurden. Daraus ergibt sich, dass Urteile, die in erster Instanz von einem Friedensrichter erlassen wurden, nicht mit dem „recurso por infracción procesal“ angegriffen werden können, da gegen ihre Urteile die Berufung vor den „Juzgados de Primera Instancia“ stattfindet (vgl. Art. 455.2 Nr. 1 LEC/2000). Damit enden für Urteile, deren Streitwert unter 90,- € liegt und deshalb die Zuständigkeit des Friedensrichters[799] begründet ist, die zivilprozessualen Rechtsschutzmöglichkeiten bei prozessualen Defekten nach der zweiten Instanz – danach kann lediglich noch Verfassungsbeschwerde eingelegt werden.

(2) Die Zulassungsgründe des außerordentlichen Rechtsmittels wegen prozessualer Verstöße

Gegenstand eines Rechtsmittels wegen prozessualer Verstöße kann gem. Art. 469 LEC/2000 zunächst die Verletzung von prozessualen Vorschriften über die Zuständigkeit sein, außerdem Verstöße gegen Vorschriften, die Verfahrensgarantien enthalten, wenn sich daraus entweder die absolute Nichtigkeit der in Frage stehenden Prozesshandlung ergeben würde oder sich dadurch „Verteidigungslosigkeit“ eingestellt hat. Gem. Art. 469.4 LEC/2000 ist der „recurso extraordinario por infracción procesal“ darüber hinaus statthaft, wenn ein Verfahrensgrundrecht des Art. 24 CE verletzt wurde. Damit überschneiden sich die Zulassungsgründe des Art. 469 LEC/2000, da bei Vorliegen eines absoluten Nichtigkeitsgrundes im Sinne des Art. 225 LEC/2000 regelmäßig auch Art. 24 CE verletzt ist.[800]

Der Rechtsschutzbereich des „recurso extraordinario por infracción procesal“ hängt damit maßgeblich vom Schutzbereich des Art. 24 CE ab, der durch das spanische Verfassungsgericht konkretisiert wurde.[801] In Hinblick auf den Zivilprozess[802] nennt Art 24 CE folgende prozessuale Garantien ausdrücklich: Das

---

799 Nach Art. 47 LEC/2000 ist die Zuständigkeit des Friedensrichters bei einem Streitwert unter 90, - € begründet, wenn es sich nicht um eine Streitigkeit handelt, die gem. Art. 250.1 LEC/2000 im mündlichen Verfahren den „Juzgados de Primera Instancia“ zugeordnet sind. Es handelt sich damit mehr um eine symbolische Zuständigkeit.

800 *Carreras del Rincón*, Revista Jurídica de Catalunya 2003, S. 53 (91).

801 *Carreras del Rincón*, Revista Jurídica de Catalunya 2003, S. 700 (723).

802 Art. 24.2 CE enthält auch strafprozessuale Garantien wie die Unschuldsvermutung und das Recht nicht gegen sich selbst aussagen zu müssen.

Verbot der Verteidigungslosigkeit, das Recht auf einen Prozess ohne ungerechtfertigte Verzögerungen, das Recht auf den gesetzlichen Richter, das Recht auf einen öffentlichen Prozess und das Recht die notwendigen Beweismittel vorbringen zu dürfen.[803] Darüber hinaus enthält Art. 24 CE Prozessgarantien, die nicht ausdrücklich genannt sind, aber trotzdem integraler Bestandteil des verfassungsrechtlichen Konzepts sind, wie insbesondere die Waffengleichheit oder der Anspruch auf rechtliches Gehör.[804] Auch die Verletzung dieser Verfahrensgarantien kann mit dem außerordentlichen Rechtsmittel wegen prozessualer Verstöße geltend gemacht werden.[805]
Die verfassungsgerichtliche Rechtsprechung zieht der Berufung auf Art. 24 CE insofern Grenzen, als nicht jede Verletzung einer prozessualen Vorschrift die Verletzung eines Prozessgrundrechts darstellt. Damit der Verstoß einer prozessualen Vorschrift zu einer Verletzung des Art. 24 CE führt, muss nach Rechtsprechung des Tribunal Constitucional der Beschwerdeführer substantiell in seinem Recht auf Verteidigung eingeschränkt worden sein.[806] Dieses Erfordernis gilt auch in Hinblick auf den „recurso extraordinario por infracción procesal".[807] Andererseits kann Art. 24 aber auch verletzt sein, wenn eine Norm technisch zwar korrekt angewandt wurde, das Ergebnis allerdings zu einer Verletzung des Art. 24 CE führt, weil aufgrund eines übertriebenen Formalismus der eigentliche Zweck des Prozesses außer Acht gelassen worden ist.[808]
Darüber hinaus ist für den Rechtsschutzbereich des „recurso extraordinario por infracción procesal" von Bedeutung, dass über Art. 10.2 CE die Grundrechte in Einklang mit der EMRK ausgelegt werden müssen. Nach Rechtsprechung des Tribunal Constitucional bedeutet dies, dass Akte der öffentlichen Gewalt, die gegen Garantien der EMRK verstoßen, auch die spanische Verfassung verletzen.[809] Liegt damit ein Verstoß gegen Art. 6 I EMRK vor, liegt darin gleichzeitig ein Verstoß gegen Art. 24 CE, der durch die Einlegung des „recurso extraordinario por infracción procesal" beseitigt werden kann.

---

[803] *Guasp/Aragoneses*, Revista de derecho procesal 2002, S. 163 (225).
[804] *Martinez Escribano*, Garantias constitucionales, in: La aplicación jurisdiccional de la constitución, S. 153 (165). Der Autor bezeichnet das rechtliche Gehör als das wichtigste Recht des Art. 24.1 CE.
[805] *Carreras del Rincón*, Revista Jurídica de Catalunya, 2003, S. 701 (740).
[806] STC 35/1989 F.J. 3:„...die Verteidigungslosigkeit entsteht nicht durch eine bloße Verletzung von prozessualen Vorschriften (...), sondern vielmehr (...) wenn die Verletzung von Verfahrensvorschriften zur Verhinderung des Rechtes auf Verteidigung führt und dadurch die Interessen des Betroffenen tatsächlich beschädigt werden."; STC 155/1988 F.J. 4.
[807] *Carreras del Rincón*, Revista Jurídica de Catalunya, 2003, S. 701 (724).
[808] *Carreras del Rincón*, Revista Jurídica de Catalunya, 2003, S. 701 (723).
[809] STC 36/1991.

(3) Entscheidungswirkungen

Ist ein Verstoß gegen Art. 24 CE gegeben, so wird der Prozess in die Lage zurückversetzt, in der die Verletzung stattgefunden hat und an das Ausgangsgericht zurückverwiesen.[810] Die Tribunales Superiores de Justicia bleiben damit auf die Entscheidung rein prozessualer Fragen beschränkt und fällen kein Urteil dem Grunde nach. Dadurch soll erreicht werden, dass das Verhältnis zwischen Revision und Rechtsmittel wegen prozessualer Verstöße gewahrt bleibt, da materielle und prozessuale Fragen gerade das Unterscheidungskriterium zwischen den beiden außerordentlichen Rechtsbehelfen ausmachen.[811] Andernfalls könnten die Tribunales Superiores de Justicia gegebenenfalls über materielle Rechtsfragen entscheiden, die der Revision vor dem Tribunal Supremo vorbehalten sind.

cc) Die Rolle der obersten Gerichte bei Verletzung von Verfahrensgarantien

Die Einführung des „recurso extraordinario por infracción procesal" stellt insofern eine der grundlegendsten Neuerungen der LEC/2000 dar, als damit das Verhältnis der obersten Gerichte zueinander neu definiert wurde.[812] Sowohl das Verfassungsgericht als auch das höchste Zivilgericht sollen durch die Vorschaltung eines Rechtsbehelfs in prozessualen Fragen entlastet und dadurch die Verfahrensdauer verkürzt werden:[813] Alle prozessualen Fragen werden aus der Revision vor dem Tribunal Supremo ausgenommen und die Einlegung von „recurso extraordinario por infracción procesal" und Revision ist streng alternativ. Werden beide Rechtsmittel gleichzeitig eingelegt, so wird die Revision zurückgewiesen.[814]

Zum anderen dient der Sonderrechtsbehelf der Entlastung des Verfassungsgerichtes, da er eine fachgerichtliche Abhilfemöglichkeit bei Verletzung des Art. 24 CE darstellt und eine Verfassungsbeschwerde erst nach Einlegung dieses außerordentlichen Rechtsbehelfs möglich ist.[815] Dadurch soll die Zahl der Verfassungsbeschwerden aufgrund von Art. 24 CE, die einen überproportional großen

---

[810] *Montero Aroca*, Derecho jurisdiccional II, S. 452.

[811] *Oliva Santos/Díez-Picazo Giménez*, Derecho procesal civil, S. 470 f.

[812] *Oliva Santos/Díez-Picazo Giménez*, Derecho procesal civil, S. 15.

[813] Boletín de Información del Ministerio de Justicia, Nr. 1946 (2003), S. 2607 (2618); Exposición de Motivos, LEC/2000, Abs. XIV; *Guasp/Aragoneses Alonso*, RDP 2002, S. 163 (225).

[814] *Oliva Santos/Díez-Picazo Giménez*, Derecho procesal Civil, S. 15.

[815] Exposición de Motivos, LEC/2000, Abs. XIV.

Anteil ausmachen,' verringert werden.[816] Bemerkenswert ist, dass der Gesetzgeber für Verstöße gegen Art. 24 CE einen Sonderweg einrichtet: Verletzt die Berufungsentscheidung Verfahrensgrundrechte, so greift der sog. „recurso por infracción procesal". Bei Verletzung von materiellen Grundrechten ist hingegen die Revision möglich gem. Art. 477.2 Nr. 1 LEC/2000.
Gegen Entscheidungen der Tribunales Superiores de Justicia ist kein fachgerichtliches Rechtsmittel der Parteien mehr möglich (vgl. Art. 476.4 LEC/2000). Bei divergierender Rechtsprechung der Tribunales Superiores de Justicia in Hinblick auf prozessrechtliche Vorschriften kann die Staatsanwaltschaft als Oberbehörde oder der Ombudsmann das Rechtsmittel im Interesse des Gesetzes („recurso en interés de la ley", Art. 490 ff. LEC/2000) einlegen. Ziel dieses Rechtsbehelfes ist es, dass der Tribunal Supremo eine einheitliche Rechtsprechung auch in prozessualen Fragen schaffen kann, da aufgrund der Anzahl der Tribunales Superiores de Justicia divergierende Rechtsprechung entstehen kann.[817]
Allerdings ist der „recurso en interés de la Ley" dann ausgeschlossen, wenn gegen die Entscheidung der Tribunales Superiores de Justicia bereits Verfassungsbeschwerde eingelegt und die Frage durch das Verfassungsgericht entschieden wurde. Da der Tribunal Constitucional gem. Art. 123 CE in Hinblick auf Grundrechte das höchste Gericht ist, erachtet es der Gesetzgeber als sinnvoll, dass die Vereinheitlichung der zivilprozessualen Verfahrensgarantien durch das Verfassungsgericht stattfindet. Auf der anderen Seite spricht allerdings nichts dagegen, dass der Tribunal Supremo eine Entscheidung auf die Vereinbarkeit mit Art. 24 CE hin untersucht, da auch der Tribunal Supremo an die Grundrechte gebunden ist.[818] Die Bedingung, dass es noch keine verfassungsgerichtliche Entscheidung in dieser Frage gibt, soll Kollisionen zwischen Verfassungsgericht und höchstem Zivilgericht vermeiden und dadurch deren Stellung zueinander „harmonisieren".[819]

c) Resümee

Die Zivilprozessreformen in Spanien und in Deutschland haben versucht, Lösungen für das Problem des fachgerichtlichen Rechtsschutzes bei Verfahrensgrundrechtsverletzungen zu finden. In beiden Ländern hatten an dieser Entwicklung die Verfassungsgerichte maßgeblichen Anteil, da sie nicht weiterhin mit

---

[816] Boletín de Informaciones del Ministerio de Jusiticia, Nr. 1946 (2003), S. 2607 (2618).
[817] *Montero Aroca*, Derecho Jurisdiccional II, S. 462.
[818] *Bonet Navarro*, Los recursos en el proceso civil, S. 253 f.
[819] Exposición de Motivos, LEC 2000, XIV.

Verletzungen von Verfahrensgarantien im Zivilprozess überlastet werden wollten.[820]

Spanien und Deutschland haben für unterschiedliche Modelle des innerprozessualen Grundrechtsschutzes optiert. In Deutschland wird ein spezielles Verfahren der Selbstkorrektur eingeführt, in Spanien wird der prozessuale Grundrechtsschutz in den allgemeinen Instanzenzug integriert. Dem entscheidenden Richter selbst möchte man in Spanien die Entscheidung über die eigene Verletzung einer Verfahrensgarantie nicht übertragen. Damit erspart man sich im Gegensatz zu Deutschland die Frage, ob die Selbstkorrektur durch den iudex a quo im konkreten Fall dem Gebot der Effektivität entspricht oder ob eventuell doch der iudex ad quem angerufen werden muss.[821]

Auch in Hinblick auf den Umfang des prozessualen Grundrechtsschutzes ist das spanische Recht eindeutiger. So beschränkt der spanische Gesetzgeber den fachgerichtlichen Grundrechtsschutz nicht auf die Verletzung des rechtlichen Gehörs, sondern räumt für die Verletzung aller Verfahrensgarantien des Art. 24 CE eine umfassende Rechtsschutzmöglichkeit ein. Diese Lösung erscheint insofern vorzugswürdig, als Abgrenzungsprobleme im Gegensatz zum deutschen Recht nicht auftauchen können.[822] Das spanische System wird dem Prinzip der Rechtssicherheit daher weitaus mehr gerecht als das deutsche, da der Rechtssuchende hierzulande nicht genau abschätzen kann, welches Rechtsmittel ihm bei Verletzung einer Verfahrensgarantie zusteht.

Darüber hinaus ist das spanische Prozessrecht bei Verletzung eines Verfahrensgrundrechts insgesamt ökonomischer, da die Vorschaltung des Rechtsbehelfes wegen prozessualer Fehler sowohl das Verfassungsgericht als auch das höchste Zivilgericht entlastet. Ist in letzter Konsequenz doch eine höchstrichterliche Entscheidung notwendig, besteht im Gegensatz zu Deutschland eine alternative Kompetenz zwischen Verfassungsgericht und höchstem Zivilgericht. Dies ist in Hinblick auf den zeitlichen und finanziellen Horizont eines Rechtsstreits die vorzugswürdigere Lösung, da vermieden wird, zwei kostenintensive und langwierige Verfahren vor den höchsten Gerichten durchzuführen.

Insgesamt ist das spanische System des innerprozessualen Grundrechtsschutzes einfacher und effektiver – Abgrenzungsprobleme und Zweifelsfragen entstehen im Gegensatz zum deutschen Recht kaum. Allerdings hatte es der spanische Gesetzgeber bei Ausgestaltung des innerprozessualen Grundrechtsschutzes insofern leichter, als er ihn nicht wie der deutsche Gesetzgeber in ein bestehendes System integrierte. Denn die LEC/2000 stellt eine neue Prozessordnung dar, die das Rechtsmittelsystem vollkommen neu gestaltete.

---

[820] Grundlegend: BVerfG, NJW 2004, S. 1924 und STC 185/1990.
[821] Vgl. zur Problematik im deutschen Recht: 2. Teil B III 1 b dd (2).
[822] Vgl. zur Problematik im deutschen Recht: 2. Teil B III 1 b dd (1).

In Hinblick auf den Rechtsschutzbereich des innerprozessualen Grundrechtsschutzes zeigt sich in beiden Ländern eine Zurückhaltung gegenüber europäischen Standards aus der EMRK: § 321a ZPO ist auf die Verletzung des rechtlichen Gehörs aus Art. 103 I GG beschränkt, dessen Reichweite maßgeblich vom Bundesverfassungsgericht bestimmt wird. Und auch der „recurso extraordinario pro infracción procesal“ nimmt mit Art. 24 CE ausschließlich Bezug auf spanisches Verfassungsrecht, dessen Inhalt ebenfalls durch den Tribunal Constitucional definiert wird.[823]
Allerdings besteht im spanischen Recht immerhin die Möglichkeit, die Gewährleistungen der EMRK über Art. 10.2 CE in den Rechtsschutzbereich des „recurso extraordinario por infracción procesal“ zu integrieren und dadurch europäische Grundrechtsstandards in den Zivilprozess zu übertragen.

[823] Weder die deutsche noch die spanische Gesetzesbegründung nehmen in Hinblick auf das System des innerprozessualen Grundrechtsschutzes Bezug auf europäische Standards. So führt der deutsche Gesetzgeber in der Begründung zum Anhörungsrügegesetz (BT-Drucks. 15/3706, S. 13) aus: „Dem Tenor der bundesverfassungsgerichtlichen Rechtsprechung folgend ergänzt der Gesetzesentwurf das Rechtsbehelfssystem um die Möglichkeit, einen Verstoß gegen das in Art. 103 I GG verbürgte Recht auf rechtliches Gehör zu rügen“. Und auch in Spanien nimmt die Gesetzesbegründung in Hinblick auf den innerprozessualen Grundrechtsschutz ausschließlich Bezug auf Art. 24 CE (vgl. Exposición de Motivos, LEC/2000, Abs. XIV).

C) Das Vollstreckungsverfahren

I. Zwangsvollstreckungsrecht und Verfassung

Art und Umfang von rechtlich erlaubten Vollstreckungsmaßnahmen spiegeln stets auch das rechtsethische und soziale Verständnis der Epochen wider.[824] Damit liegt auf der Hand, dass die Verfassungen in Spanien und Deutschland als allumfassende Werteordnungen maßgeblichen Einfluss auf das Vollstreckungsrecht haben. Gegenstand des Rechtsvergleichs wird deshalb die Frage sein, inwiefern das Zwangsvollstreckungsrecht in Spanien und Deutschland seit Entstehen von Grundgesetz und Constitución Española verfassungsrechtlich überformt wurde. Aus diesem Grund werden zunächst die verfassungsrechtlichen Grundlagen der Zwangsvollstreckung in Spanien und Deutschland skizziert.

1. Zwangsvollstreckung und Grundgesetz

Obwohl der Prozess der Humanisierung des Zwangsvollstreckungsrechtes nicht erst mit Erlass des Grundgesetzes begann und bereits die ZPO von 1877 Pfändungsverbote[825] enthielt und das Lohnbeschlagnahmegesetz von 1869 Pfändungsschutz in Hinblick auf das Arbeitseinkommen vorsah,[826] kann man erst seit Erlass des Grundgesetzes von einer Konstitutionalisierung des Vollstreckungsrechtes sprechen.[827]

Da das Zwangsvollstreckungsrecht öffentliches Recht ist,[828] unterliegt es einer unmittelbaren Grundrechtsbindung aus Art. 1 III GG. Bei Durchführung der Vollstreckung ist der Staat damit an die Grundrechte gebunden. In besonders intensivem Maße sind von der Zwangsvollstreckung das Eigentum des Schuldners aus Art. 14 GG betroffen sowie die Unverletzlichkeit der Wohnung nach Art. 13 GG, wenn einer Sachpfändung eine Wohnungsdurchsuchung vorausgeht. Sogar in die persönliche Freiheit des Schuldners aus Art. 2 II 2 GG kann eingegriffen werden, wenn etwa zur Erzwingung einer Handlung oder Unterlassung Ordnungshaft angeordnet wird (§§ 888 – 889 ZPO).[829] Da die Eingriffsintensität ein Kriterium für die verfassungsgerichtliche Nachprüfbarkeit einer zi-

[824] *Lippross*, Grundlagen und System, S. 79.

[825] § 715 ZPO – heute § 811 ZPO. Vgl. dazu *Lippross*, Grundlagen und System, S. 81

[826] Heute geregelt in §§ 850 ff. ZPO. Vgl. dazu *Lippross*, Grundlagen und System, S. 154.

[827] *Lippross*, Grundlagen und System, S. 118.

[828] *Rosenberg/Gaul/Schilken*, Zwangsvollstreckungsrecht, § 1 III 1; Zöller/*Stöber*, ZPO, Vor § 704, Rdnr. 1; RGZ 82 (85 ff.); BGHZ 93, 287 (297 f.); BGHZ 119, 75 (78 f.).

[829] *Rosenberg/Gaul/Schilken*, Zwangsvollstreckungsrecht, § 3 I.

vilrechtlichen Entscheidung ist,[830] wird das Bundesverfassungsgericht häufig in Zusammenhang mit Maßnahmen des Zwangsvollstreckungsrechtes angerufen.[831] Neben den Grundrechten des Schuldners bestehen allerdings auch Rechte des Gläubigers aus dem Grundgesetz. So erfasst die Eigentumsgarantie des Art. 14 GG auch das Forderungsrecht des Gläubigers.[832] Da der Gläubiger dieses Recht lediglich in den Grenzen der §§ 229 ff. BGB durchsetzen kann, wenn obrigkeitliche Hilfe nicht rechtzeitig zu erlangen ist und in Folge dessen die Gefahr der Anspruchsvereitelung besteht, muss der Staat ihm effektiven Rechtsschutz in der Zwangsvollstreckung gewähren. Damit entspringt das Recht auf Zwangsvollstreckung - ebenso wie das Recht auf einen gerichtlichen Prozess - der aus dem Rechtsstaatsprinzip abgeleiteten Justizgewährungspflicht des Staates.[833]
Die Zwangsvollstreckung ist folglich durch ein Dreiecksverhältnis gekennzeichnet, an dem Vollstreckungsschuldner, Vollstreckungsgläubiger und der Staat teilnehmen. Deshalb stellt sie keinen Akt der klassischen Eingriffsverwaltung dar, da der Staat beim Eingriff in die Grundrechte des Schuldners durch die Zwangsvollstreckung stets auch den Justizgewährungsanspruch des Gläubigers beachten muss.[834] Im Gegensatz zu einem klassischen Grundrechtseingriff müssen damit die Grundrechte von zwei Personen – Schuldner und Gläubiger – beachtet und in einen gerechten Ausgleich gebracht werden.[835] Dieses Verständnis der Zwangsvollstreckung muss sowohl der Beurteilung eines konkreten Zwangsvollstreckungsaktes als auch des Zwangsvollstreckungsrechtes selbst zugrunde gelegt werden.

2. Zwangsvollstreckung und Constitución Española

Auch die spanische Verfassung enthält grundrechtliche Gewährleistungen in Hinblick auf die Zwangsvollstreckung. In den Darstellungen zum Zwangsvollstreckungsrecht wird dabei in erster Linie das Recht des Gläubigers auf effektiven Rechtsschutz betont.[836] Und auch die verfassungsrechtliche Rechtsprechung

---

[830] BVerfGE 42, 143 (148 f.).
[831] *Rosenberg/Gaul/Schilken*, Zwangsvollstreckungsrecht, § 3 III 1; Vgl. etwa BVerfG, NJW 1979, S. 2607; BVerfG, NJW 1994, S. 1719; BVerfG, NJW 2004, S. 49.
[832] *Rosenberg/Gaul/Schilken*, Zwangsvollstreckungsrecht, § 3 III 4.
[833] BVerfGE, NJW 1988, S. 3141; Stein/Jonas/*Münzberg*, ZPO, vor § 704 Rdnr. 16; *Musielak*, ZPO, vor § 704, Rdnr. 6; *Baur/Stürner*, Zwangsvollstreckungsrecht, Rdnr. 7.1.
[834] *Gerhardt*, ZZP 95 (1982), S. 467 (467); *Rosenberg/Gaul/Schilken*, Zwangsvollstreckungsrecht, § 3 III 3.
[835] *Jauernig*, Zwangsvollstreckungsrecht, § 1 X.
[836] Vgl. etwa *Carreras del Rincón*, Comentarios a la doctrina procesal civil del Tribunal Constitucional y del Tribunal Supremo, S. 486 f.; *Ortells Ramos*, Derecho procesal civil, S. 731 f.; *Moreno Catena*, AFDUAM 5 (2001), S. 187 ff.; *Barbancho Tovillas*, in: Comentarios

hebt die Gläubigerposition hervor: Nach Ansicht des Tribunal Constitucional erschöpft sich der Anspruch auf effektiven Rechtsschutz aus Art. 24 CE nicht im Zugang zu Gericht und der Durchführung des Erkenntnisverfahrens, sondern auch die Erfüllung der Urteile sei Ausprägung des Rechtes auf effektiven Rechtsschutz und unabdingbar für das Funktionieren des Rechtsstaates.[837]
Ein objektiv verfassungsrechtliches Fundament hat die Zwangsvollstreckung darüber hinaus in Art. 117.3 und 118 CE. Nach Art. 117.3. CE[838] gehört zu den Aufgaben der rechtsprechenden Gewalt neben dem Erlass von Urteilen auch ihre Vollstreckung.[839] Art. 118 CE[840] enthält die Verpflichtung des Staates, alle Urteile und sonstigen rechtskräftigen Beschlüsse der Gerichte zu erfüllen. Auch dieses verfassungsrechtliche Gebot ist durch den Tribunal Constitucional als Grundlage der Zwangsvollstreckung angesehen worden.[841]
Neben den Rechten des Gläubigers ist aber auch anerkannt, dass in der Zwangsvollstreckung keine Verteidigungslosigkeit des Schuldners im Sinne des Art. 24 I CE entstehen darf.[842] Dies bedeutet, dass für den Schuldner die Möglichkeit bestehen muss, vor Gericht den Verfahrensablauf der Vollstreckungsmaßnahme überprüfen zu lassen.[843] Von der spanischen Literatur wird jedoch moniert, dass die Rechtsprechung des Tribunal Constitucional im Bereich der Verteidigungsmöglichkeiten des Schuldners nicht besonders ausdifferenziert sei.[844]

---

a la nueva Ley de Enjuiciamiento Civil, S. 207 f., die in erster Linie bzw. ausschließlich das verfassungsrechtliche fundierte Recht des Gläubigers auf effektiven Rechtsschutz betonen.

[837] STC 65/1985; STC 119/1988; STC 34/1993; STC 210/1993.

[838] Art. 117 Abs. 3 lautet: El ejercicio de la potestad jurisdiccional en todo tipo de procesos, juzgando y haciendo ejecutar lo juzgado, corresponde exclusivamente a los Juzgados y Tribunales determinados por las leyes, según las normas de competencia y procedimiento que las mismas establezcan. (Zur Ausführung der rechtsprechenden Gewalt in allen Prozessen, d. h. zu urteilen und zu vollstrecken, steht ausschließlich den durch das Gesetz bestimmten Gerichten zu, gemäß den Vorschriften über Zuständigkeit und Verfahren.)

[839] *Ortells Ramos*, Derecho procesal civil, S. 728 f.

[840] Art. 118 lautet: Es obligado cumplir las sentencias y demás resoluciones firmes de los Jueces y Tribunales, así como prestar la colaboración requerida por éstos en el curso del proceso y en la ejecución de lo resuelto. (Es ist Pflicht, alle Urteile und sonstigen rechtskräftigen Beschlüsse der Gerichte zu erfüllen, ebenso wie die notwendige Unterstützung im Prozess und in der Vollstreckung des Urteils zu gewähren.)

[841] *Ortells Ramos*, Derecho procesal civil, S. 728 m.w.N. auf die verfassungsgerichtliche Rechtsprechung.

[842] STC 4/1982; STC 110/1993.

[843] *Ortells Ramos*, Derecho procesal civil, S. 731 f.

[844] Einzige Ausnahme bildet die außergerichtliche Immobiliarzwangsvollstreckung, die aufgrund der eingeschränkten Verteidigungsmöglichkeiten des Schuldners in Kritik geraten ist. In diesem Zusammenhang hat sich das TC wiederholt mit der Frage beschäftigt, ob die gesetzlichen Verteidigungsmöglichkeiten des Schuldners mit Art. 24 CE in Einklang stehen und

Damit unterscheidet sich die Situation in Spanien deutlich von der in Deutschland: Hierzulande wird die Rechtsprechung des Bundesverfassungsgerichtes deshalb beanstandet, weil sie in der Vergangenheit zu sehr die Rechte des Vollstreckungsschuldners betont und verkannt habe, dass die Zwangsvollstreckung kein klassisches Eingriffsverhältnis darstellt.[845] Und auch die Ausgestaltung des deutschen Zwangsvollstreckungsrechts durch den Gesetzgeber wird als zu schuldnerfreundlich empfunden – Folge der Ineffektivität des Vollstreckungsrechtes sei die Durchsetzung von Forderungen im Wege der Selbsthilfe.[846]
Ursache für die Betonung der Gläubigerrechte in Spanien mag indes in der Regelung der Zwangsvollstreckung unter LEC/1881 zu finden sein. Das alte spanische Zwangsvollstreckungsrecht wurde als ineffektiv und langwierig kritisiert. Als Gründe hierfür wurden neben dem zeitaufwendigen durch viele Schritte gekennzeichneten Verfahren die fast ausschließliche Zuständigkeit der Gerichte und deren daraus resultierende Überlastung genannt.[847] Vor diesem Hintergrund erscheint die verfassungsgerichtliche Betonung der Gläubigerrechte in der Zwangsvollstreckung durchaus verständlich.

3. Die EMRK und Zwangsvollstreckung in Spanien und Deutschland

Aus den vorangehenden Ausführungen ergibt sich, dass das Zwangsvollstreckungsrecht seit Entstehen von CE und GG einem Prozess der Konstitutionalisierung unterliegt. Die verfassungsrechtlichen Anforderungen an das Zwangsvollstreckungsrecht werden dabei durch die Verfassungsgerichte Spaniens und Deutschlands konkretisiert. Gemeinsam ist dem Vollstreckungsrecht beider Länder dabei die Konzentration auf nationales Verfassungsrecht: Eine Bezugnahme auf die Rechtsprechung des EGMR findet nicht statt, obwohl dieser aus Art. 6 EMRK auch Grundsätze für das Zwangsvollstreckungsrecht abgeleitet hat. So ist nach Ansicht des EGMR auch die Zwangsvollstreckung integraler Bestandteil des Begriffes „Prozess" im Sinne des Art. 6 EMRK.[848] Außerdem hat der EGMR darüber befunden, in welchem zeitlichen Rahmen die Vollstre-

---

dies bejaht. Vgl. dazu STC 41/1981, sowie *Robledo Villar*, RGD 1999, Nr. 655, S. 3593 – 3608; *Fajardo López*, Revista de derecho patrimonial 2000 – 1 Nr. 4, S. 337 – 345.

845 *Rosenberg/Gaul/Schilken*, Zwangsvollstreckungsrecht, § 3 III 4, die allerdings hervorheben, dass in jüngerer Zeit eine Hinwendung der Rechsprechung des Verfassungsgerichtes zu den Interessen des Gläubigers erfolgt sei, was durchaus begrüßt wird.

846 *Paulus*, ZRP 2000, S. 296 ff.; aA. *Lambsdorff*, NJW 2002, S. 1303 ff.

847 *Gathmann*, Spanisches Zwangsvollstreckungsrecht, S. 185 f.

848 EMGR, 28.7.1999 (Imobiliare Saffi ./. Italia), Beschwerdenr. 22774/93; EGMR, 21.4.1998, (Estima Jorge./. Portugal), Beschwerdenr. 24550/94; EGMR, 19.3.1997 (Hornsby ./. Griechenland), Beschwerdenr. 18357/91.

ckung stattzufinden hat.[849] Diese Rechtsprechung findet jedoch weder in Spanien noch in Deutschland Beachtung.[850] Eine Konstitutionalisierung des Zwangsvollstreckungsrechts auf supranationaler Ebene findet damit in beiden Ländern nicht statt.

---

849 EGMR, 26.10.1988, (Martins Moreira ./. Portugal), Beschwerdenr. 11371/85; EGMR, 26.9.1996, (Di Pede ./. Italien), Beschwerdenr. 15797/89; EGMR, 6.4.2000, (Comingersoll S.A. ./. Portugal), Beschwerdenr. 35382/97.

850 Vgl. Etwa eine der umfassendsten und aktuellsten Darstellungen zur Frage prozessualer Menschenrechte von *Carreras del Rincón*, Comentarios a la doctrina procesal civil del TC, 2002, der die Rechtsprechung des EGMR vollkommen ausklammert und einzig die Rechtsprechung des TC darstellt. Auch die Lehrbücher von *Ortells Ramos*, Derecho procesal civil, S. XX und von *Montero Aroca*, Derecho jurisdiccional II, S. XX gehen in ihren Ausführungen zum Zwangsvollstreckungsrecht nicht auf die Rechtsprechung des EGMR ein. Einzig *Moreno Catena,* AFDUAM 5 (2001), S. 187 (188) verweist kurz auf die Rechtsprechung des EGMR. Ähnlich stellt sich die Lage in Deutschland dar: Vgl. etwa *Jauernig*, Zwangsvollstreckungs- und Insolvenzrecht und Zöller/*Stöber*, ZPO, Vor § 704, Rdnr. 28 ff., die keinen Bezug auf die Rechtsprechung des EGMR zur Zwangsvollstreckung nehmen. Einzige Ausnahme bildet das Lehrbuch von *Rosenberg/Gaul/Schilken*, Zwangsvollstreckungsrecht, § 12 II 8, das allerdings die EMRK lediglich in Zusammenhang mit der Vollstreckung ausländischer Schiedssprüche nennt.

II. Die Gewährung rechtlichen Gehörs in der Zwangsvollstreckung

Nachdem die allgemeinen verfassungsrechtlichen Grundlagen der Zwangsvollstreckung in Spanien und in Deutschland dargelegt worden sind, stellt sich die Frage, welche konkreten Anforderungen daraus an das Zwangsvollstreckungsrecht erwachsen. Exemplarisch soll das rechtliche Gehör des Schuldners in der Zwangsvollstreckung herausgegriffen und untersucht werden, inwieweit es in Deutschland und Spanien verfassungsrechtlich geboten ist, dass der Schuldner sich gegen die Zwangsvollstreckung wehren kann. Vor diesem Hintergrund wird in einem zweiten Schritt das Rechtsbehelfssystem des spanischen und deutschen Zwangsvollstreckungsrechtes in Augenschein genommen. Interessant ist dieser Vergleich insbesondere deshalb, weil das spanische Zwangsvollstreckungsrecht durch die Zivilprozessreform im Jahr 2000 vollkommen neu gestaltet wurde und damit auch das Rechtsbehelfssystem, das die Widerspruchsmöglichkeiten des Schuldners gegen die Vollstreckung aufgrund Urteils erstmals ausdrücklich regelt.[851]

1. Verfassungsrechtliche Anforderungen an das Rechtsbehelfssystem

a) Die Gewährung rechtlichen Gehörs in der Zwangsvollstreckung

Es besteht Einigkeit darüber, dass der Grundsatz des rechtlichen Gehörs iSv. Art. 103 I GG auch in der Zwangsvollstreckung gilt.[852] Allerdings unterliegt er Modifikationen, die sich daraus ergeben, dass bei Vollstreckung aufgrund Urteils bereits ein Erkenntnisverfahren stattgefunden hat, das „den Streit unter beidseitigem Gehör beendet hat".[853] Deshalb steht im Rahmen der Zwangsvollstreckung das Recht des Gläubigers auf effektiven Rechtsschutz im Vordergrund. Dies spiegelt sich darin wider, dass das Zwangsvollstreckungsverfahren nicht mehr kontradiktorisch ausgestaltet ist, sondern der Gläubiger die Vollstreckung einseitig einleitet.[854] Erst dann, wenn der Schuldner Einwendungen geltend macht, kommt es zu einer schriftlichen oder mündlichen Verhandlung.[855] Eine Anhörung des Schuldners vor Durchführung einer durch den Gläubiger beantragten Maßnahme hält auch das Bundesverfassungsgericht nicht für erfor-

---

[851] *Montero Aroca*, Derecho jurisdiccional II, S. 565; Exposición de Motivos LEC/2000, Abs. XVII.

[852] *Maunz/Dürig*, Grundgesetz, Bd. VI, Art. 103 I, Rdnr. 57; Vgl. zum Schutzbereich des Art. 103 I GG bereits 2. Teil B III 2. b cc (1).

[853] *Baur/Stürner*, Zwangsvollstreckungsrecht, Rdnr. 6.27.

[854] *Baur/Stürner*, Zwangvollstreckungsrecht, Rdnr. 6.26 ff.

[855] Stein/Jonas/*Münzberg*, ZPO, vor § 704, Rdnr. 74.

derlich, wenn zu befürchten ist, dass dadurch der Vollstreckungserfolg vereitelt würde. In diesem Fall ist es mit dem Grundgesetz vereinbar, den Schuldner nachträglich zu hören.[856] Das Bundesverfassungsgericht hält darüber hinaus offen, ob in der Praxis die Gefährdung des Vollstreckungserfolges „nahezu regelmäßig" vorliegen wird.[857] Damit ist auch die Vorschrift des § 834 ZPO, wonach die Anhörung des Schuldners vor einer Forderungspfändung verboten ist, mit der Verfassung vereinbar.[858] Dies ergibt sich aus der Zwecksetzung der Vorschrift, das Beiseiteschaffen von Vermögensgegenständen vor Pfändung zu verhindern. Bei Gefahr der Vollstreckungsvereitelung ist es damit verfassungsgemäß, den Schuldner auf nachgeschaltete Rechtsbehelfe zu verweisen.[859] Zu diesen Rechtsbehelfen gehört etwa die Vollstreckungserinnerung nach § 766 ZPO, die dem Schuldner erlaubt, gegen Zwangsvollstreckungsmaßnahmen des Vollstreckungsgerichts und des Gerichtsvollziehers vorzugehen.[860]

b) Das Recht auf Verteidigung gegen die Zwangsvollstreckung nach Art. 24 CE

Auch in Spanien ist das Zwangsvollstreckungsverfahren einseitig ausgestaltet und wird auf Antrag des Gläubigers eingeleitet. Bei Vorliegen der Voraussetzungen ordnet das Vollstreckungsgericht die Vollstreckung an, ohne den Schuldner vorher anzuhören.[861] Gerechtfertigt ist dies durch die Autorität eines rechtskräftigen Urteils bzw. die formelle Wirkkraft eines anderen vollstreckbaren Titels wie etwa einer öffentlichen Urkunde.[862] Im Vordergrund steht damit die effektive Rechtsdurchsetzung des Gläubigers – verfassungsrechtliche Bedenken auf den Verzicht der vorherigen Anhörung des Schuldners bestehen nicht.[863]

Dies bedeutet allerdings nicht, dass der Schuldner gar keine Möglichkeit mehr hat, sich gegen die Zwangsvollstreckung zu wehren. Das Gebot des Art. 24.1

---

[856] BVerfGE 57, 346 (358 f.) – in entsprechender Anwendung der Rechtsprechung zum Haftbefehl nach BVerfGE 9, 89.
[857] BVerfGE 57, 346 (360).
[858] *Putzo* in: Thomas/Putzo, ZPO, § 834, Rdnr. 1. Vgl. zum Verbot der vorherigen Anhörungen im einzelnen *Rosenberg/Gaul/Schilken*, Zwangsvollstreckungsrecht, § 28 II. Eine Anhörung kann jedoch erfolgen, wenn der Gläubiger dies beantragt – es steht ihm frei auf den Schutz des § 834 zu verzichten (vgl. *Jauernig*, Zwangsvollstreckungsrecht, § 19 V.2).
[859] BVerfGE 57, 346 (359); Zöller/*Stöber*, ZPO, Vor § 704, Rdnr. 28; *Jauernig*, Zwangsvollstreckungsrecht, § 19 V.2.
[860] Zöller/*Stöber*, ZPO, § 766, Rdnr. 1 f.
[861] *Montero Aroca*, Derecho jurisdiccional II, S. 570.
[862] *Montero Aroca*, Derecho jurisdiccional II, S. 570.
[863] *Moreno Catena*, AFDUAM 5 (2001), S. 187 (190 f.).

CE, wonach keine Verteidigungslosigkeit eintreten darf[864], gilt auch im spanischen Zwangsvollstreckungsrecht.[865] Setzt Art. 24 CE im Erkenntnisverfahren voraus, dass die Parteien ihr Anliegen in gleichberechtigter Weise vortragen können[866], erfährt dieser Grundsatz in der Zwangsvollstreckung – ebenso wie in Deutschland Art. 103 I GG - Einschränkungen: Hat bereits ein Erkenntnisverfahren stattgefunden und sind beide Seiten gehört worden, so ist der Schuldner auf Einwendungen beschränkt, die er im Prozess nicht vorbringen konnte. Die Verteidigungsmöglichkeit des Schuldners wird zu Gunsten des effektiven Rechtsschutzes des Gläubigers beschränkt.[867] Handelt es sich hingegen um die Vollstreckung von Titeln, die nicht auf einem gerichtlichen Urteil basieren, müssen in Hinblick auf Art. 24 CE weitreichendere Verteidigungsmöglichkeiten des Schuldners bestehen, da er in diesem Fall noch nicht die Möglichkeit hatte, sich in einem kontradiktorischen Verfahren zu äußern.[868] Unabhängig von der Art des vollstreckbaren Titels wird es darüber hinaus als notwendig erachtet, dass der Schuldner neben materiellen Einwendungen gegen den titulierten Anspruch auch gegen die Art und Weise der Durchführung der Zwangsvollstreckung vorgehen kann.[869]

2. Die Rechtsbehelfe des Schuldners in der Zwangsvollstreckung

a) Das Rechtsbehelfssystem in Deutschland

aa) Die Erinnerung nach § 766 I ZPO

Nach § 766 I ZPO kann der Schuldner gegen die Art und Weise der Zwangvollstreckung vorgehen – etwa wenn das Vollstreckungsorgan die formalen Voraussetzungen der Zwangsvollstreckung nach § 750 ZPO nicht beachtet hat. Die Formvorschriften der Zwangsvollstreckung dienen in erster Linie dem Schuldnerschutz. Die Erinnerung gibt deshalb dem Schuldner ein Mittel zur Durchset-

---

[864] Todas las personas tienen derecho a obtener la tutela judicial efectiva de los jueces y tribunales en el ejercicio de sus derechos e intereses legítimos, sin que, en ningón caso, pueda producirse indefensión. (Alle Personen haben das Recht auf effektiven Rechtsschutz im Rahmen der Durchsetzung ihrer legitimen Rechte und Interessen, ohne dass jemals Verteidigungslosigkeit entstehen darf.)

[865] *Moreno Catena*, AFDUAM 5 (2001), S. 187 (190 f.); STC 4/1982.

[866] STC 47/1992.

[867] *Ortells Ramos*, Derecho procesal civil, S. 731; *Moreno Catena*, AFDUAM 5 (2001), S. 187 (190 f.).

[868] *Ortells Ramos*, Derecho procesal civil, S. 732.

[869] *Ortells Ramos*, Derecho procesal civil, S. 731, 734 m.w.N. auf die Rechtsprechung des TC.

zung der zu seinen Gunsten bestehenden Formvorschriften an die Hand - aber auch der Gläubiger oder ein Dritter können erinnerungsberechtigt sein.[870] Gegenstand der Erinnerung können zunächst Maßnahmen des Gerichtsvollziehers sein. Führt dieser die Vollstreckung nicht ordnungemäß aus, indem er sie beispielsweise verzögert oder eine nach §§ 811, 850 ff. ZPO unpfändbare Sache pfändet, so kann dies durch die Erinnerung nach § 766 angefochten werden.[871] Darüber hinaus können aber auch Vollstreckungshandlungen des Vollstreckungsgerichts mit der Erinnerung angegriffen werden.[872] Zuständig dafür ist das die Vollstreckungshandlung durchführende Vollstreckungsgericht selbst.
Liegt hingegen eine Entscheidung des Vollstreckungsgerichtes vor, ist die sofortige Beschwerde vor dem Beschwerdegericht nach § 793 ZPO gegeben. Ob eine Entscheidung oder eine Vollstreckungshandlung des Vollstreckungsgerichtes vorliegt, richtet sich nach überwiegend vertretener Auffassung nach der Art des Zustandekommens des Beschlusses.[873] Demnach liegt eine Entscheidung vor, wenn der Schuldner vor Durchführung der Maßnahme angehört wurde und das Gericht sowohl die Argumente des Antragstellers als auch die des Antragsgegners berücksichtigt hat. Dies gilt nach herrschender Meinung auch dann, wenn das Gericht das rechtliche Gehör rechtswidrig gewährt hat – etwa unter Verstoß gegen § 834 ZPO, wonach der Schuldner vor einer Pfändung nicht zu hören ist.[874] Denn hatte der Schuldner bereits die Möglichkeit sich vor dem Vollstreckungsgericht zu äußern, ergibt eine Wiederholung des Gehörs vor demselben Gericht keinen Sinn mehr.[875]

---

[870] *Jauernig*, Zwangsvollstreckungsrecht, § 11 I 2.

[871] *Rosenberg/Gaul/Schilken*, Zwangsvollstreckungsrecht, § 37 IV 1; *Putzo* in Thomas/Putzo, ZPO, § 766, Rdnr. 6; Zöller/*Stöber*, ZPO, § 766, Rdnr. 2.

[872] *Putzo* in Thomas/Putzo, ZPO, § 766, Rdnr. 6; Zöller/*Stöber*, ZPO, § 766, Rdnr. 2.

[873] RGZ 16, 317 (321 f.); *Rosenberg/Gaul/Schilken*, Zwangsvollstreckungsrecht, § 37 IV 2; Stein/Jonas/*Münzberg*, ZPO, § 766, Rdnr. 7; *Brox/Walker*, Zwangsvollstreckungsrecht, Rdnr. 1177. Die herrschende Meinung wird kritisiert, da sie aufgrund ihrer Komplexität nicht der Rechtssicherheit und Rechtsklarheit diene (vgl. dazu *Baur/Stürner*, Zwangsvollstreckungsrecht, Rdnr. 43.4; MünchKommZPO/*Schmidt*, § 766, Rdnr. 11). Um das Rechtsbehelfssystem zu vereinfachen wird deshalb vertreten, dass die Vollstreckungserinnerung lediglich gegen Maßnahmen des Gerichtsvollziehers gegeben und in allen anderen Fällen die Vollstreckungserinnerung einschlägig sei (so namentlich *Kunz*, Erinnerung und Beschwerde, S. 223 f.). Einer anderen Auffassung zu Folge sind Vollstreckungshandlungen des Gerichtes wie die Ablehnung oder Vornahme eines Vollstreckungsaktes stets mit der Erinnerung angreifbar. Erst gegen die Entscheidung über die Erinnerung sei die sofortige Beschwerde statthaft – auf das Kriterium der Anhörung verzichtet diese Ansicht (so *Baur/Stürner*, Zwangsvollstreckungsrecht, § 43.4).

[874] *Jauernig*, Zwangsvollstreckungsrecht, § 11 Nr. 1.

[875] *Schmitz*, Rechtsschutz bei Vollstreckungsmaßnahmen, S. 17; Zöller/*Stöber*, ZPO, § 766, Rdnr. 2; *Brox/Walker*, Zwangsvollstreckungsrecht, Rdnr. 1177; *Rosenberg/Gaul/Schilken*, Zwangsvollstreckungsrecht, § 37 IV 2.

Dieser Ansicht, die die entgegengesetzte Wertung zu § 321 a ZPO enthält, ist zuzustimmen, denn eine Selbstkontrolle durch den iudex a quo dürfte regelmäßig nicht zu einer inhaltlichen Abänderung der Entscheidung führen.[876] Überdies wird sie auch den Erfordernissen des Art. 103 I GG gerecht: Ist der Schuldner bereits in einem Verfahren mit kontradiktorischen Zügen vor dem Vollstreckungsgericht angehört worden und hat dieses daraufhin als Ergebnis eines Abwägungsprozesses eine Entscheidung getroffen, so ist der Verweis auf die kurz befristete Beschwerde gerechtfertigt.[877] Ist der Schuldner hingegen noch nicht durch das Vollstreckungsgericht angehört worden, so ist ihm die unbefristete Möglichkeit der Erinnerung nach § 766 ZPO zu gewähren.[878] § 766 ZPO stellt damit einen Ausgleich in den Fällen dar, in denen keine Anhörung vor der Zwangsvollstreckung stattgefunden hat, da sie dem Schuldner erstmals die Möglichkeit gibt, sich Gehör zu verschaffen.[879]

bb) Die sofortige Beschwerde und die Rechtsbeschwerde zum BGH

Liegt eine Entscheidung des Vollstreckungsgerichts vor, ist die sofortige Beschwerde nach § 793 ZPO statthaft, die in §§ 567 ff. ZPO geregelt ist. Zuständig ist das nächsthöhere Gericht[880], das eine Überprüfung in tatsächlicher und rechtlicher Hinsicht vornimmt.[881] Statthaft ist die sofortige Beschwerde gemäß § 793 ZPO gegen Entscheidungen des Vollstreckungsgerichtes, die ohne mündliche Verhandlung ergehen können - unabhängig davon, ob tatsächlich eine mündliche Verhandlung stattgefunden hat oder nicht.[882] Erfasst sind davon Entscheidungen des Vollstreckungsgerichts, die gemäß § 764 III ZPO durch Beschluss ergehen. Denn nach § 128 IV ZPO können Entscheidungen des Gerichts, die nicht Urteile sind, ohne mündliche Verhandlung ergehen, soweit nichts anderes bestimmt ist. Bei Erlass eines Beschlusses steht es grundsätzlich im Ermessen des Vollstreckungsgerichts, ob eine mündliche Verhandlung stattfindet.[883] Entscheidet das Gericht ohne mündliche Verhandlung, gewährt es dem Gegner das rechtliche Gehör durch Aufforderung zur schriftlichen Äußerung.[884] Auch in die-

[876] Vgl. zu dieser Problematik im Rahmen des § 321 a ZPO: 2. Teil B III 1 b dd (2).
[877] Nach § 569 I 1 ZPO ist die Beschwerde binnen einer Notfrist von 2 Wochen einzulegen.
[878] *Rosenberg/Gaul/Schilken*, Zwangsvollstreckungsrecht, § 37 IV 2.
[879] Zöller/*Stöber*, ZPO, § 766, Rdnr. 2; BVerfGE 57, 346 (358).
[880] Beschwerdegericht ist damit in der Regel das Landgericht (§ 72 GVG), da Vollstreckungsgericht grundsätzlich das Amtsgericht ist – unabhängig davon, welches Prozessgericht entschieden hat (§§ 764, 802 ZPO).
[881] Zöller/*Gummer*, ZPO, § 567 Rdnr. 3.
[882] Zöller/*Stöber*, ZPO, § 793, Rdnr. 2.
[883] Stein/Jonas/*Leipold*, ZPO, § 128, Rdnr. 116.
[884] Stein/Jonas/*Leipold*, ZPO, § 128, Rdnr. 118.

sem Fall hat ein kontradiktorisches Verfahren vor dem Vollstreckungsgericht stattgefunden, weshalb gegen die Entscheidung des Vollstreckungsgerichtes die sofortige Beschwerde statthaft ist.[885] Beschwerdefähige Entscheidungen sind etwa die Entscheidung über einen Vollstreckungsschutzantrag nach § 765 a ZPO, über eine Erinnerung nach § 766 ZPO oder über eine andere Verwertungsart nach § 844 ZPO.[886]

Gegen Entscheidungen des Beschwerdegerichtes ist die Rechtsbeschwerde zum BGH statthaft, wenn das Beschwerdegericht sie gemäß § 574 I Nr. 2 ZPO n. F. zulässt, während vor der ZPO-Reform lediglich eine Beschwerde zum OLG möglich war.[887] Ziel der Neuordnung des Instanzenzugs ist die Schaffung einer einheitlichen Rechtsprechung durch den BGH.[888] Nach § 574 II ZPO n.F. ist die Beschwerde zum BGH zuzulassen, wenn die Rechtssache grundsätzliche Bedeutung hat oder die Fortbildung des Rechts oder die Sicherung einer einheitlichen Rechtsprechung eine Entscheidung des Beschwerdegerichtes erfordert. Für die Auslegung gelten die Grundsätze für die Revisionszulassung nach § 543 II 1 ZPO.[889]

---

885 Sieht das Gesetz eine mündliche Verhandlung zwingend vor, ist Klage zu erheben – so etwa im Rahmen der Vollstreckungsabwehrklage gem. § 767 ZPO. Vgl. dazu Stein/Jonas/*Münzberg*, ZPO, vor § 704, Rdnr. 74.

886 *Rosenberg/Gaul/Schilken*, Zwangsvollstreckungsrecht. § 38 II 1 b.

887 BT-Drucks. 14/4722, in: *Rimmelspacher*, Zivilprozessreform 2002, S. 220. Nach § 793 II ZPO a.F. konnte gegen die Entscheidung des Beschwerdegerichts die sofortige Beschwerde zum OLG eingelegt werden.

888 *Becker*, JuS 2004, S. 574 ff.

889 BT-Drucks. 14/4722, in: *Rimmelspacher*, Zivilprozessreform 2002, S. 209. Nach Willen des Gesetzgebers ist die Revision zur Sicherung einer einheitlichen Rechtsprechung insbesondere dann zuzulassen, wenn Verfahrensgrundrechte wie etwa das rechtliche Gehör oder der Anspruch auf ein objektiv willkürfreies Verfahren verletzt wurden (vgl. BT-Drucks. 14/4722, in: Rimmelspacher, Zivilprozessreform 2002, S. 188). Im Gegensatz zum Revisionsrecht ist allerdings im Rechtsbeschwerdeverfahren keine Nichtzulassungsbeschwerde möglich. Der Gesetzgeber hat darauf im Rahmen der Neuregelung des Beschwerderechts zur Entlastung des BGH verzichtet (vgl. *Becker*, JuS 2004, S. 574 (574) und BGH, NJW 2002, S. 1577). Dies bedeutet indes, dass bei Verletzung von Verfahrensgrundrechten der Weg zum BGH nicht gangbar sein dürfte: Das Beschwerdegericht wird wohl kaum die Rechtsbeschwerde mit der Begründung zulassen, es habe willkürlich gehandelt. Eine außerordentliche Beschwerde bei einer „greifbar gesetzeswidrigen" Entscheidung zum BGH kommt ebenfalls nicht mehr in Betracht, da der Gesetzgeber die Möglichkeit der Verletzung von Verfahrensgrundrechten gesehen hat und diese abschließend – insbesondere durch die Einführung von § 321a ZPO - geregelt hat (Vgl. BGH, NJW 2002, S. 1577 und zu dieser Problematik umfassend: *Becker*, JuS 2004, S. 574 ff.). Lässt damit das Beschwerdegericht die Rechtsbeschwerde nicht zu, so ist der Instanzenzug beendet. Sollte das Beschwerdegericht ein Verfahrensgrundrecht wie etwa das rechtliche Gehör verletzt haben und lässt es die Rechtsbeschwerde nicht zu, ist der Rechtsweg erschöpft und es kann Verfassungsbeschwerde zum Bundesverfas-

Dem Erfordernis des Bundesverfassungsgerichtes auf Gewährung nachträglichen Gehörs in der Zwangsvollstreckung wird die Möglichkeit der Rechtsbeschwerde mehr als gerecht, da die Mehrfachüberprüfung gerichtlicher Entscheidungen verfassungsrechtlich nicht geboten ist.[890]

cc) Vollstreckungsgegenklage nach § 767 ZPO

Durch die Vollstreckungsgegenklage kann der Schuldner Einwendungen gegen den vollstreckbaren Anspruch geltend machen und damit die Vollstreckbarkeit des Titels beseitigen.[891] Zuständig ist gem. §§ 767 I, 802 ZPO das Prozessgericht erster Instanz.[892] Möglich ist die Klage nach § 767 ZPO gegen die Vollstreckung aufgrund aller Arten von Titeln – also nicht nur aufgrund der Vollstreckung wegen Urteils.[893] Jedoch unterscheiden sich die Einwendungen nach Art und Zeitpunkt ihrer Entstehung, je nachdem welcher Titel der Vollstreckung zugrunde liegt.[894]Wird die Vollstreckungsabwehr gegen ein Urteil begehrt, können nur rechtshemmende und rechtsvernichtende Einwendungen geltend gemacht werden.[895] Rechtshemmende Einwendungen hemmen die Durchsetzung des Anspruchs dauernd oder vorübergehend – ohne ihn jedoch zu vernichten. Darunter fallen etwa die Verjährung oder ein Zurückbehaltungsrecht.[896] Rechtsvernichtende Einwendungen sind demgegenüber Anfechtung, Erfüllung, Rücktritt, Hinterlegung oder Verwirkung.[897] Nach § 767 II ZPO ist der Schuldner mit Einwendungen präkludiert, die bis zum Schluss der mündlichen Verhandlung[898] bereits entstanden waren, aber nicht vorgebracht wurden.[899] Diese Vorschrift schützt die Rechtskraft des Urteils und dient dem Rechtsstaatsprinzip.[900]

---

sungsgericht eingelegt werden. Vgl. zu dieser Problematik auch die Ausführungen zum innerprozessualen Grundrechtsschutz im 2. Teil B III 1 b.

[890] BVerfGE 4, 74 (94 f.); BVerfGE 83, 24 (31).

[891] *Putzo* in Thomas/Putzo, § 767, Rdnr. 2.

[892] Bei vollstreckbaren Urkunden richtet sich die Zuständigkeit mangels Prozessgerichts nach dem Wert des zu vollstreckenden Anspruchs.

[893] *Rosenberg/Gaul/Schilken*, Zwangsvollstreckungsrecht, § 40, III 1.

[894] *Rosenberg/Gaul/Schilken*, Zwangsvollstreckungsrecht, § 40 IV 3.

[895] *Rosenberg/Gaul/Schilken*, Zwangsvollstreckungsrecht, § 40 V 1.

[896] *Reichold* in Thomas/Putzo, ZPO, § 253, Rdnr. 44.

[897] *Reichold* in Thomas/Putzo, ZPO, § 253, Rdnr. 43.

[898] Bei Entscheidung ohne mündliche Verhandlung iSv. Art. 128 II ZPO der entsprechende Zeitpunkt. Vgl. dazu *Putzo* in Thomas/Putzo, ZPO, § 767, Rdnr. 21.

[899] Die Vorschrift des § 767 II gilt entsprechend bei allen Entscheidungen eines Spruchkörpers, da im Rahmen der Verhandlung die Geltendmachung von Einwendungen möglich war.

[900] *Rosenberg/Gaul/Schilken*, Zwangsvollstreckungsrecht, § 40 V 2 a.

Anderes gilt jedoch, wenn die Vollstreckung aufgrund eines außergerichtlichen Titels vorgenommen wird, der nicht in Rechtskraft erwächst und nicht auf der Entscheidungsfindung eines Spruchkörpers basiert wie etwa eine vollstreckbare Urkunde. In diesem Fall können neben rechtshemmenden und – vernichtenden auch rechsthindernde Einwendungen wie etwa die Sittenwidrigkeit nach § 138 BGB gegen den der Urkunde zugrunde liegenden Anspruch geltend gemacht werden.[901] Dies ist möglich, weil der vollstreckbaren Urkunde nicht die Richtigkeitsgewähr eines gerichtlichen Urteils zugrunde liegt. Darüber hinaus ist es aber auch ein verfassungsrechtliches Gebot, dass der Schuldner zumindest einmal die Möglichkeit haben muss den titulierten Anspruch gerichtlich überprüfen zu lassen.[902] Außerdem hat bei Vollstreckung aufgrund eines Titels, der nicht rechtskräftig wird, auch die zeitliche Beschränkung des § 767 II ZPO keinen Sinn, da kein Verfahren vorausgegangen ist, in dem der Schuldner sich hätte äußern können.[903] Für vollstreckbare Urkunden wird § 767 II ZPO deshalb ausdrücklich für unanwendbar erklärt (vgl. § 797 IV ZPO).
Allgemeine zeitliche Regel – unabhängig davon welcher Art der der Vollstreckung zugrunde liegende Titel ist – ist die Vorschrift des § 767 III ZPO. Danach muss der Schuldner sämtliche Einwendungen geltend machen, die „er zur Zeit der Erhebung der Klage geltend zu machen imstande ist". Dies bedeutet, dass der Schuldner alle bereits entstandenen Einwendungen im Laufe des Verfahrens geltend machen muss.[904] Damit soll verhindert werden, dass der Schuldner mehrere Vollstreckungsgegenklagen auf verschiedene Einwendungen stützt und einer Verschleppung des Prozesses entgegengewirkt werden.[905]

b) Das Rechtsbehelfssystem in Spanien

Das spanische Vollstreckungsrecht ist durch das Zivilprozessreformgesetz des Jahres 2000 umfassend erneuert worden. Die LEC/1881 sah zwei Typen von Vollstreckungsprozessen vor: Die Vollstreckung von Urteilen und die Vollstreckung aufgrund anderer Titel (sog. „juicio ejecutivo").[906] Diese Zweiteilung hatte insbesondere Auswirkungen auf die Rechtsbehelfe des Schuldners, da gegen die Vollstreckung von Urteilen keine Widerspruchsmöglichkeit des Schuldners vorgesehen war. Dies akzeptierte die Rechtsprechung und Lehre auch zunächst.

---

[901] *Jauernig*, Zwangsvollstreckungsrecht, § 12 II.
[902] BVerfGE 57, 346 (358 f.); *Rosenberg/Gaul/Schilken*, Zwangsvollstreckungsrecht, § 36 III 4.
[903] Zöller/*Herget*, ZPO, § 767, Rdnr. 20; *Rosenberg/Gaul/Schilken*, Zwangsvollstreckungsrecht, § 40 VII.
[904] Zöller/*Herget*, ZPO, § 767, Rdnr. 22.
[905] *Rosenberg/Gaul/Schilken*, Zwangsvollstreckungsrecht, § 40 IX.

Im Lauf der Zeit erkannte die moderne Prozessrechtswissenschaft jedoch an, dass der Schuldner in bestimmten Grenzen auch die Möglichkeit haben musste, gegen die Vollstreckung aufgrund eines Urteils vorzugehen.[907] Dies folgt nicht zuletzt auch aus dem verfassungsrechtlichen Gebot des Art. 24. 1 CE, wonach der Schuldner sich auch im Zwangsvollstreckungsverfahren verteidigen können muss.[908]
Der Gesetzgeber hat in LEC/2000 auf die Entwicklungen reagiert und ein einheitliches Vollstreckungssystem geschaffen, das ausdrücklich auch die Widerspruchsmöglichkeiten des Schuldners gegen die Vollstreckung von Urteilen regelt - nach Ansicht des Reformgesetzgebers eine Frage der Gerechtigkeit.[909] Das Rechtsbehelfssystem unterscheidet dabei zwischen der Anfechtung einzelner Vollstreckungsmaßnahmen wegen formeller Mängel und der Anfechtung der Vollstreckung insgesamt – entweder aufgrund Einwendungen gegen den titulierten Anspruch selbst oder wegen schwerer prozessualer Mängel.[910]

aa) Rechtsbehelfe gegen einzelne Vollstreckungsakte gem. Art. 562 LEC/2000

Das Pendant zur Erinnerung und sofortigen Beschwerde nach §§ 766 und 793 ZPO ist in Spanien die Vorschrift des Art. 562 LEC/2000. Danach kann der Schuldner einzelne Vollstreckungsentscheidungen bzw. -akte angreifen, wenn sie gegen gesetzliche Vorschriften verstoßen und ihre Modifizierung oder Aufhebung[911] verlangen. Handelt es sich um eine Entscheidung des Vollstreckungsgerichts („resolución judicial"), so kann der Schuldner gem. Art. 562.1 Nr. 1 LEC/2000 Einspruch („reposición") einlegen. Nach Art. 451 LEC/2000 ist für diesen Einspruch das entscheidende Gericht selbst zuständig, das den Schuldner dann erstmals nach Anordnung der Zwangsvollstreckung anhört. Über den Einspruch des Schuldners wird durch Beschluss entschieden („auto"), gegen den unter den Voraussetzungen des Art. 495 LEC/2000 eine Beschwerde beim iudex

---

[906] Zur geschichtlichen Entwicklung des Vollstreckungssystems: *Montero Aroca*, Derecho jurisdiccional II, S. 563 ff.
[907] *Montero Aroca*, Derecho jurisdiccional II, S. 565 f.
[908] Vgl. zu den verfassungsrechtlichen Grundlagen des Rechtes auf Verteidigung in der Zwangsvollstreckung bereits 2. Teil C I 2.
[909] Exposición de Motivos zu LEC/2000, Abs. XVII.
[910] Vgl. zum neuen spanischen Zwangsvollstreckungsrecht in deutscher Sprache *Ortells Ramos*, ZZPInt 5 (2000), S. 96 (114 ff.).
[911] Nach Art. 562.2 LEC/2000 sind die allgemeinen Vorschriften über die Nichtigkeit von Prozesshandlungen anzuwenden (Art. 225 ff. LEC/2000), wenn die Nichtigkeit einer Vollstreckungshandlung geltend gemacht wird.

ad quem möglich ist.[912] Nach Art. 495.5 LEC/2000 ist gegen diese Entscheidung kein Rechtsmittel mehr möglich. Dies bedeutet, dass der Tribunal Supremo keine letztinstanzliche Entscheidung in Hinblick auf die Einhaltung der gesetzlichen Vorschriften des Zwangsvollstreckungsrechtes fällen kann. Dies ergibt sich daraus, dass Vollstreckungsgerichte die erstinstanzlichen Gerichte (545.1 LEC/2000) – also Friedensrichter oder Juzgados de Primera Instancia - sind. Beschwerdegericht gegen ihre Entscheidung ist dann das jeweils nächsthöhere Gericht – also die Juzgados de Primera Instancia oder die Audiencias Provinciales. Eine Zuständigkeit des Tribunal Supremo als Beschwerdegericht in Vollstreckungssachen existiert damit im Gegensatz zur Neuregelung der ZPO nicht. Als einzige Möglichkeit bleibt mithin nach Erschöpfung des Rechtswegs die Verfassungsbeschwerde vor dem Tribunal Constitucional, soweit die gerichtliche Anordnung der Vollstreckung spezifisches Verfassungsrecht verletzt.[913]

bb) Widerspruch gegen die Vollstreckung

(1) Der Widerspruch aufgrund prozessualer Defekte nach Art. 559 LEC

Neben der Anfechtung einzelner Vollstreckungsmaßnahmen kann der Schuldner unter bestimmten Voraussetzungen auch gegen die Vollstreckung insgesamt vorgehen. Zunächst ist ein solcher Widerspruch gegen die Anordnung der Vollstreckung durch das Vollstreckungsgericht wegen prozessualer Defekte im Sinne des Art. 559 LEC/2000 möglich. Danach kann der Vollstreckung etwa widersprochen werden, wenn sich die Vollstreckung gegen „den Falschen" richtet (Art. 559.1 LEC/2000), das Urteil gar keine Verurteilung zur Zahlung bzw. Leistung enthält (Art. 559.3 LEC/2000) oder die Vollstreckung nicht auf einem gesetzlichen Vollstreckungstitel im Sinne des Art. 517 LEC/2000 basiert. Liegt ein Verfahrensmangel im Sinne des Art. 559 LEC/2000 vor, so kann das Vollstreckungsgericht den Vollstreckungsgläubiger auffordern, den Fehler zu heilen. Ist der Fehler nicht heilbar – etwa wenn Vollstreckung gegen einen anderen als

[912] Neben dem Einspruch beim iudex a quo ermöglicht das spanische Vollstreckungsrecht nach Art. 562.2 LEC/2000 ausnahmsweise die Berufung gegen Vollstreckungsentscheidungen, soweit dies gesetzlich bestimmt ist. In erster Linie dürfte damit auf Art. 563 LEC/2000 angespielt werden. Nach dieser Vorschrift kann nach erfolgloser Durchführung eines Einspruchs Berufung eingelegt werden, wenn das Vollstreckungsgericht bei Vollstreckung einer gerichtlichen Entscheidung dem Inhalt des Vollstreckungstitels zuwiderhandelt.

[913] Zum Begriff des spezifischen Verfassungsrechtes im spanischen Verfassungsrecht: *Brückner*, Vergleich, S. 84 ff.

den Schuldner begehrt wurde - beschließt das Gericht die Einstellung der Vollstreckung.[914]

(2) Widerspruch wegen Einwendungen gegen den titulierten Anspruch

Darüber hinaus können vor dem Vollstreckungsgericht Einwendungen gegen den titulierten Anspruch selbst vorgebracht werden, wobei zwischen Titeln unterschieden wird, die auf der Entscheidung eines Gerichtes bzw. Schiedsgerichtes basieren (Art. 556 LEC/2000) und Titeln die nicht auf Entscheidung eines Spruchkörpers beruhen (Art. 557 LEC/2000). In Hinblick auf die Vollstreckung von Entscheidungen eines Spruchkörpers beschränkt der Gesetzgeber die Widerspruchsmöglichkeiten auf „wenige und elementare" Gründe, da die Parteien bereits die Möglichkeit hatten in einem Verfahren ihre Einwendungen vorzubringen.[915] Widersprochen werden kann der Vollstreckung deshalb nur wegen urkundlich bewiesener Erfüllung, Verwirkung des Vollstreckungsanspruchs[916] oder vollstreckungshindernder Vereinbarung in einer öffentlichen Urkunde.
Die Widerspruchsmöglichkeiten bei außergerichtlichen Titeln wie etwa öffentlichen Urkunden sind demgegenüber weiter gefasst.[917] Zu den Widerspruchsgründen gegen eine gerichtliche Entscheidung treten hinzu die Aufrechnung mit einer liquiden, in einem Vollstreckungstitel festgestellten Forderung, die Zuvielforderung oder die zu hohe Umrechnung in Geld bei bestimmten Sachansprüchen, die Verjährung, der Verzicht oder die Stundung der Forderung, sowie ein durch öffentliche Urkunde bestätigter Vergleich. Der Widerspruch gegen die Vollstreckung aufgrund außergerichtlichen Titels zieht gem. Art. 557.2 LEC/2000 die Einstellung der Vollstreckung nach sich.

(3) Rechtsmittel gegen die Entscheidung des Vollstreckungsgerichtes

Das Vollstreckungsgericht entscheidet über den Widerspruch gegen die Vollstreckung durch Beschluss („auto"), gegen den gem. Art. 561.3 LEC/2000 die Berufung möglich ist. Ist das Vollstreckungsgericht ein Juzgado de Primera Instancia, so sind Berufungsgerichte die Audiencias Provinciales (Art. 455.2 Nr. 2 LEC/2000). Nach Art. 466 LEC/2000 können gegen ihre Berufungsentschei-

---

[914] *Montero Aroca*, Derecho jurisdiccional II, S. 574.
[915] Exposición de Motivos LEC/2000, Abs. XVII.
[916] Nach Art. 518 LEC/2000 kann die Vollstreckung aufgrund gerichtlicher Entscheidung nur bis zu 5 Jahre nach Erlass des Urteils begehrt werden.
[917] Der Widerspruch gem. Art. 557 LEC/2000 bezieht sich auf die Titel gem. Art. 517.1 Nr. 4 -7 und Nr. 9 LEC/2000.

dungen das Rechtsmittel des „recurso por infracción procesal“[918] vor einem Tribunal Superior de Justicia oder der „recurso de casación“[919] vor dem TS eingelegt werden.[920] Damit ist im Fall des Widerspruchs wegen prozessualer Defekte der Vollstreckung oder in Hinblick auf materielle Mängel des titulierten Anspruchs selbst der „normale Instanzenzug“ eröffnet – im Gegensatz zur Anfechtung einzelner Vollstreckungsakte.[921]

cc) Art. 564 – Pendant zur Vollstreckungsgegenklage nach § 767 ZPO

Neben dem Widerspruch gegen die Vollstreckung, kann unter bestimmten Voraussetzungen ein neues Erkenntnisverfahren aufgerollt werden. Nach Art. 564 LEC/2000 ist dies möglich, wenn nach Eintritt der Präklusion in einem gerichtlichen Verfahren oder nach Entstehen des außergerichtlichen Vollstreckungstitels neue Tatsachen auftreten, die nicht durch Widerspruch nach den Art. 556 und 557 LEC/2000 geltend gemacht werden können. Dies ist der Fall, wenn keine der in Art. 556/557 LEC/2000 abschließend geregelten Einwendungen vorliegt oder die Widerspruchsfrist[922] abgelaufen ist.[923]
Wird aufgrund eines rechtskräftigen Urteils oder einer anderen gerichtlichen Entscheidung vollstreckt, können nur solche Einwendungen geltend gemacht werden, die den Anspruch vernichten oder ausschließen – nicht hingegen rechtshindernde Einwendungen, da ihre Prüfung bereits Voraussetzung für die gerichtliche Verurteilung ist. Deshalb sollen sie nicht nochmals – ebenso wie nach § 767 ZPO – aufgerollt werden.[924]

---

[918] Außerordentliches Rechtsmittel wegen prozessualer Verstöße. Vgl. dazu ausführlich 2. Teil B III 2 b (bb).

[919] Casación bedeutet übersetzt Revision. Vgl. dazu 2. Teil B II 2 d (bb).

[920] Art. 466 LEC/2000 eröffnet die außerordentlichen Rechtsmittel des "recurso por infracción procesal“ und „recurso de casación“ ausschließlich für Berufungsentscheidungen der Audiencias Provinciales. Außen vor bleiben damit Berufungsentscheidungen der Juzgados de Primera Instancia, die aufgrund erstinstanzlicher Urteile der Friedensrichter ergehen (vgl. Art. 455.2 Nr. 1 LEC/2000).

[921] Vgl. zur Anfechtung einzelner Vollstreckungsakte 2. Teil C II 2 b (aa).

[922] Nach Art. 556 LEC/2000 läuft die Widerspruchsfrist 10 Tage ab Zustellung des Vollstreckungsbeschlusses.

[923] *Ortells Ramos*, ZZPInt 5 (2000), S. 96 (117); *ders*, Derecho procesal civil, S. 800 f.; *Vázquez Iruzubieta*, Comentarios, Art. 564 LEC/2000, S. 781 f.; *Carreras Maraña*, Ley de Enjuiciamiento II, Hg. Martínez-Pardo/Loscertales-Fuentes, S. 1233; *Montero Aroca*, Derecho jurisdiccional II, S. 579 f. Insgesamt scheint das Konzept des Art. 564 LEC/2000 von der Literatur noch nicht voll durchdacht zu sein. Einzig *Ortells Ramos*, aaO, stellt differenzierte Erwägungen an.

[924] *Ortells Ramos*, Derecho procesal civil, S. 800.

Handelt es sich nicht um die Vollstreckung eines Urteils, muss Art. 564 LEC/2000 erweiternd ausgelegt werden. Nach Wortlaut des Art. 564 LEC müssen die Einwendungen nach Erlass des außergerichtlichen Titels entstanden sein. Dies ist in Hinblick auf Art. 24 CE insoweit zu korrigieren, als es unbeachtlich ist, zu welchem Zeitpunkt die Einwendungen entstanden sind. Ebenso wie im Rahmen der Vollstreckungsgegenklage nach § 767 ZPO muss auch in Spanien die Möglichkeit bestehen, den titulierten Anspruch einmal gerichtlich überprüfen zu lassen – eine andere Auslegung führte zur Verteidigungslosigkeit des Schuldner im Sinne des Art. 24 I CE und wäre verfassungswidrig.[925] Darüber hinaus bestehen auch in Hinblick auf die Art der Einwendung bei außergerichtlichen Titeln erweiterte Möglichkeiten, da nicht die Rechtskraft eines Urteils entgegensteht.[926]

3. Vergleichende Bewertung der Rechtsbehelfssysteme

Die einheitlichen verfassungsrechtlichen Standards in Hinblick auf die Verteidigungsmöglichkeiten des Schuldners spiegeln sich in einem ähnlich ausgestalteten Rechtsbehelfssystem wider. Als Ausgleich dafür, dass sowohl in Spanien als auch in Deutschland der Vollstreckungszugriff in der Regel ohne vorherige Anhörung des Schuldners erfolgt, werden ihm verschiedene Rechtsbehelfe zugestanden. Dabei wird zwischen vollstreckungsinternen und –externen Rechtsbehelfen unterschieden. Grundsätzlich gilt, dass formelle Fehler in der Zwangsvollstreckung intern behoben werden. Dies soll die Effektivität und Schlagkraft der Vollstreckung steigern.[927] In Deutschland können formelle Mängel der Vollstreckung mit Erinnerung und sofortiger Beschwerde angegriffen werden - in Spanien mit dem Rechtsbehelf des Art. 562 LEC/2000. Darüber hinaus kann bei gravierenden prozessualen Defekten die Vollstreckung insgesamt nach Art. 559 LEC/2000 angefochten werden. Das spanische Recht geht dabei grundsätzlich davon aus, dass zunächst das die Vollstreckung anordnende Gericht selbst über den Verstoß gegen vollstreckungsrechtliche Vorschriften entscheidet. Eine Differenzierung zwischen vollstreckungsinternen Rechtsbehelfen mit und ohne Devolutiveffekt wie in Deutschland, danach ob das Vollstreckungsgericht den Schuldner gehört hat, ist in Spanien nicht erforderlich, da die Anordnung der Vollstreckung grundsätzlich ohne vorherige Anhörung des Schuldners erfolgt.[928] Ein weiterer Unterschied besteht darin, dass in Spanien auch bestimmte materielle Einwendungen gegen den titulierten Anspruch vor dem Vollstreckungsge-

---

[925] *Ortells Ramos*, Derecho procesal civil, S. 801.
[926] *Ortells Ramos*, Derecho procesal civil, S. 801.
[927] *Rosenberg/Gaul/Schilken*, Zwangsvollstreckungsrecht, § 36 III.
[928] *Montero Aroca*, Derecho jurisdiccional II, S. 570.

richt geltend gemacht werden können, wohingegen in Deutschland ausschließlich die Vollstreckungsgegenklage nach § 767 ZPO vor dem erstinstanzlichen Gericht gegeben ist. Grund für den Klagezwang ist, dass die Vollstreckungsorgane nicht mit materiellen Mängeln der Zwangsvollstreckung belastet werden sollen.[929] Als gravierend ist der Unterschied zwischen spanischem und deutschen Recht indes nicht zu bewerten, da nur die in Art. 556/557 LEC/2000 genannten Einwendungen gegen den titulierten Anspruch vollstreckungsintern geltend gemacht werden können. Für alle anderen Einwendungen muss ebenfalls nach Art. 564 LEC/2000 Klage erhoben werden. Durch die Standardisierung des vollstreckungsinternen Widerspruchs gegen den titulierten Anspruch wird auch in Spanien die Effektivität der Vollstreckung nicht eingeschränkt.

Im Rahmen der Vollstreckungsgegenklage nach § 767 ZPO und dem Verfahren nach Art. 564 LEC/2000 vor dem erstinstanzlichen Gericht mit dem Ziel, Einwendungen gegen den titulierten Anspruch selbst geltend zu machen, differenzieren sowohl das deutsche und das spanische Recht danach, auf Grundlage welchen Titels die Zwangsvollstreckung erfolgt. Hat ein gerichtliches Verfahren stattgefunden, sind die Einwendungen des Schuldners beschränkt, da die Rechtskraft des Urteils entgegensteht. Verfassungsrechtlich ist dies nicht zu beanstanden und in Hinblick auf die effektive Rechtsdurchsetzung des Gläubigers sogar geboten, da der Schuldner bereits in der vorangegangenen Verhandlung die Möglichkeit hatte, sich zu verteidigen. Die Beschränkung auf Einwendungen, die er in diesem Prozess nicht vorbringen konnte, widerspricht damit weder Art. 24 CE, noch Art. 103 I GG.

Anderes gilt, wenn die Vollstreckung aufgrund eines Titels erfolgt, dem keine Entscheidung eines Spruchkörpers zugrunde liegt. Dann erweitern sowohl die LEC/2000 als auch die ZPO die Verteidigungsmöglichkeiten des Schuldners gegen die Zwangsvollstreckung: Er muss zumindest einmal die Möglichkeit haben, sich in einem gerichtlichen Verfahren gegen den titulierten Anspruch zur Wehr zu setzen. Dieses Gebot folgt aus Art. 103 I GG und Art. 24 CE.

---

[929] *Rosenberg/Gaul/Schilken*, Zwangsvollstreckungsrecht, § 36 III.

III. Das System der vorläufigen Vollstreckbarkeit

Sowohl das spanische als auch das deutsche Zwangsvollstreckungsrecht sehen vor, dass noch nicht rechtskräftige Urteile vorläufig vollstreckt werden können. Diese Möglichkeit dient dem Interesse des Gläubigers, der dadurch seine Ansprüche zu einem frühen Zeitpunkt sichern kann und nicht Gefahr läuft, den Rechtsmittelzug abwarten zu müssen, bevor er seine Rechte durchsetzen kann.[930] Den Schuldner setzt die vorläufige Vollstreckbarkeit allerdings dem Risiko aus, dass das Urteil in einer höheren Instanz aufgehoben wird. Dann muss die vorläufige Vollstreckung rückgängig gemacht werden und der Gläubiger das Erlangte zurückgeben, sowie die durch die vorläufige Vollstreckung eingetretenen Schäden ersetzen. Untersucht werden soll, welche Möglichkeiten das spanische und das deutsche Recht bereithalten, um die gegenläufigen Interessen in einen gerechten Ausgleich zu bringen und inwiefern dabei verfassungsrechtliche Erwägungen eine Rolle spielen.

1. Verfassungsrechtliche Grundlagen

a) Deutschland

Die vorläufige Vollstreckbarkeit ist in der ZPO in den §§ 704 ZPO ff. geregelt – danach kann ein Urteil vorläufig vollstreckt werden, wenn dies angeordnet wurde. Obwohl bereits das Prozessgericht in seinem Urteil diese Anordnung trifft, gehört die vorläufige Vollstreckbarkeit systematisch zum Vollstreckungs- nicht zum Erkenntnisverfahren. Theoretisch als Ausnahme vorgesehen, ist die Anordnung der vorläufigen Vollstreckbarkeit heute die Regel.[931]
Die vorläufige Vollstreckbarkeit war zwar bereits in der ZPO von 1877 enthalten, dies schließt jedoch nicht aus, dass sie seit Erlass des Grundgesetzes verfassungsrechtlich abgesichert ist.[932] Ihre konstitutionelle Grundlage hat die vorläufige Vollstreckbarkeit ebenso wie das Erkenntnisverfahren und die endgültige Vollstreckung aufgrund rechtskräftigen Urteils in der aus dem Rechtsstaatsprin-

---

[930] *Rosenberg/Gaul/Schilken*, Zwangsvollstreckungsrecht, § 14 I 1.

[931] *Rosenberg/Gaul/Schilken*, Zwangsvollstreckungsrecht, § 14 I 1.

[932] *Vogg*, Einstweiliger Rechtsschutz, S. 38 ff. Nach Art. 123 I GG wurde vorkonstitutionelles Recht nach Erlass des GG nur dann übernommen, wenn es in Übereinstimmung mit dem GG stand. Damit müssen auch vorkonstitutionelle Gesetze inhaltlich der Verfassung entsprechen. Im übrigen wurde die ZPO durch Gesetz zur Wiederherstellung der Rechtseinheit (BGBl. 455, 533) neu veröffentlicht (vgl. Zöller/*Vollkommer*, Einl., Rdnr. 3). Damit hat der Gesetzgeber sie in seinen Willen aufgenommen und sie unterliegt als nachkonstitutionelles Recht auch der Überprüfung durch das Bundesverfassungsgericht (BVerfGE 78, 77 (83)).

zip abgeleiteten Justizgewährungspflicht des Staates.[933] Daneben können auch die materiellen Grundrechte - insbesondere Art. 14 GG - den Anspruch auf Rechtsschutz begründen.[934]
Dies allein vermag jedoch die verfassungsrechtliche Notwendigkeit der vorläufigen Vollstreckbarkeit nicht hinreichend zu erklären, da der Gläubiger auch Rechtsschutz erhielte, wenn die Vollstreckung ausschließlich aufgrund eines rechtskräftigen Urteils erfolgte.[935] Das Grundgesetz erfordert jedoch wirksamen Rechtsschutz für privatrechtliche Streitigkeiten.[936] Wirksamkeit des Rechtsschutzes bedeutet immer auch, dass er in angemessener Zeit gewährt werden muss und der Staat die Durchsetzung der Forderungen des Gläubigers letzten Endes gewährleistet.[937] In diesem Zusammenhang wird im Vollstreckungsrecht auch vom Grundsatz der „Vollstreckungsbeschleunigung" gesprochen.[938] Die vorläufige Vollstreckbarkeit stellt eine verfassungsrechtliche Ausprägung des wirksamen Rechtsschutzes dar[939]: Zum einen hindert die Anordnung der vorläufigen Vollstreckbarkeit den Schuldner daran, allein aus Verzögerungsgründen Rechtsmittel einzulegen und beschleunigt damit den Prozess.[940] Zum anderen sichert sie zu einem frühen Zeitpunkt das Vermögen des Schuldners und stellt damit sicher, dass der Gläubiger seinen Anspruch auch dann noch verwirklichen kann, wenn bis zum endgültigen Abschluss des Rechtsstreits aufgrund der Einlegung von Rechtsmitteln noch viel Zeit verstreicht. Aus diesen Gründen wird die Gewährung der vorläufigen Vollstreckbarkeit als verfassungsrechtliches Gebot betrachtet.[941]
Diese verfassungsrechtliche Absicherung bedeutet allerdings nicht, dass der Gesetzgeber bei Ausgestaltung der vorläufigen Vollstreckbarkeit an konkrete verfassungsrechtliche Vorgaben gebunden wäre[942], da der Grundsatz der Vollstre-

---

933 BVerfGE, NJW 1988, S. 3141; Zur Grundlage der Zwangsvollstreckung allgemein *Musielak*, ZPO, vor § 704, Rdnr. 6; Stein/Jonas/*Münzberg*, ZPO, vor § 704 Rdnr. 6 f.
934 BVerfGE 35, 348 (361 f.); 49, 244 (251); 53, 352 (357 f.).
935 So sehen andere – ebenfalls rechtsstaatlich organisierte Länder – keine vorläufige Vollstreckbarkeit von Urteilen vor – so etwa Österreich oder die Schweiz. Vgl. dazu m.w.N. *Rosenberg/Gaul/Schilken*, Zwangsvollstreckungsrecht, § 14 I 1.
936 Stein/Jonas/*Brehm*, ZPO, Einl. Vor § 1 Rdnr. 295; *Stürner*, FS für Baur, S. 647 (649).
937 *Baur/Stürner*, Zwangsvollstreckungsrecht, Rdnr. 7.23; *Vogg*, Einstweiliger Rechtsschutz, S. 42 f.
938 *Baur/Stürner*, Zwangsvollstreckungsrecht, Rdnr. 7.23.
939 *Vogg*, Einstweiliger Rechtsschutz, S. 42 f.
940 Wieczorek/Schütze/*Heß*, Vor §§ 708 – 720 ZPO, Rdnr. 1.
941 *Vogg*, Einstweiliger Rechtsschutz, S. 43.
942 Wieczorek/Schütze/*Heß*, Vor §§ 708 – 720 ZPO, Rdnr. 3; *Schenke, in:* Dolzer/Vogel/Graßhof (Hg.), BK, Art. 19 IV, Rdnr. 386; *Schmidt-Aßmann,* in Maunz-Dürig, Art. 19 IV, Rdnr. 14; *Vogg,* Einstweiliger Rechtsschutz, S. 52.

ckungsbeschleunigung lediglich in einem Kernbereich verfassungsfest ist.[943] Der Gesetzgeber hat damit grundsätzlich einen Spielraum, wie er die wirksame Sicherung subjektiver Rechte im Zivilprozess verwirklichen möchte. Beachten muss er einzig, dass die vorläufige Vollstreckbarkeit in einem grundrechtlichen Spannungsfeld steht. Durch die Effektuierung des Rechtschutzes zu Gunsten des Gläubigers kann die Grundrechtsposition des Schuldners aus Art. 14 GG unverhältnismäßig beschränkt werden. Insofern muss der Gesetzgeber das Gebot „beiderseitigen Interessenausgleichs" beachten.[944] Dies bedeutet, dass das System der vorläufigen Vollstreckbarkeit einerseits so ausgestaltet werden muss, dass dem Schuldner keine irreparablen Rechtsverluste entstehen. Andererseits darf dem Gläubiger die Rechtsdurchsetzung auch nicht durch zu hohe Anforderungen - etwa durch eine überhöhte Sicherheitsleistung – erschwert werden.[945] Zu Erreichung dieses Ziels enthalten die §§ 710, 711 S. 2 und 712 ZPO die Möglichkeit, dass Schuldner und Gläubiger Schutzanträge in Hinblick auf die durchzuführende vorläufige Vollstreckung stellen können.
Überdies müssen auch die Fachgerichte bei Auslegung des einfachen Rechts das Gebot des beiderseitigen Interessenausgleichs berücksichtigen. Das Bundesverfassungsgericht hat in einer Entscheidung[946] zum einstweiligen Rechtsschutz betont, dass die Fachgerichte „weder die Bedeutung des Anspruchs des Gläubigers auf wirkungsvolle Durchsetzung seiner zivilrechtlichen Ansprüche, noch die schutzwürdigen Interessen der Gegenpartei außer acht lassen" dürfen. Einstweiliger Rechtsschutz ist auf vorläufige Sicherung eines Anspruchs gerichtet, vorläufige Vollstreckbarkeit auf vorläufige Befriedigung. Beide Regelungen zeichnen sich folglich – trotz unterschiedlicher Zielsetzung – durch ihre Vorläufigkeit aus.[947] Aus diesem Grund kann die Rechtsprechung des Bundesverfassungsgerichtes zum einstweiligen Rechtsschutz für die vorläufige Vollstreckbarkeit fruchtbar gemacht werden: Damit gilt für die Fachgerichte, dass bei Anwendung und Auslegung der §§ 704 ff. ZPO die grundrechtlichen Positionen von Schuldner und Gläubiger hinreichend berücksichtigt werden müssen.

b) Spanien

In Spanien wird die verfassungsrechtliche Notwendigkeit der „ejecución provisional", die in Art. 524 – 537 LEC/2000 eigenständig geregelt ist, verneint. Im Gegensatz zur Zwangsvollstreckung aufgrund rechtskräftigen Urteils („sentencia

---

943 *Baur/Stürner*, Zwangsvollstreckungsrecht, Rdnr. 7.23.
944 *Vogg*, Einstweiliger Rechtsschutz, S. 56.
945 Wieczorek/Schütze/*Heß*, Vor §§ 708 – 720 ZPO, Rdnr. 3.
946 BVerfG, NJW 1988, S. 3141.
947 *Vogg*, Einstweiliger Rechtsschutz, S. 16 f.

firme"), die durch Art. 24, 117 und 118 CE ein zwingendes Gebot ist[948], gilt dies nach der ständigen Rechtsprechung des Tribunal Constitucional nicht für die vorläufige Vollstreckung von noch nicht in Rechtskraft erwachsenen Endurteilen („sentencias definitivas").[949] Dies ergibt sich insbesondere aus dem Wortlaut des Art. 118 CE, wonach lediglich rechtskräftige Urteile und sonstige Beschlüsse der Gerichte der Umsetzung bedürfen.[950] In Spanien ist die vorläufige Vollstreckbarkeit damit keine verfassungsrechtliche Notwendigkeit, verfassungsrechtliche Bedenken gegen ihre Einführung bestehen allerdings auch nicht.[951] Ob die spanische Zivilprozessordnung die Möglichkeit der vorläufigen Vollstreckbarkeit von Urteilen überhaupt vorsieht, ist damit eine Entscheidung des Gesetzgebers und ihre Ausgestaltung unterliegt seiner Gestaltungsfreiheit.[952]
Trotz der fehlenden verfassungsrechtlichen Notwendigkeit, wird als Grundlage der „ejecución provisional" das Recht auf effektiven Rechtsschutz aus Art. 24 CE betrachtet.[953] Dies spiegelt sich auch in den Vorstellungen des Reformgesetzgebers wider, der die Erneuerung der vorläufigen Vollstreckbarkeit insbesondere mit der Verwirklichung von effektivem Rechtsschutz durch die Vermeidung ungebührlicher Verzögerungen im Sinne des Art. 24 CE begründet.[954] Darüber hinaus erfolgt auch die Grenzziehung der „ejecución provisional" anhand der Verfassung – der Gesetzgeber muss sich also an den Werten der Verfassung orientieren und die betroffenen Grundrechtspositionen berücksichtigen.[955]

2. Die Ausgestaltung der vorläufigen Vollstreckbarkeit

Nachdem die verfassungsrechtlichen Grundlagen der vorläufigen Vollstreckbarkeit geklärt sind, ist nun die Ausgestaltung der vorläufigen Vollstreckbarkeit in Spanien und Deutschland Gegenstand der Erörterung. Dies erfolgt mit dem Ziel festzustellen, wie das deutsche und das spanische Recht die Interessenabwägung

---

948 Vgl. 2. Teil C I 2.

949 STC 80/1990; STC 87/1996; STC 105/1997.

950 STC 266/2000, F.J 4. Vgl. zum Wortlaut des Art. 118 CE bereits Fn. 783.

951 *Cámara Ruiz*, in: Ortells Ramos, Derecho procesal civil, S. 966 ff.

952 *Ramosvallés*, Aspectos Generales sobre la ejecución. La ejecución provisional, en: La nueva Ley de Enjuciamiento Civil, S. 557 (585).

953 *Montero Aroca*, El Derecho procesal en el siglo XX, S. 93.

954 Exposición de Motivos LEC/2000. Zwar nennt der Gesetzgeber nicht ausdrücklich die Vorschrift des Art. 24 CE, allerdings spielt er ausdrücklich auf Verzögerungen (demora) in der Vollstreckung an. Nach Art. 24 CE gehört zum Recht auf effektiven Rechtsschutz insbesondere ein Prozess ohne ungebührliche Verzögerungen. (Vgl. dazu 2. Teil B II 1).

955 *Yañez Velasco*, RGD Nr. 666 (2000), S. 1921 ff.; *Montero Aroca*, Derecho procesal en el siglo XX, S. 93.

zwischen Schuldner und Gläubiger verwirklichen. Darüber hinaus soll untersucht werden, inwieweit die Regelungen Konstitutionalisierungstendenzen aufweisen.

a) System der vorläufigen Vollsteckbarkeit nach der ZPO

aa) Die gesetzliche Grundkonzeption und die ihr zugrunde liegenden Wertungen

Die ZPO unterscheidet zwischen der vorläufigen Vollstreckbarkeit von Urteilen ohne Sicherheitsleistung des Gläubigers nach § 708 ZPO und solchen, die gem. § 709 ZPO nur gegen Sicherheitsleistung vollstreckt werden dürfen. Die Sicherheitsleistung des Gläubigers dient dem Schutz des Schuldners. Wird das Urteil nach erfolgter Vollstreckung aufgehoben oder abgeändert, ist der Gläubiger verschuldensunabhängig zum Schadensersatz verpflichtet.[956] Die erbrachte Sicherheitsleistung des Gläubigers dient zum Ersatz der aus einer ungerechtfertigten Vollstreckung entstandenen Schäden.

In § 708 Nr. 1 – 11 ZPO sind die Urteile aufgeführt, die ohne Sicherheitsleistung des Gläubigers vollstreckbar sind. Für die Privilegierung des Gläubigers können sachliche Gründe aufgeführt werden.[957] So ist die vorläufige Vollstreckbarkeit beispielsweise bei Anerkenntnis- und Verzichtsurteilen gem. § 708 Nr. 1 ZPO ohne Sicherheitsleistung des Gläubigers möglich. Da der Schuldner bei einem Anerkenntnisurteil den „Kampf eingestellt"[958] und dem Kläger sein Recht zugestanden hat, ist er nicht schutzwürdig.[959] Dies lässt sich ebenso als Begründung für den Verzicht auf die Sicherheitsleistung bei der vorläufigen Vollstreckung von Versäumnisurteilen anführen: Da der Schuldner durch sein Nichterscheinen sein fehlendes Interesse an dem Rechtsstreit dokumentiert, ist er nicht schutzwürdig.[960] Weil die Ausnahmegründe des § 708 Nr. 1 – 3 ZPO auf dem eigenen Fehlverhalten des Schuldners beruhen, besteht nach § 711 ZPO gegenüber den anderen Fallgruppen des § 708 ZPO auch keine Abwendungsbefugnis des Schuldners.[961]

Darüber hinaus sind Urteile, die im Urkunden-, Wechsel – oder Scheckprozess[962] erlassen werden, ohne Sicherheitsleistung vollstreckbar, da auf ein

---

[956] Zöller/*Herget*, ZPO, § 717, Rdnr. 3.

[957] Vgl. dazu umfassend *Vogg*, Einstweiliger Rechtsschutz, S. 134 f.

[958] *Jauernig*, ZPO, § 47 I.

[959] *Vogg*, Einstweiliger Rechtsschutz, S. 134 m.w.N.

[960] *Brox/Walker*, Zwangsvollstreckungsrecht, Rdnr. 59.

[961] *Vogg*, Einstweiliger Rechtsschutz, S. 137 f.

[962] § 708 Nr. 4 und 5 ZPO.

schnelles Erkenntnisverfahren eine schnelle Vollstreckung folgen soll.[963] Auch bei Berufungsurteilen in vermögensrechtlichen Streitigkeiten[964] entfällt die Sicherheitsleistung, außerdem wenn der Gegenstand der Verurteilung 1250,-€ nicht übersteigt und eine Vollstreckung im Wert von nicht mehr als 1250, - € nicht möglich ist[965]. Diese Fallvarianten lassen sich zum einen mit der höheren Richtigkeitsgewähr von Berufungsurteilen sachlich rechtfertigen, zum anderen mit der geringen Höhe eines etwaig eintretenden Schadens.[966] Alle anderen Urteile, die nicht ausdrücklich in § 708 ZPO genannt werden, sind grundsätzlich nur gegen Sicherheitsleistung vollstreckbar.

bb) Durchbrechung der gesetzlichen Grundkonzeption nach §§ 710 und 711 ZPO

Diese gesetzliche Grundkonzeption der §§ 708 und 709 ZPO kann nach den §§ 710 und 711 ZPO durch Parteianträge wiederum durchbrochen werden.[967] Nach § 710 ZPO kann der Gläubiger den Antrag stellen, dass ein grundsätzlich nur gegen Sicherheitsleistung vollstreckbares Urteil ohne Sicherheitsleistung vollstreckt wird, wenn er glaubhaft macht, dass er die Sicherheitsleistung nicht oder nur unter erheblichen Schwierigkeiten aufbringen kann und die Aussetzung der Zwangsvollstreckung für ihn einen schwerersetzbaren Schaden bedeuten würde.[968]

Handelt es sich hingegen um eine Vollstreckung ohne Sicherheitsleistung kann der Schuldner nach § 711 ZPO in den Fällen des § 708 Nr. 4 – 11 ZPO die Vollstreckung durch eigene Sicherheitsleistung abwenden, soweit nicht der Gläubiger vor Vollstreckung eine Sicherheitsleistung erbringt. Darüber hinaus kann der Schuldner immer – unabhängig davon, ob mit oder ohne Sicherheitsleistung vorläufig vollstreckt werden soll – einen Schutzantrag nach § 712 ZPO stellen und

---

[963] *Baur/Stürner*, Zwangsvollstreckungsrecht, Rdnr. 15.11.
[964] § 708 Nr. 10 ZPO.
[965] § 708 Nr. 11 ZPO.
[966] *Baur/Stürner*, Zwangsvollstreckungsrecht, Rdnr. 15.12.
[967] *Rosenberg/Gaul/Schilken*, Zwangsvollstreckungsrecht, § 14 III.
[968] Kann der Gläubiger diese Voraussetzungen nicht glaubhaft machen, so kann er nach § 720 a ZPO vorgehen und die Sicherungsvollstreckung betreiben, die arrestähnlich ausgestaltet ist: Gepfändetes Geld etwa wird in entsprechender Anwendung des § 930 II ZPO hinterlegt, gepfändete Sachen dürfen entsprechend § 930 III ZPO nur ausnahmsweise verwertet werden (vgl. 720 a II ZPO). Die Sicherungsvollstreckung in unbewegliches Vermögen erfolgt durch Eintragung einer Sicherungshypothek. Durch diese Vorschrift kann der Gläubiger seinen Anspruch rangwahrend sichern und ist vor Vermögensverschiebungen des Schuldners geschützt, ohne dass es zu einer Verwertung der zu vollstreckenden Gegenstände kommt. Vgl. dazu *Rosenberg/Gaul/Schilken*, Zwangsvollstreckungsrecht, § 14 III 1 a und § 14 V 2 c.

die vorläufige Vollstreckbarkeit abwenden, wenn sie ihm einen nicht zu ersetzenden Nachteil bringen würde. Der Schutzantrag ist nach § 712 II ZPO allerdings zurückzuweisen, wenn ein überwiegendes Interesse des Gläubigers an der Vollstreckung besteht oder nach § 713 ZPO ein Rechtsmittel gegen das Urteil unzweifelhaft nicht zulässig ist. In diesen Fällen geht die gesetzliche Wertung von einer fehlenden Schutzwürdigkeit des Schuldners aus.

b) System der vorläufigen Vollstreckbarkeit in LEC/2000

Die Ausgestaltung der vorläufigen Vollstreckbarkeit wird als eine der herausragendsten Neuerungen der spanischen Zivilprozessreform betrachtet, da mit Ausnahme der in Art. 521 und 525 LEC/2000 genannten Urteile[969] gem. Art. 526 LEC/2000 alle erstinstanzlichen Urteile ohne Sicherheitsleistung auf Antrag des Gläubigers vorläufig vollstreckbar sind.[970] Dadurch soll das Vertrauen in die erste Instanz zum Ausdruck gebracht werden, die einen vollwertigen Prozess mit allen Garantien darstellt.[971] Diese weitreichende Möglichkeit der vorläufigen Vollstreckung wird durch die Einräumung von Widerspruchsmöglichkeiten des Schuldners kompensiert. Das Gesetz differenziert in Art. 528 LEC/2000 zwischen dem Widerspruch gegen die Anordnung der vorläufigen Vollstreckbarkeit insgesamt und Widerspruchsmöglichkeiten gegen konkrete Vollstreckungshandlungen.

aa) Widerspruchsgründe gegen die vorläufige Vollstreckung insgesamt

Nach Art. 528. 1 LEC/2000 kann man sich gegen die „ejecución provisional" insgesamt wenden, wenn die Anordnung der vorläufigen Vollstreckung gegen

---

[969] Gem. Art. 521 LEC/2000 sind Gestaltungs- und Feststellungsurteile nicht vorläufig vollstreckbar, da sie auch nicht endgültig vollstreckbar sind (vgl. dazu *Montero Aroca*, Derecho jurisdiccional II, S. 550). Nach Art. 525 LEC/2000 sind in keinem Fall vorläufig vollstreckbar Urteile über Elternschaft, Abstammung, Nichtigkeit der Ehe, Scheidung, Geschäftsfähigkeit, Ehrenrechte, sowie Urteile die zur Abgabe einer Willenserklärung verpflichten, Urteile, die die Nichtigkeit oder den Verfall von Rechten des gewerblichen Eigentums zum Gegenstand haben, ausländische noch nicht rechtskräftige Urteil – unbeschadet der internationalen Verträge. Außerdem Urteile, die Entschädigungsansprüche enthalten wegen der Verletzung von Persönlichkeits- und Ehrrechten.

[970] Die Exposición de Motivos zu LEC/2000, Abs. XVI, der die „ejecución provisional" behandelt, beginnt mit den Worten: "Die Regelung der vorläufigen Vollstreckbarkeit ist wahrscheinlich eine der Hauptneuerungen dieses Gesetzes." In diesem Sinne auch: *Montero Aroca*, Derecho jurisdiccional II, S. 552 f.

[971] Exposición de Motivos LEC/2000, Abs. XVI.

Art. 527 LEC/2000 verstößt. Art. 527 LEC/2000 erfasst die formalen Voraussetzungen der vorläufigen Vollstreckbarkeit. Je nach Art des Verstoßes führt der Widerspruch zur Aufhebung der Vollstreckung oder zur Heilung des Verfahrensfehlers. Wird etwa die vorläufige Vollstreckung eines Urteils angeordnet, das nach Art. 525 LEC/2000 gar nicht vorläufig vollstreckbar ist, kommt es zu ihrer Aufhebung, bei einer fehlenden Unterschrift des Anwaltes etwa kann der Fehler geheilt werden.[972] Art. 528.1 LEC/2000 gilt unabhängig davon, ob das Urteil zu einer Geldzahlung oder zu einem Tun oder Unterlassen verpflichtet.

bb) Widerspruchsgründe bei nicht auf Geldzahlung gerichteten Urteilen

Darüber hinaus kann die Anordnung der vorläufigen Vollstreckbarkeit gem. Art. 528.2 Nr. 2 LEC/2000 nur dann angegriffen werden, wenn es sich um ein Urteil handelt, das nicht zu einer Geldzahlung verpflichtet – also Urteile, die zu einem Tun oder Unterlassen oder der Herausgabe einer Sache verpflichten.[973] In diesem Fall kann der Vollstreckungsschuldner geltend machen, dass es in Hinblick auf die Natur der Vollstreckungsmaßnahme unmöglich oder extrem schwierig ist, die Situation vor der Vollstreckung wiederherzustellen oder die eingetretenen Nachteile durch Geldleistung auszugleichen, falls das Urteil aufgehoben wird.[974] Um die Aussetzung der vorläufigen Vollstreckbarkeit nach Art. 528.2 LEC/2000 zu verhindern, kann der Gläubiger nach Art. 529.3 LEC/2000 Sicherheit leisten, um zu garantieren, dass er die durch die vorläufige Vollstreckung eingetretene Situation rückgängig macht oder - falls dies nicht möglich sein sollte - Entschädigung leistet, wenn das Urteil aufgehoben wird.

cc) Eingeschränkter Widerspruch bei auf Geldzahlung gerichteten Urteilen

Handelt es sich hingegen um ein Urteil, das auf Geldleistung gerichtet ist, kann sich der Vollstreckungsschuldner nicht gegen die Anordnung der vorläufigen Vollstreckung als solche richten, sondern nur gegen einzelne konkrete Vollstreckungsmaßnahmen mit der Begründung, dass andere Vollstreckungsmittel weniger nachteilig wären. Falls die Alternativvorschläge des Schuldners nicht akzeptiert werden, kann er Sicherheit leisten, um die vorläufige Vollstreckung abzuwenden.[975] Der Gesetzgeber nimmt diese den Gläubiger begünstigende Regelung in Kauf, um Prozessverschleppungen zu vermeiden - auch wenn das Risiko

---

[972] *Montero Aroca*, Derecho jurisdiccional II, S. 557.
[973] *Montero Aroca*, Derecho jurisdiccional II, S. 557.
[974] Dies ergibt sich aus Art. 528.1 Nr. 2 a LEC/2000.
[975] *Montero Aroca*, Derecho jurisdiccional II, S. 559.

besteht, dass ein insolventer Gläubiger das Geld nicht zurückgewähren kann, wenn das Urteil aufgehoben wird.[976]

dd) Die Schadensersatzpflicht des Gläubigers

Wird das vorläufig vollstreckte Urteil aufgehoben, ist der Gläubiger verpflichtet, den erhaltenen Geldbetrag zurückzuzahlen. War das vorläufig vollstreckte Urteil nicht auf eine Leistung in Geld gerichtet, muss er den Ursprungszustand wiederherstellen, wenn das nicht möglich ist anderweitig - etwa durch Geldzahlung - Kompensation leisten.[977] Damit diese Schadensersatzpflicht nicht nur symbolisch besteht, ist kein erneutes Erkenntnisverfahren über das Bestehen und die Höhe einer Schadensersatzpflicht notwendig (Art. 533.3 und 534.3 LEC/2000), sondern das Ausgangsgericht kann unmittelbar Vollstreckungsmaßnahmen einleiten. Dadurch sollen die mit der weitgehenden Möglichkeit der vorläufigen Vollstreckung verbundenen Risiken ausgeglichen werden.[978]

3. Konstitutionalisierungstendenzen des spanischen und deutschen Systems der vorläufigen Vollstreckbarkeit

a) Keine Überformung der ZPO durch das Grundgesetz

Aus den Ausführungen des vorangegangen Abschnitts wird deutlich, dass das System der vorläufigen Vollstreckbarkeit eine differenzierte Regelung darstellt. Bereits die Grundkonzeption der vorläufigen Vollstreckbarkeit mit ihrer Unterscheidung zwischen Vollstreckbarkeit ohne Sicherheitsleistung und nur gegen Sicherheitsleistung, versucht die Interessen von Schuldner und Gläubiger in einen gerechten Ausgleich zu bringen. Jedoch ist diese Grundregel nicht starr, sondern jede der Parteien kann nach den §§ 710 ff. ZPO ein ungünstiges Ergebnis abwenden. Die beschriebene Differenziertheit des Systems lässt sich darauf zurückführen, dass es seit Entstehen der ZPO im Jahre 1877 zahlreichen Gesetzesnovellen unterworfen war und dadurch den Bedürfnissen der Zeit angepasst wurde.[979] Eine konzeptionelle Justierung des Systems der vorläufigen Vollstreckbarkeit hat jedoch niemals stattgefunden – Folge dessen ist eine unübersichtliche Regelung.[980] Trotz dieser Schwäche hatte bereits der der vorkonstitutionelle Gesetzgeber ein ausgeklügeltes System geschaffen, das nach Erlass des Grundgesetzes einer Überformung durch verfassungsrechtliche Inhalte nicht be-

[976] Exposición de Motivos LEC/2000, Abs. XVI.
[977] *Ortells Ramos*, Derecho procesal civil, S. 979 ff.
[978] Exposición de Motivos LEC/2000, Abs. XVI.

durfte, da es die Anforderungen des Grundgesetzes bereits erfüllte.[981] Eine nachhaltige Konstitutionalisierung des Systems der vorläufigen Vollstreckbarkeit lässt sich damit in Deutschland nicht konstatieren.[982]

b) Die Reform der ejecución provisional – Umsetzung von Verfassungsgeboten

Das spanische System akzentuiert gegenüber der ZPO stark die Rechte des Gläubigers, indem grundsätzlich auf eine Sicherheitsleistung des Gläubigers verzichtet wird. Diese Neuerung im Rahmen des spanischen Zivilprozesses wird – obschon die „ejecución provisional" nicht verfassungsrechtlich garantiert ist[983] - von verfassungsrechtlichen Erwägungen getragen. Insbesondere der Gleichheitsgrundsatz und die Effektuierung des Rechtsschutzes werden als Gründe für die Reform der vorläufigen Vollstreckbarkeit genannt.

Um diese die Reform tragenden verfassungsrechtlichen Erwägungen näher erläutern zu können, muss zunächst die Situation vor Inkrafttreten der LEC/2000 skizziert werden. Die LEC/1881 enthielt nur zwei Bestimmungen aufgrund derer man Urteile vorläufig vollstrecken konnte. Zum einen Art. 1786 LEC/1881, wonach Berufungsurteile vorläufig vollstreckt werden konnten. Ihre Anordnung stand im Ermessen des Gerichtes und der Gläubiger musste in jedem Fall Sicherheit leisten.[984] Durch eine Reform im Jahre 1984 wurde das Institut der vorläufigen Vollstreckbarkeit zwar auf alle erstinstanzlichen Endurteile ausgedehnt.[985] Allerdings wurde die vorläufige Vollstreckung als Ausnahme betrachtet, weshalb ihre Verwirklichung an hohe Voraussetzungen geknüpft war. So stand die Anordnung der vorläufigen Vollstreckbarkeit im Ermessen des Gerich-

---

979 *Vogg*, Einstweiliger Rechtsschutz, S. 36.

980 Wieczorek/Schütze/*Hess*, Vor §§ 708 – 720 ZPO, Rdnr. 5.

981 *Vogg*, Einstweiliger Rechtsschutz, S. 90.

982 Vgl. etwa Zöller/*Herget*, ZPO, §§ 708 ff.; *Putzo* in Thomas/Putzo, ZPO, § 708 ff.; *Rosenberg/Gaul/Schilken*, Zwangsvollstreckungsrecht, § 14; MünchKommZPO/*Krüger*, zu §§ 704 und insb. 708 ff., die bei Erläuterung der vorläufigen Vollstreckbarkeit keine besonderen verfassungsrechtlichen Bezüge herstellen. Als einzige Tendenz seit Entstehen des Grundgesetzes lässt sich das Bemühen des Gesetzgebers erkennen, das Recht des Gläubigers auf effektiven Rechtsschutz zu stärken – etwa durch die Erweiterung des Kreises der ohne Sicherheitsleistung vollstreckbaren Urteile oder der Einführung der Sicherungsvollstreckung nach § 720 a ZPO im Jahre 1977. Vgl. dazu *Rosenberg/Gaul/Schilken*, Zwangsvollstreckungsrecht, § 14 I 1; *Baur/Stürner*, Zwangsvollstreckungsrecht, Rdnr. 3.25.

983 Vgl. 2. Teil C III 1 b.

984 *Ramosvallés*, Aspectos Generales, in: La Nueva Ley de Enjuiciamiento Civil, S. 557 (586).

985 Vgl. Art. 385 LEC/1881.

tes und der Gläubiger musste Sicherheit leisten.[986] Diese Situation führte dazu, dass der Schuldner durch die Einlegung von Rechtsmitteln und den dadurch eintretenden Suspensiveffekt die vorläufige Vollstreckung regelmäßig abwenden konnte. Konsequenz dessen war, dass Rechtsmittel häufig nur deshalb eingelegt wurden, um die Vollstreckung zu verzögern.

Der Gesetzgeber ist dem in LEC/2000 insbesondere durch den grundsätzlichen Verzicht auf eine Sicherheitsleistung entschieden entgegengetreten. Dadurch soll erreicht werden, dass die Urteile erster Instanz nicht nur symbolische Wirkung entfalten und erst die Berufungsinstanz als eigentliches Verfahren betrachtet wird.[987] Ziel ist damit die Beschleunigung des Verfahrens. Als weiteren Grund gibt der Gesetzgeber den Gleichheitsgrundsatz an – wenn auch ohne ausdrückliche Erwähnung von Art. 14 CE.[988] So habe sich das Instrument der vorläufigen Vollstreckbarkeit durch das Erfordernis der Sicherheitsleistung unter der LEC/1881 lediglich in den Händen derjenigen befunden, die über die finanziellen Mittel verfügten. Diese Ungleichbehandlung soll durch den Verzicht auf die Sicherheitsleistung ausgeräumt werden.[989]

Die Reform der vorläufigen Vollstreckbarkeit dient damit der Verwirklichung von verfassungsrechtlichen Prozessgrundsätzen und kann als Konstitutionalisierung des Zivilprozesses in Spanien betrachtet werden. Dieses zu Deutschland gegenläufige Ergebnis kann damit erklärt werden, dass die LEC/1881 gegenüber der ZPO von 1877 nur ein rudimentäres System der vorläufigen Vollstreckbarkeit enthielt, das auch nach seiner Erweiterung im Jahre 1984 nicht den Erfordernissen der Zeit entsprach. Insgesamt betrachtet erscheint die Neugestaltung der vorläufigen Vollstreckbarkeit durch die LEC/2000 durch den kompletten Verzicht auf eine Sicherheitsleistung des Gläubigers allerdings als Überreaktion auf die ineffiziente Verfahrensgestaltung unter LEC/1881. Aus diesem Grund wird sie in Spanien teilweise auch als inadäquates Mittel zur Entlastung der Berufungsinstanz betrachtet. Es wird befürchtet, dass es zu einem Vertrauensverlust in die Justiz kommen könne, wenn insolvente Gläubiger nach Aufhebung eines Urteils das durch die vorläufige Vollstreckung Erlangte nicht zurückgeben können.[990]

---

986 *Ramosvallés*, Aspectos Generales, in: La Nueva Ley de Enjuiciamiento Civil, S. 557 (558).

987 Exposición de Motivos, Abs. XVI.

988 Nach Art. 14 CE sind alle Spanier vor dem Gesetz gleich – ohne Diskriminierung in Hinblick auf Geburt, Rasse, Geschlecht, Religion, Meinung oder jeden anderen persönlichen oder sozialen Unterschied.

989 Exposición de Motivos, Abs. XVI.

990 *Ramosvallés*, Aspectos Generales, in: La Nueva Ley de Enjuiciamiento Civil, S. 557 (591) m.w.N. auf den Meinungsstand.

3. Teil: Schlussbemerkungen

Der Prozess der Konstitutionalisierung des Zivilprozessrechts verlief in Spanien und Deutschland weitgehend parallel. Als LEC und ZPO im ausgehenden 19. Jahrhundert entstanden, existierten noch nicht die verfassungsrechtlichen Rahmenbedingungen, die einen Prozess der Konstitutionalisierung hätten anstoßen können. Denn die staatlichen Organe waren nicht an die Grundrechte gebunden, und es gab noch keine Verfassungsgerichtsbarkeit. Auch das Prozessrecht selbst war noch nicht hinreichend dogmatisch durchdrungen, um sich verfassungsrechtlichen Einflüssen überhaupt öffnen zu können. Denn erst im ausgehenden 19. Jahrhundert führte die Anspruchslehre Windscheidts dazu, materielles Privatrecht und Prozessrecht voneinander zu trennen und das Prozessrecht dem öffentlichen Recht zuzuordnen. Dies wiederum schuf die Voraussetzung dafür, ein subjektiv-öffentliches Recht des einzelnen auf Justizgewährung in privatrechtlichen Streitigkeiten herauszubilden. Das Grundgesetz und die CE/1978 verbürgen diesen Anspruch auf effektiven Rechtsschutz in zivilprozessualen Streitigkeiten erstmals auf Verfassungsebene: In Spanien erfolgt dies durch Art. 24 CE, in Deutschland beinhaltet das Rechtsstaatsprinzip in Verbindung mit Art. 2 I GG einen Anspruch auf Justizgewährung. Die unmittelbare Grundrechtsbindung der öffentlichen Gewalt, die Existenz der Verfassungsgerichte und das Verständnis von Verfassung als Wertgrundlage für das gesamte Gemeinwesen führen in beiden Ländern dazu, dass das Prozessrecht diesen verfassungsrechtlichen Maßstäben angepasst und dadurch konstitutionalisiert wird.

In Hinblick auf den Einfluss der EMRK auf das spanische und deutsche Prozessrecht ist zu konstatieren, dass ihre Gewährleistungen nur an einzelnen Stellen durchzubrechen vermögen. Eindrucksvollstes Beispiel ist sicherlich die Rechtsprechung des EGMR zur Frage der Dauer von gerichtlichen Verfahren. In Spanien hat nicht zuletzt auch diese Rechtsprechung dazu beigetragen, das alte Zivilprozessrecht vollkommen zu erneuern und ein modernes, effektives Prozessrecht zu schaffen, das dem europäischen Vergleich standhält. Darüber hinaus bestehen jedoch kaum konkrete Auswirkungen der EMRK auf das Prozessrecht in Spanien und Deutschland.[991] Ursache dafür ist die starke Stellung der Verfassungsgerichte und ihre differenzierte Rechtsprechung zum Prozessrecht.[992] Damit besteht in Spanien und Deutschland ein wesentlicher Unterschied zum französischen und englischen Prozessrecht. Aufgrund fehlender verfassungsgerichtlicher Kontrolle wird dort die Rechtsprechung des EGMR als grundrechtlicher

---

[991] In Deutschland fand auch die Entscheidung des EGMR, 27.10.1993, Dombo Beheer B.V. ./. Niederlande (NJW 1995, S. 1413) zum Beweisrecht vor allem in der Literatur Beachtung. Vgl. *Schlosser*, NJW 1995, S. 1404 f.; *Reinkenhof*, JuS 2002, S. 645 ff.; *Roth*, ZEuP 1996, S. 490 ff.; *Kocher*, NZA 2003, S. 1314 ff.; *Schöpflin*, NJW 1996, S. 2134 ff.

[992] *Hess*, JZ 2005, S. 540 (550).

Maßstab für prozessuale Vorschriften herangezogen. Eine solche Entwicklung wäre auch in Spanien und Deutschland wünschenswert, da dies die einheitliche Anwendung des materiellen europäischen Privatrechts begünstigen würde. Denn die Durchsetzung des europäischen Rechts hängt nicht zuletzt auch vom jeweils anwendbaren Prozessrecht ab. Außerdem können Spanien und Deutschland nur dann aktiv Einfluss auf die Grundrechtsausgestaltung im europäischen Rechtsraum nehmen, wenn sie sich an dieser Rechtsentwicklung beteiligen.[993] Vor dem Hintergrund der Schaffung eines einheitlichen Grundrechtsraums in Europa durch die europäische Verfassung eine Notwendigkeit. Denn nach Art. II – 112[994] des Verfassungsvertrages der Europäischen Union wird die Rechtsprechung des EGMR in Zukunft auch gemeinschaftsrechtlich verbindlich sein.

Die geringen Europäisierungstendenzen des deutschen und spanischen Zivilprozesses haben jedoch nicht dazu geführt, dass große Unterschiede in Hinblick auf prozessuale Menschenrechtsstandards zwischen dem deutschen und spanischen Prozessrecht bestehen. Dies ist vor allem darauf zurückzuführen, dass die Verfassungsgerichte Spaniens und Deutschlands eine vergleichbare prozessuale Judikatur herausgebildet haben. Durch die tief greifende Reform des spanischen Zivilprozesses im Jahre 2000 ist es dem spanischen Gesetzgeber schließlich gelungen, sein Prozessrecht an die verfassungsrechtlichen Vorgaben anzupassen. Aus diesem Grund weisen die Prozessrechte Spaniens und Deutschland in grundlegenden Bereichen des Zivilprozesses wie etwa dem innerprozessualen Grundrechtsschutz, der Rechtsmittel oder der Gewährung rechtlichen Gehörs in der Zwangsvollstreckung vergleichbare Menschenrechtsstandards auf.

---

993 *Hess*, JZ 2005, S. 540 (550).

994 Art. II – 112 VerfV-E lautet: Soweit diese Charta Rechte enthält, die den durch die Europäische Konvention zum Schutz der Menschenrechte und Grundfreiheiten garantierten Rechte entsprechen, haben sie die gleiche Bedeutung und Tragweite, wie sie ihnen in der genannten Konvention verliehen wird.

LITERATURVERZEICHNIS

Adolphsen, Jens
Zivilprozessrecht, 1. Aufl., Baden-Baden 2006

Albácar Lopez, José Luis
Ley de Enjuiciamiento Civil, Tomo I, Introducción Artículos 1-459, 2. Auflage, Madrid 1994

Alonso Garcia, Enrique
El Articulo 24.1 de la Constitución en la jurisprudencia del Tribunal Constitucional: Problemas Generales y acceso a los Tribunales, in: Estudios sobre la Constitución Española, Homenaje al Profesor Eduardo Garcia de Enterria, S. 973 ff., Madrid 1991

Badura, Peter
Staatsrecht, 3. Aufl., München 2003

Baldasano Supervielle, Esther Maria
Inconstitucionalidad de la Justicia de paz?, TAPIA Nr. 102, 1998, S. 7 ff.

Barona Vilar, Silvia
Der verfahrensrechtliche Schutz von Verbrauchern durch das neue spanische Zivilprozessrecht, ZZPInt 6 (2001), S. 91 ff.

Bartels, Hinrich
Verfahren nach 495 a ZPO, DRiZ 1992, S. 106

Bauer, Hartmut
Subjektiv öffentliche Rechte des Staates, DVBl. 1986, S. 208 ff.

Baur, Fritz und *Stürner*, Rolf
Zwangsvollstreckungsrecht, 13. Aufl., Heidelberg 2006

Baur, Fritz
Richterliche Verstöße gegen die Prozessförderungspflicht, FS für Karl Heinz Schwab, München 1990, S. 53 ff.

ders.
Entwicklungslinien des Zivilprozeßrechts in den Jahren 1947 – 1987, NJW 1987, S. 2636 ff.

Bauer, Steffen
Verfassungsgerichtlicher Grundrechtsschutz in Frankreich, 1. Aufl., Baden-Baden 1998

Baumbach, Adolf (Begr.)
Zivilprozessordnung, 61. Aufl., München 2003

Becker, Udo
Die Rechtsbeschwerde in der Zwangsvollstreckung – vom LG unmittelbar zum BGH, JuS 2004, S. 574 ff.
Benda, E. und *Weber*, A.
Der Einfluss der Verfassung im Prozessrecht, ZZP 96 (1983), S. 285 ff.
Bellido Penadés, Rafael
La tutela de los intereses de los consumidores en la nueva Ley de Enjuiciamiento Civil, TdJ 2002, Nr. 12, S. 1 ff.
Bergmann, Jan
Diener dreier Herren? – Der Instanzrichter zwischen BVerfG, EuGH und EGMR, EuR 2006, S. 101 ff.
Bernecker, Walther L. und *Pietschmann*, Horst
Geschichte Spaniens: von der frühen Neuzeit bis zur Gegenwart, 3. Aufl., Stuttgart, Berlin, Köln 2000
Bernhardt, Wolfgang
Die Parteiherrschaft im Zivilprozeß, DGWR 1935, Bd. 1, S. 70 ff.
Bernhardt, Rudolf
Die EMRK und die deutsche Rechtsordnung, EuGRZ 1996, S. 339 ff.
Betghe, Herbert
Grundrechtsträgerschaft juristischer Personen, AöR 104 (1979), 54 ff.
ders.
Die verfassungsrechtliche Problematik der Zulassungsberufung im Zivilprozess, NJW 1991, S. 467 ff.
Beyme, von Klaus
Der Gesetzgeber, Opladen 1997
Beys, Kostas E.
Neue Wege zur Bestimmung der Rechts- bzw. Parteifähigkeit, FS Schütze, München 1999, S. 117 ff.
Böckenförde, Ernst-Wolfgang
Staat, Verfassung, Demokratie: Studien zur Verfassungstheorie und zum Verfassungsrecht, 1. Aufl., Frankfurt am Main 1991
Bonet Navarro, Angel
Los recursos en el proceso civil, Madrid 2000
Bonner Kommentar zum Grundgesetz
Hg. Dolzer, Rudolf und Vogel, Klaus und Graßhof, Karin
116. Aktualisierung, Heidelberg 2005

de Boor, H. O.
Die Auflockerung des Zivilprozesses, Tübingen 1939
Borrajo Iniesta, Ignacio
Los derechos a un proceso sin dilaciones indebidas y a un derecho público, Cuadernos de derecho publico 2000 (Nr. 10), S. 133 ff.
Breuer, Marten
Karlsruhe und die Gretchenfrage: Wie hast du's mit Straßburg?, NVwZ 2005, S. 412 ff.
ders.
Von Lyons zu Sejdovic: Auf dem Weg zu einer Wiederaufnahme konventionswidrig zustande gekommener nationaler Urteile, EuGRZ 2004, S. 782 ff.
Brox, Hans und *Walker,* Wolf
Zwangsvollstreckungsrecht,
7. Aufl., Köln; Berlin; Bonn; München 2003
Brückner, Daniela H.
Vergleich zwischen den Verfahren des spanischen Recurso de Amparo und der deutschen Verfassungsbeschwerde: unter besonderer Berücksichtigung von Verfahrensfunktionen und Entscheidungswirkungen, Hamburg 1997
Bülow, O.
Klage und Urteil, ZZP 31 (1903), S. 191 ff.
Bujosa Vadell, Lorenzo-Mateo
La protección jurisdiccional de lo intereses de grupo,
1. Aufl., Barcelona 1995
Cappelletti, Mauro und *Garth,* Bryant
Access to justice, Vol. I, A world survey, Book I,
1. Aufl., Mailand 1978
Carreras del Rincón, Jorge
Comentarios a la doctrina procesal civil del tribunal constitucional y del tribunal supremo, Madrid 2002
ders.
El recurso extraordinario por infracción procesal, Revista Jurídica de Catalunya, 2003 (3), S. 700 ff.
Catala i Bas, Alexandre
Dereito, Revista Xurídica da Universidade de Santiago de Compostela, Volume 11, Nr. 1, 2002, S. 25 ff.
Chmenitz, Jürgen und *Johnigk,* Frank
Rechtsberatungsgesetz, 11. Aufl., Köln 2003

Cid Cebrian, Miguel
La Justicia gratuita. Realidad y perspectivas de un Derecho Constitucional, Elcano 1995

Cordon Moreno, Faustino und *Muerza Esparza*, Julio J.
Comentarios a la Ley de Enjuiciamiento Civil, Volumen I, Art. 1 – 516 LEC, 1. Aufl., Elcano 2001

Cobos Gavala, Rosa
El juez de paz en la ordenación jurisdiccional Española, Madrid 1989

Consejo de Poder Judicial
Comentarios a la nueva Ley de Enjuiciamiento Civil, Bd. 6, Madrid 2000

Cremer, Hans-Joachim
Zur Bindungswirkung von EGMR-Urteilen, EuGRZ 2004, S. 683 ff.

Cruz Villalon, Pedro
Dos cuestiones de titularidad de derechos, Revista Española de Derecho Constitucional, Nr. 35 (1992) S. 63 ff.

Damian Moreno, Juan
Los jueces de paz, 1. Aufl., Madrid 1987

Däubler-Gmelin, Herta
Reform des Zivilprozesses, ZRP 2000, S. 33 ff.

Degenkolb, Heinrich
Beiträge zum Zivilprozess, Neudruck der Ausgabe Leipzig aus dem Jahre 1905, Aalen 1969

De Esteban, Jorge und *González-Trevijano*, Pedro J.
Curso de Derecho Constitucional Español III, Madrid 1994

De Lamo Rubio, Jaime
Los juzgados de paz: problematica actual, La Ley 1990 – 1, S. 1127 ff.

Dietmair, Alwin
Die juristische Grundrechtsperson des Art. 19 III GG im Licht der geschichtlichen Entwicklung, Heidelberg 1988

Diaz Delgado, Jose
La responsabilidad Patrimonial des Estado por Dilaciones Indebidas en el Funcionamiento de la Administración de Jusiticia, Valencia 1988

Díez Picazo, Luis Maria
Dificultades practicas y significado constitucional del recurso de amparo, Revista español de Derecho Constitucional, Nr. 40 (1994), S. 9 ff.

Diez-Picazo Giménez, Ignacio
La Reforma necesaria del proceso civil,
TdJ 1999 – 2, S. 79 - 92

Drzemczweski, Andrew Z.
European human rights convention in domestic law,
Oxford 1983

Dütz, Wilhelm
Rechtsstaatlicher Gerichtsschutz im Privatrecht, Bad Homburg v.d.H., Berlin, Zürich 1970

Engbers, Enno
Small Claims und effektiver Rechtsschutz, Berlin 2003

Fajardo López, Luis
Inconstitucionalidad del procedimiento extrajudicial de ejecución hipotecaria, Revista de derecho patrimonial 2000 – 1 Nr. 4, S. 337 ff.

Fenn, Herbert
Zur aktiven Parteifähigkeit von gewerkschaftlichen Bezirksverbänden, ZZP 86 (1973), S. 177 ff.

Fischer, Nicolaj
Verfassungsrechtliche Probleme des „neuen" zivilprozessualen Revisionsrechts, AnwBl 3/2002, S. 139 ff.

Fontan Silva, Eduardo Jose
Los derechos fundamentales de naturaleza procesal en el orden civil. El panorama interno e internacional de su contenido I u. II, La Ley Nr. 5197 S. 1 ff. und Nr. 5198, S. 1 ff.

Frotscher, Werner und *Pieroth*, Bodo
Verfassungsgeschichte, 4. Aufl., München 2003

Frowein, Jochen Abr.
Übernationale Menschenrechtsgewährleistungen und
nationale Staatsgewalt, in: Handbuch des deutschen Staatsrechts (Hg. Josef Isensee und Paul Kirchhof), Band VII,
§ 180, Heidelberg 1992

Fröhlingsdorf, Josef und *Lincke*, Karl H.
Das neue spanische Zivilprozessgesetz (LEC), RIW 2001,
S. 357 ff.

Garberi Llobregat, José (Dir.)
Los Procesos Civiles, Tomo 1, Arts. 1 a 98 LEC, 1. Auflage, Barcelona 2001

ders.
Jurisprudencia en materia procesal civil,
Aranzadi Civil, Vol.II, 1996, S. 27 ff.

Gathmann, Almut
Spanisches Zwangsvollstreckungsrecht, Frankfurt am Main; Berlin; Bern; New York; Paris; Wien 1997

Gebauer, Katharina
Der Europäische Vollstreckungstitel für unbestrittene Forderungen, NJ 2006, S. 103 ff.

Geimer, Reinhold
Internationales Zivilprozeßrecht, 5. Aufl., Köln 2005

Gerber, Carl Friedrich Wilhelm von
Über öffentliche Rechte, 1. Aufl., Tübingen 1852

ders.
Grundzüge des deutschen Staatsrechts, Nachdruck der 3. Aufl. Leipzig 1880; Hildesheim; Zürich; New York 1998

Gerhardt, Walter
Bundesverfassungsgericht, Grundgesetz und Zivilprozess, speziell: Zwangsvollstreckung, ZZP 95 (1982), S. 467 ff.

Goldschmidt, James
Derecho procesal civil, Barcelona 1936

Gimeno Sendra, Vicente (Hg.)
Proceso Civil Práctico, Tomo I, Art. 1 – 98, Madrid 2001, Stand April 2003

ders.
El recurso de „amparo judicial" y el anteproyecto de Ley de Enjuiciamiento Civil, La Ley 1997 (6), p. 1439

ders.
Observaciones al Proyecto de Ley de Enjuiciamiento Civil desde el Derecho Procesal Europeo, La Ley, 1999-1, S. 1794 ff.

Gómez Andrés, Alfonso
El recurso extraordinario por infracción procesal, Boletín de información 2003, Nr. 1946, S. 2607 ff.

Gomez Colomer, Juan Luis
El nuevo Regimen del Beneficio de la Asistencia Jurídica Gratuita, La Ley 1996-2, S. 1579 ff.

González Rivas, Juan José
Análisis del artículo 24 de la C.E. desde la perspectiva de la reciente Jurisprudencia Constitucional, RDP 2002 (1-3), S. 151 ff.

ders.
La responsabilidad de los poderes públicos en la jurisprudencia, Revista General de Legislación y Jurisprudenica, 1999, Nr. 1, S. 331 ff.

Gonzalez Montes, José Luis
La responsabilidad del estado por el anormal fucionamiento de la justicia, Granada 1991
Gottwald, Peter
Armenrecht in Westeuropa und die Reform des deutschen Rechts, ZZP 89 (1976), S. 136 ff.
ders.
Die Reform der ZPO aus Sicht der Wissenschaft, in: Verhandlungen des fünfundsechzigsten deutschen Juristentages, Band II/1, München 2004, M 9 ff.
Greger, Reinhard
Die ZPO-Reform – 1000 Tage danach, JZ 2004, S. 805 ff.
Grimm, Dieter
Die Zukunft der Verfassung, Frankfurt am Main 1991
Grote, Rainer
Die Inkorporierung der Europäischen Menschenrechtskonvention in das britische Recht durch den Human Rights Act 1998, ZaöRV 58 (1998), S. 309 ff.
Grunsky, Wolfgang
Die Straffung des Verfahrens durch die Vereinfachungsnovelle, JZ 1977, S. 201 ff.
Guasp, Jaime und *Aragoneses*, Alonso
Los recursos de casación por infracción procesal, RDP 2002 (1-3), S. 163 ff.
Gutiérrez-Alviz Conradi, Faustino
El proceso civil (Antiguo y nuevos modelos de enjuiciar), Valencia 2001
Hahn, Carl und *Mugdan,* Benno
Die gesamten Materialien zu den Reichs-Justizgesetzen, Bd. 8, Neudruck der Ausgabe Berlin 1898, Aalen 1983
Hannich, Rolf und *Meyer-Seitz*, Christian
ZPO-Reform 2002, München 2002
Herdegen, Matthias
Völkerrecht, 4. Aufl., München 2005
Herdegen, Matthias
Europarecht, 8. Aufl., München 2006
Hess, Burkhard
Grundfragen und Entwicklung der Parteifähigkeit, ZZP 117 (2004), S. 267 ff.

Hess, Burkhard
Staatshaftung und zögerliche Justiz – ein deutsch-österreichischer Rechtsvergleich, FS für Walter H. Rechberger, Wien 2005

ders.
Die Konstitutionalisierung des europäischen Privat- und Prozessrechts, JZ 2005, S. 540 ff.

ders.
EMRK, Grundrechte-Charta und europäisches Zivilverfahrensrecht, FS für Erik Jayme, Band 1, S. 339 ff., München 2004

ders.
Effektiver Rechtsschutz vor staatlichen Gerichten aus deutscher und vergleichender Sicht, in: Effektivität des Rechtsschutzes vor staatlichen und privaten Gerichten, Hg. Peter Gottwald, Bielefeld 2005

ders.
Europäischer Vollstreckungstitel und nationale Vollstreckungsgegenklage, IPrax 2004, S. 493 ff.

Hilf, Meinhard und *Oeter, Stefan*
WTO-Recht, 1. Aufl., Baden-Baden 2004

Hoffmann-Riem, Wolfgang
Das Ringen um die verfassungsgerichtliche Normenkontrolle in den USA und Europa, JZ 2003, S. 269 ff.

Hoffmeister, Frank
Die EMRK als Grundrechtsverfassung,
Der Staat 2001, S. 349 ff.

Isensee, Josef
Anwendung der Grundrechte auf juristische Personen, in: Handbuch des Staatsrechts für die Bundesrepublik Deutschland, Band V, § 118, 2. Aufl., Heidelberg 2000

Jarass, Hans D. und *Pieroth,* Bodo
Kommentar zum GG, 7. Aufl., München 2004

Jauernig, Othmar
Zwangsvollstreckungs- und Insolvenzrecht,
21. Aufl, München 1999

ders.
Zivilprozessrecht, 28. Aufl., München 2003

Jiménez Asensio, Rafael
Constitucionalización del ordenamiento y judicialización del derecho, en: R.V.A.P. Nr. 62 (2002), S. 157 ff.

Katzenmeier, Christian
Zivilprozeß und außergerichtliche Streitbeilegung, ZZP 115 (2002), S. 51 ff.

Kieninger, Eva-Maria
Die Rechtsfähigkeit der Gesellschaft bürgerlichen Rechts, Entscheidungsanmerkung, ZEuP 1999, S. 333 ff.
Klein, Franz
Zeit- und Geistesströmungen im Prozesse, Hg. Erik Wolf, 2. Auflage, Frankfurt a.M. 1958
Koch, Harald
Konvergenz der Rechte im Europäischen Zivilprozess, FS für Kostas E. Beys, Band I, S. 733 ff., Athen 2003
Kocher, Eva
Für eine Gleichbehandlung von Parteien und Zeugen, NZA 2003, S. 1314 ff.
Kopp, Ferdinand und *Schenke*, Wolf-Rüdiger
Kommentar zur Verwaltungsgerichtsordnung,
13. Aufl., München 2003
Kroppenberg, Inge
Zum Rechtsschutzbereich der Rüge gem. § 321 a ZPO,
ZZP 116 (2003), S. 421 ff.
Kunz, Bernhard
Erinnerung und Beschwerde, Tübingen 1980
Kunze, Axel
Das amtsgerichtliche Bagatellverfahren gemäß 495 a ZPO und die Subsidiarität des BVerfG, NJW 1997, S. 2154 ff.
Lambsdorff, Hans Georg Graf
Die Problematik der Sicherungsvollstreckung, NJW 2002, S. 1303 ff.
Lansnicker, Frank und *Schwirtzek*, Thomas
Rechtsverhinderung durch überlange Verfahrensdauer,
NJW 2001, S. 1969 ff.
Lauer, Jürgen
Erfahrungen mit der außergerichtlichen Streitbeilegung in Ausführung des § 15 a EGZPO, NJW 2004, S. 1280 ff.
Leipold, Dieter
Zivilprozeß und Ideologie, - am Beispiel der Verhandlungsmaxime –, JZ 1982, S. 441 ff.
León Tirado, Pilar
Principios del proceso en la Ley de Enjuiciamiento Civil de 7 Enero de 2000, Actualidad Civil 2001-3, Rdnr. 797 ff.
Limbach, Jutta
Die Kooperation der Gerichte in der zukünftigen europäischen Grundrechtsarchitektur, EuGRZ 2000, S. 417 ff.

Lindner, Richard
Ist § 522 Abs. 3 ZPO verfassungswidrig?, ZIP 2003, S. 192 ff.
Lippross, Otto-Gerd
Grundlagen und System des Vollstreckungsschutzes, Bielefeld, 1983
Luis Serrera, Pedro
Algunas consideraciones sobre la preclusion civil, RDP 2003, Nr.1-3, S. 451 ff.
Mangas Martin, Araceli
Cuestiones de Derecho Internacional Público en la Constitución de 1978, Revista de Derecho de la Universidad Complutense, No. 61 (1981), S. 143 ff.
Martínez Escribano, Alfonso
Garantías constitucionales en el proceso civil, in: La aplicación jurisdiccional de la constitución, Hg.: Ruiz-Rico Ruiz, Gerardo, Valencia 1997
Martínez-Pardo, Jesús Marina und *Loscertales Fuertes*, Daniel
Ley de Enjuiciamiento Civil, Volumen II, 1. Aufl., Madrid 2000
Matscher, Franz
Der Einfluss der EMRK auf den Zivilprozess, FS für Henckel 1995, S. 593 ff.
Magro Servet, Vicente
La aplicación de las nuevas tecnologias en la lucha por desterrar dilaciones indebidas en nuestro nuevo proceso civil, La Ley 2000-6, S. 1889 ff.
Maunz, Theodor und *Dürig*, Günter
Kommentar zum Grundgesetz
Band III, Art 17 – 27, Stand: 2004
Band VI, Art. 100- 146, Stand: 2004
München 2004
Meyer-Ladewig, Jens
Handkommentar zur EMRK, 1. Aufl., Baden-Baden 2003
Meyer-Ladewig, Jens
Die Bindung deutscher Gerichte an Urteile des EGMR – Neues aus Straßburg und Karlsruhe, NJW 2005, S. 15 ff.
ders.
Rechtsbehelfe gegen Verzögerungen im gerichtlichen Verfahren – zum Urteil des EGMR Kudla/Polen, NJW 2001, S. 2679 ff.

Miras, Antonio
Die Entwicklung des spanischen Zivilprozeßrechts, Tübingen 1994
Montero Aroca, Juan
Derecho jurisdiccional I, Parte General, 13. Aufl., Valencia 2004
ders.
Derecho jurisdiccional II, Proceso Civil, 13. Aufl., Valencia 2004
ders.
El derecho procesal en el siglo XX, Valencia 2000
ders.
Análisis crítico de la Ley de Enjuiciamiento Civil en su centenario, Madrid 1982
ders.
La nueva Ley de Enjuiciamiento Civil Española, los poderes del Juez y la oralidad, RDP 2001, (Nr. 1-3), S. 555 ff.
ders./Gómez Colomer, Juan Luis
El nuevo proceso civil (Ley 1/2000), Valencia 2000
Montesquieu, Charles Baron de
Vom Geist der Gesetze (Eine Auswahl), übersetzt und erläutert von Friedrich August Freiherr von der Heydte, Berlin 1950
Montón Redondo, Alberto
El respeto a derechos y garantías constitucionales en la regualción de las actos procesales por la LEC/2000, TdJ 2002, Nr. 7, S. 1 ff.
Moreno Catena, Víctor
Algunos problemas de la ejecución forzosa, AFDUAM 5 (2001), S. 187 ff.
Müller, Hans-Friedrich
Abhilfemöglichkeit bei Verletzung des rechtlichen Gehörs nach der ZPO-Reform, NJW 2002, S. 2745 ff.
Münch, von Ingo und *Kunig*, Philip
Grundgesetz-Kommentar, Band 1, Präambel bis Art. 19, 5. Aufl., München 2000
Münchener Kommentar zur Zivilprozessordnung
Hg.: Lüke, Gerhard und Wax, Peter
Band 1, §§ 1 - 354
Band 2, §§ 355 - 802
2. Aufl., München 2000

Münchener Kommentar zum Bürgerlichen Gesetzbuch
Hg. Kurt Rebmann
Band 5, Schuldrecht Besonderer Teil III (§§ 705 – 853), München 2004

Musielak, Hans-Joachim
Kommentar zur Zivilprozessordnung, 4. Aufl., München 2005

ders.
Reform des Zivilprozesses – Zum Entwurf eines Gesetzes zur Reform des Zivilprozesses, NJW 2000, S. 2769 ff.

Mutius, von Albert
Grundrechtsfähigkeit, Jura 1983, S. 30 ff.

Nasall, Wendt
Anhörungsrügegesetz –Nach der Reform ist vor der Reform, NJW 2005, S. 164 ff.

Neuner, Jörg
Die Rechtsfindung contra legem, München 1992

Oliva Santos, Andrés
Comentarios a la Ley de Enjuiciamiento Civil, 1. Aufl., Madrid 2001

Oliva Santos, de la Andrés und *Díez-Picazo Giménez,* Ignacio
Derecho procesal civil (El proceso de declaración), 3. Aufl., Madrid 2004

Ortells Ramos, Manuel
Derecho procesal civil, 4. Aufl., Elcano 2003

ders.
Der neue spanische Zivilprozeß, ZZPInt (2000), S. 96 ff.

Palandt Bürgerliches Gesetzbuch
Bearbeitet von *Bassenge*, Peter und *Brudermüller*, Gerd
64. Aufl., München 2005

Paulus, Christian
Die Privatisierung der „Zwangsvollstreckung" – oder: Wie der Rechtsstaat an seinem Fundament erodiert, ZRP 2000, S. 296 ff.

Perello Domenech, Isabel
Sobre el derecho a un proceso sin dilaciones indebidas, Jueces para la democracia Nr. 39 (2000), S. 16 ff.

Peters, Egbert
Richterliche Hinweispflichten und Beweisinitiativen im Zivilprozeß, Tübingen 1983

Peters, Egbert
Wachsende Beachtung der richterlichen Hinweispflicht, FS für Kostas E. Beys dem Rechtsdenker in attischer Dialektik, Bd. 2, S. 1243 ff.

Petersen, Jens
Zur Teilrechtsfähigkeit der Wohnungseigentümergemeinschaft, NJW 2005, S. 2590

Peukert, Wolfgang
Verfahrensgarantien und Zivilprozeß (Art. 6 EMRK), RabelsZ 63 (1999), S. 601 ff.

Picó i Junoy, Joan
Las garantías constitucionales del proceso, Barcelona 1997

ders.
El Juez de Paz en España, Justicia 1997 (I), S. 197 ff.

Prieto-Castro y Ferrándiz, Leonardo
Derecho procesal civil, 4. Aufl., Madrid 1988

Rabel, Ernst
Aufgabe und Notwendigkeit der Rechtsvergleichung, in: Ernst Rabel, Gesammelte Aufsätze III (1919 - 1954), S. 3 ff.; Hg. Hans Leser, Tübingen 1967

Ramos Mendez, Francisco
Derecho procesal civil, Bd. 1, Barcelona 1990

ders.
Derecho procesal civil, Bd. I, 4. Aufl., Barcelona 1990

Ramosvallés, Raquel
Aspectos generales sobre la ejecución. La ejecución provisional, La nueva Ley de Enjuiciamiento Civil, S. 557 ff., herausgegeben von Abogacía general del Estado, 1. Aufl., Madrid 2002

Rimmelspacher, Bruno
Zivilprozessreform 2002, München 2002

Redeker, Konrad
Verfahrensgrundrechte und Justizgewährungsanspruch, NJW 2003, S. 2956 ff.

ders.
Kann eine Untätigkeitsbeschwerde helfen?, NJW 2003, S. 488 ff.

Reinkenhof, Michaela
Parteivernehmung und "Vier-Augen-Gespräche", JuS 2002, S. 645 ff.

Reinkenhof, Michaela
Auswirkungen des EGMR-Urteils zur Bodenreform auf rechtskräftig abgeschlossene gerichtliche Verfahren, NJ 2006, S. 250 ff.
Ress, Georg
Wirkung und Beachtung der Urteile und Entscheidungen der Straßburger Konventionsorgane, EuGRZ 1996, S. 350 ff.
Riba Trepat, Cristina
Análisis crítico de la ley de asistencia jurídica gratuita, Justicia 1997, S. 911 ff.
Richard González, Manuel
El acceso a la segunda instancia en el Proyecto de Ley de Enjuiciamiento Civil, RDP, 1999 (Nr. 2), S. 395 ff.
Rodriguez Jiménez, José
Problematica de los Juzgados de Paz, Poder Judicial, Nr. 33 (1994), S. 169 ff.
Robledo Villar, Antonio
La inconstitucionalidad del procedimiento extrajudicial de ejecución hipotecaria, RGD, Nr. 655 (1999), S. 3593 ff.
Rosenberg, Leo (Begr.)
Zwangsvollstreckungsrecht, fortgef. von Hans Friedhelm Gaul u. Eberhard Schilken, 11. Aufl., München 1997
ders.
Zivilprozessrecht, fortgef. von Karl Heinz Schwab und Peter Gottwald, 16. Aufl., München 2004
Rottleuthner, Hubert
Umbau des Rechtsstaates?, NJW 1996, S. 2473 ff.
ders.
Entlastung durch Entformalisierung?, München 1997
Roth, Marianne
Wege zur Prozeßökonomie: Die Reduktion von Verfahrensdauer und Verfahrenskosten im Zivilprozeß, in: Prozessrecht an der Jahrtausendwende (Hg. Peter Gilles), S. 181 ff., 1. Aufl., Baden-Baden 1990
Rubio Lara, Jesus
La Ley de Enjuiciamiento Civil del Siglo XXI: Antecedentes y perspectivas, RGD Nr. 668 (2000), S. 5595 ff.
Rüfner, Wolfgang
Grundrechtsträger, in : Handbuch des Staatsrechts für die Bundesrepublik Deutschland, Band V, § 116, 2. Aufl., Heidelberg 2000
Samanes Ara, Carmen
Las partes en el proceso civil, Madrid 2000

Saiz Arnaiz, Alejandro
La apertura constitucional al derecho internacional y europeo de los derechos humanos. El artículo 10.2 de la constitución espanola, Madrid 1999
Saraza Jimena, Rafael
Doctrina constitucional aplicable en materia civil y procesal civil, 1. Aufl., Madrid 1994
Sauer, Heiko
Die neue Schlagkraft der gemeineuropäischen Grundrechtsjudikatur, ZaöRV 2005, S. 35 ff.
Savigny, von Carl Friedrich
System des heutigen Römischen Rechts, Bd. V, Berlin 1841
Scherer, Inge
Die Verordnung neuer Rechtsbehelfe durch das Bundesverfassungsgericht, DRiZ 2000, S. 490 ff.
Scheuch, Silke und *Lindner*, Richard
Rechtsbehelfe bei der Verletzung von Verfahrensgrundrechten, ZIP 2004, S. 973 ff.
Schlosser, Hans
Situation, Zielsetzung und Perspektiven der rechtshistorischen Forschung zum Zivilprozess, ZNR 1982, S. 42 ff.
ders.
Das völkerrechtswidrige Urteil nach deutschem Prozessrecht, ZZP 79 (1966), S. 164 ff.
ders.
EMRK und Waffengleichheit im Zivilprozess, NJW 1995, S. 1404 ff.
Schmidt, Karl
Die BGB-Außengesellschaft: rechts- und parteifähig, NJW 2001, S. 993 ff.
Schmidt, Richard
Prozesswissenschaft und Prozessgesetzgebung, ZZP 49 (1925), S. 1 ff.
Schmidt, Uwe
Das Abhilfeverfahren gem. § 321 a ZPO n.F., MDR 2002, S. 915 ff.
Schmidt-Aßmann, Eberhard
Das allgemeine Verwaltungsrecht als Ordnungsidee und System, Heidelberg 1982

Schmitt, Carl
Verfassungslehre, 8. Aufl., Neusatz auf Basis der 1928 erschienenen Auflage, Berlin 1993
Schneider, Egon
Ausnahmeberufung analog 514 II ZPO?, MDR 2004, S. 549 ff.
Schöpflin, Martin
Die Parteianhörung als Beweismittel, NJW 1996, S. 2134 ff.
Schulz, Thomas
Die Parteifähigkeit nicht rechtsfähiger Vereine im Zivilprozess, Diss., 1. Aufl., Baden-Baden 1992
Schumann, Ekkehard
Bundesverfassungsgericht, Grundgesetz und Zivilprozess, Köln; Berlin; Bonn; München 1983
ders.
Der Einfluß des Grundgesetzes auf die zivilprozessuale Rechtsprechung, in: 50 Jahre Bundesgerichtshof, Festgabe aus der Wissenschaft, München 2000, S. 3 ff.
ders.
Menschenrechtskonvention und Wiederaufnahme des Verfahrens, NJW 1964, S. 753 ff.
Schuppert, Gunnar Folke und *Bumke*, Christian
Die Konstitutionalisierung der Rechtsordnung, 1. Aufl., Baden-Baden 2000
Schwab, Karl-Heinz und *Gottwald*, Peter
Verfassung und Zivilprozess, Bielefeld, 1984
Selbmann, Frank
Anpassungsbedarf der Regelungen zur Wiederaufnahme des Verfahrens an die Vorgaben der EMRK, ZRP 2006, S. 124 ff.
ders.
Restitutionsklagen aufgrund von Urteilen des EGMR?, NJ 2005, S. 103 ff.
Senes Motilla, Carmen
La via judicial previa al recurso de amparo, 1. Aufl., Madrid 1994
Simshäuser, Wilhelm
Zur Entwicklung des Verhältnisses von materiellem Recht und Prozessrecht seit Savigny, Bielefeld 1965
Sommermann, Karl-Peter
Der Schutz der Grundrechte in Spanien nach der Verfassung von 1978, Berlin 1984

Sprung, Rainer
Die Ausgangsposition österreichischer Zivilprozessualistik und ihr Einfluß auf das deutsche Recht, ZZP 92 (1979), S. 4 ff.
Stenderup Jensen, Soren und *Rodrígeuz –Vergara Díaz*, Angel
The European Convention on Human Rights in Domestic Law: A Comparative Study of the Convention's Position in Denmark and Spain, Nordic Journal of International Law 63 (1994), S. 139 ff.
J. von Staudingers Kommentar zum Bürgerlichen Gesetzbuch
Buch 2, Recht der Schuldverhältnisse, §§ 839, 839 a,
13. Aufl., bearb. von Michael Wurm; Berlin 2002
Stein, Friedrich
Grundriss des Zivilprozessrechtes und des Konkursrechtes,
3. Aufl., Tübingen 1928
Stein, Friedrich und *Jonas*, Martin
Band 1, §§ 1-40, 22. Aufl., Tübingen 2003 (Kommentiert von Brehm und Roth)
Band 3, §§ 128 – 252, 22. Aufl., Tübingen 2003 (Kommentiert von Leipold und Brehm)
Band 5/1, §§ 511 – 591, 21. Aufl., Tübingen 1994 (Kommentiert von Grunsky)
Band 7, §§ 704 – 827, 22. Aufl., Tübingen 2003 (Kommentiert von Münzberg)
Stein, Torsten und von *Buttlar*, Christian
Völkerrecht, 11. Aufl., Köln; Berlin; München 2005
Steinberger, Helmut
Allgemeine Regeln des Völkerrechts, in: Handbuch des deutschen Staatsrechts (Hg. Josef Isensee und Paul Kirchhof), Band VII, § 173, Heidelberg 1992
Stürner, Rolf
Verfahrensgrundsätze des Zivilprozesses und Verfassung, FS für Fritz Baur, S. 647 ff., Tübingen 1981
Thomas, Heinz und *Putzo*, Hans
Zivilprozessordnung, 26. Aufl., München 2004
Torrente, Joaquín
La personalidad jurídica de la sociedad civil, Estudios Empresariales, Nr. 66 (1998), S. 63 ff.
Treber, Jürgen
Neuerungen durch das Anhörungsrügegesetz, NJW 2005,
S. 97 ff.

Trepte, Peter
Umfang und Grenzen eines sozialen Zivilprozesses, Frankfurt am Main 1994

Umbach, Dieter C. und *Clemens*, Thomas (Hg.)
Grundgesetz, Bd. I, Heidelberg 2002

Vallespín Pérez, David
El modelo constitucional de juicio justo en el ámbito del proceso civil, Barcelona 2002

Vázquez Iruzubieta, Carlos
Comentarios a la Nueva Ley de Enjuiciamiento Civil, 1. Aufl., Madrid 2000

Vogg, Stefan
Einstweiliger Rechtsschutz und vorläufige Vollstreckbarkeit, Berlin 1991

Vollkommer, Max
Zur Einführung der Gehörsrüge in den Zivilprozess, FS für Schumann, S. 507 ff., Tübingen 2001

Vormbaum, Thomas
Die Lex Emminger vom 4. Januar 1924, Berlin 1988

Voßkuhle, Andreas
Bruch mit einem Dogma: Die Verfassung akzeptiert Rechtsschutz gegen den Richter, NJW 2003, S. 2193

ders.
Erosionserscheinungen des zivilprozessualen Rechtsmittelsystems, NJW 1995, S. 1377 ff.

Wagner, Gerhard
Europäisches Beweisrecht – Prozessrechtsharmonisierung durch Schiedsgerichte, ZEuP 2001, S. 441 ff.

Waldner, Wolfram
Der Anspruch auf rechtliches Gehör, 2.Aufl., Köln 2000

ders.
Präklusion im Zivilprozeß und rechtliches Gehör, NJW 1984, S. 2925 ff.

Walter, Christian
Die Europäische Menschenrechtskonvention als Konstitutionalisierungprozeß, ZaöRV 1999, S. 961 ff.

ders.
Die Folgen der Globalisierung für die europäische Verfassungsdiskussion, DVBl. 2000, S. 1 ff.

Wendenburg, Helge
Die Debatte um die Verfassungsgerichtsbarkeit und der Methodenstreit der Staatsrechtslehre in der Weimarer Republik, Göttingen 1984

Wesche, Steffen
Obligatorische Schlichtung für kleine Streitwert – Eine kritische Zwischenbilanz aus der Praxis, MDR 2003, S. 1029 ff.

Wieczorek, Bernhard (Begr.) und *Schütze*, Rolf A. (Hg.)
Zivilprozeßordnung und Nebengesetze, Bd. 4, Teilbd. 1, §§ 704 – 807, 3. Aufl., Berlin; New York 1999

Willoweit, Dietmar
Deutsche Verfassungsgeschichte, 5. Aufl., München 2005

Wolff, Hagen
Die Verletzung rechtlichen Gehörs als Revisionsrüge in verschiedenen Verfahrensordnungen, ZZP 116 (2003), S. 403 ff.

Wunderlich, Wolfgang
Zivilprozessuale Möglichkeiten für ein gemeinschaftliches Vorgehen geschädigter Kapitalanleger, DB 1193, S. 2269 ff.

Yañez Velasco, Ricardo
Lectura constitucional de la ejecución provisional civil, RGD Nr. 666 (2000), S. 1921 ff.

Zöller, Richard (Begr.)
Kommentar zur Zivilprozessordnung,
25. Aufl., Köln 2005

Zweigert, Konrad und *Kötz*, Hein
Einführung in die Rechtsvergleichung: auf dem Gebiete des Privatrechts, 3. Aufl., Tübingen 1996

STUDIEN ZUM VERGLEICHENDEN UND INTERNATIONALEN RECHT

Herausgeber: Bernd von Hoffmann, Erik Jayme und Heinz-Peter Mansel

Band 1 Ferdinand Henke: Die Datenschutzkonvention des Europarates. 1986.

Band 2 Peter Czermak: Der express trust im internationalen Privatrecht. 1986.

Band 3 Peter Kindler: Der Ausgleichsanspruch des Handelsvertreters im deutsch-italienischen Warenverkehr. Eine rechtsvergleichende und kollisionsrechtliche Untersuchung. 1987.

Band 4 Wilhelm Denzer: Stellung und Bedeutung des Engineers in den FIDIC-Bauvertragsbedingungen. 1988.

Band 5 Marijan-Maximilian Lederer: Die internationale Enteignung von Mitgliedschaftsrechten unter besonderer Berücksichtigung der französischen Enteignungen 1982. 1989.

Band 6 Rainer Esser: Klagen gegen ausländische Staaten. 1990.

Band 7 Chang Jae-Ok: Auf dem Weg zu einer Materialisierung des Immateriellen? Personen-, Persönlichkeitsschutz und Geldersatz des immateriellen Schadens in rechtsvergleichender Hinsicht am Beispiel des koreanischen und japanischen Zivilrechts unter besonderer Berücksichtigung des deutschen Rechts. 1990.

Band 8 Paul-Frank Weise: Lex mercatoria. Materielles Recht vor der internationalen Handelsschiedsgerichtbarkeit.1990.

Band 9 Werner Born: Der Auftrittsvertrag für Musikgruppen im Bereich der Rock- und Popmusik. 1990.

Band 10 Ralf Erich Jürgens: IPR und Verfassung in Italien und in der Bundesrepublik Deutschland. 1990.

Band 11 Rainer Gildeggen: Internationale Schieds- und Schiedsverfahrensvereinbarungen in Allgemeinen Geschäftsbedingungen vor deutschen Gerichten. 1991.

Band 12 Klaus Grabinski: Die kollisionsrechtliche Behandlung des Durchgriffs bei rechtlich verselbständigten Unternehmen in privater oder öffentlicher Hand. 1991.

Band 13 Dieter Stummel: Konkurs und Integration. Konventionsrechtliche Wege zur Bewältigung grenzüberschreitender Insolvenzverfahren. 1991.

Band 14 Joachim Güntzer: Die Rechtsstellung des Geschäftsführers im spanischen Aktienrecht. Die Neuregelung des spanischen Aktienrechts nach dem Beitritt Spaniens zur EG. 1991.

Band 15 Sabine Isenburg-Epple: Die Berücksichtigung ausländischer Rechtshängigkeit nach dem Europäischen Gerichtsstands- und Vollstreckungsübereinkommen vom 27.9.1968. Untersuchungen zum Anwendungsbereich von Art. 21 EuGVÜ unter schwerpunktmäßiger Behandlung der Frage nach der Bestimmung eines europäischen Streitgegenstandsbegriffs. 1992.

Band 16 Ulrich Nickl: Die Qualifikation der culpa in contrahendo im Internationalen Privatrecht. 1992.

Band 17 Theo Rauh: Leistungserschwerungen im Schuldvertrag. Eine rechtsvergleichende Untersuchung des englischen, US-amerikanischen, französischen und deutschen Rechts unter besonderer Berücksichtigung der gerichtlichen Praxis. 1992.

Band 18 Bernadette Chaussade-Klein: Vorvertragliche "obligation de renseignements" im französischen Recht. 1992.

Band 19 Josef Sievers: Verbraucherschutz gegen unlautere Vertragsbedingungen im französischen Recht. Vom Code civil zum "Code de la consommation" – die Entstehung eines Sonderprivatrechts für Verbraucher. 1993.

Band 20 Achim Schäfer: Grenzüberschreitende Kreditsicherung an Grundstücken, unter besonderer Berücksichtigung des deutschen und italienischen Rechts. 1993.

Band 21 Eugenio Hernández-Breton: Internationale Gerichtsstandsklauseln in Allgemeinen Geschäftsbedingungen. Unter besonderer Berücksichtigung des deutsch-südamerikanischen Rechtsverkehrs (dargestellt am Beispiel Argentinien, Brasilien und Venezuela). 1993.

Band 22 Ingo Reng: Unterhaltsansprüche aufgrund nichtehelicher Lebensgemeinschaft – Internationales Privatrecht und ausländisches materielles Recht. 1994.

Band 23 Stefanie Roloff: Die Geltendmachung ausländischer öffentlicher Ansprüche im Inland. 1994.

Band 24 Katharina Ludwig: Der Vertragsschluß nach UN-Kaufrecht im Spannungsverhältnis von Common Law und Civil Law. Dargestellt auf der Grundlage der Rechtsordnungen Englands und Deutschlands. 1994.

Band 25 Malte Diesselhorst: Mehrparteienschiedsverfahren. Internationale Schiedsverfahren unter Beteiligung von mehr als zwei Parteien. 1994.

Band 26 Manfred Kost: Konsensprobleme im internationalen Schuldvertragsrecht. 1995.

Band 27 Wolff-Heinrich Fleischer: Das italienische Wettbewerbsrecht und die Probleme des selektiven Parfümvertriebs unter Berücksichtigung der Rechtslage in Frankreich und Deutschland. 1995.

Band 28 Angelika Fuchs: Lateinamerikanische Devisenkontrollen in der internationalen Schuldenkrise und Art. VIII Abschn. 2 b) IWF-Abkommen. 1995.

Band 29 Jacques Matthias Aull: Der Geltungsanspruch des EuGVÜ: "Binnensachverhalte" und Internationales Zivilverfahrensrecht in der Europäischen Union. Zur Auslegung von Art. 17 Abs. 1 S. 1 EuGVÜ. 1996.

Band 30 Hartmut Ost: EVÜ und fact doctrine. Konflikte zwischen europäischer IPR-Vereinheitlichung und der Stellung ausländischen Rechts im angelsächsischen Zivilprozeß. 1996.

Band 31 Stefan Wagner: Die Testierfähigkeit im Internationalen Privatrecht. 1996.

Band 32 Wolfgang Jakob Hau: Positive Kompetenzkonflikte im Internationalen Zivilprozeßrecht. Überlegungen zur Bewältigung von *multi-fora disputes*. 1996.

Band 33 Markus Schütz: UN-Kaufrecht und *Culpa in contrahendo*. 1996.

Band 34 Volker Geyrhalter: Das Lösungsrecht des gutgläubigen Erwerbers. Ein "vergessener" Kompromiß und die Auswirkungen auf das heutige deutsche Recht unter besonderer Berücksichtigung des internationalen Sachenrechts. 1996.

Band 35 Andreas Kramer: Abwicklungsstörungen bei Kaufverträgen. Die Lieferung vertragswidriger Sachen im deutschen und italienischen Recht. 1996.

Band 36 Petra Krings: Erfüllungsmodalitäten im internationalen Schuldvertragsrecht. 1997.

Band 37 Tonja Gaibler: Der rechtsgeschäftliche Irrtum im französischen Recht. 1997.

Band 38 Dirk Otto: Rechtsspaltung im indischen Erbrecht. Bedeutung und Auswirkungen auf deutsch-indische Nachlaßfälle. 1997.

Band 39 Gregor W. Decku: Zwischen Vertrag und Delikt. Grenzfälle vertraglicher und deliktischer Haftung dargestellt am Beispiel der Berufs- und Expertenhaftung zum Schutze des Vermögens Dritter im deutschen und englischen Recht. 1997.

Band 40 Gregor W. Decku: Zwischen Vertrag und Delikt. Grenzfälle vertraglicher und deliktischer Haftung dargestellt am Beispiel der Berufs- und Expertenhaftung zum Schutze des Vermögens Dritter im deutschen und englischen Recht. 1997.

Band 41 Ulrike Höpping: Auswirkungen der Warenverkehrsfreiheit auf das IPR unter besonderer Berücksichtigung des Internationalen Produkthaftungsrechts und des Internationalen Vertragsrechts. 1997.

Band 42 Helene Boriths Müller: Die Umsetzung der europäischen Übereinkommen von Rom und Brüssel in das Recht der Mitgliedstaaten. Dargestellt am Beispiel Deutschlands und Dänemarks. 1997.

Band 43 Bernd von Hoffmann / Myong-Chang Hwang (eds.): The Public Concept of Land Ownership. Reports and Discussions of a German-Korean Symposium held in Seoul on October 7-9, 1996. 1997.

Band 44 Oliver Heeder: Fraus legis. Eine rechtsvergleichende Untersuchung über den Vorbehalt der Gesetzesumgehung in Deutschland, Österreich, der Schweiz, Frankreich und Belgien unter besonderer Berücksichtigung des Internationalen Privatrechts. 1998.

Band 45 Heinrich Schütt: Deliktstyp und Internationales Privatrecht. Dargestellt an grenzüberschreitenden Problemen der Arzthaftung. 1998.

Band 46 Axel Steiner: Die stillschweigende Rechtswahl im Prozeß im System der subjektiven Anknüpfungen im deutschen Internationalen Privatrecht. 1998.

Band 47 Martina Schulz: Der Eigentumsvorbehalt in europäischen Rechtsordnungen. Rechtsvergleichende Untersuchung des deutschen, englischen und französischen Rechts unter besonderer Berücksichtigung von Erweiterungen und Verlängerungen. 1998.

Band 48 Karin Dreher: Die Rechtswahl im internationalen Erbrecht. Unter besonderer Berücksichtigung des italienischen IPR-Reformgesetzes N. 218 vom 31. Mai 1995. 1999.

Band 49 Giuliano Gabrielli: Das Verhältnis zwischen der Anfechtung wegen Eigenschaftsirrtums und den Gewährleistungsansprüchen im deutschen, österreichischen und italienischen Recht. 1999.

Band 50 Bernd von Hoffmann / Myong-Chan Hwang (eds.): Developments in Land Law. Reports and Discussions of a German-Korean Symposium held in Berlin and Trier on July 21-24, 1997. 1999.

Band 51 Volker Heidbüchel: Das UNCITRAL-Übereinkommen über unabhängige Garantien und Standby Letters of Credit. Vergleiche mit den Richtlinien der Internationalen Handelskammer, dem deutschen, englischen und US-amerikanischen Recht. 1999.

Band 52 Jan Christoph Nordmeyer: Pflichtteilsansprüche und Wiedervereinigung. Eine systematische Analyse der Ausgleichsansprüche nach BGB-Pflichtteilsrecht unter besonderer Berücksichtigung der durch den Wiedervereinigungsprozeß eingetretenen Wertveränderungen. 1999.

Band 53 Bettina Linder: Vertragsabschluß beim grenzüberschreitenden Verbraucherleasing. 1999.

Band 54 Almontasser Fetih: Die zivilrechtliche Haftung bei Vertragsverhandlungen. Eine rechtsvergleichende Studie zum deutschen, französischen, ägyptischen und islamischen Recht. 2000.

Band 55 Sona Rajani: Die Geltung und Anwendung des Gemeinschaftsrechts im Vereinigten Königreich von Großbritannien und Nordirland. Der Grundsatz der Parlamentssouveränität im Wandel. 2000.

Band 56 Joachim Kayser: Gegenmaßnahmen im Außenwirtschaftsrecht und das System des europäischen Kollisionsrechts. Eine Analyse der EU-Abwehrverordnung gegen die Auswirkungen extraterritorialer Rechtserstreckung eines Drittlandes. 2001.

Band 57 Albrecht Conrad: Qualifikationsfragen des Trust im Europäischen Zivilprozeßrecht. 2001.

Band 58 Bernd Borgmann: Die Entsendung von Arbeitnehmern in der Europäischen Gemeinschaft. Wechselwirkungen zwischen Kollisionsrecht, Grundfreiheiten und Spezialgesetzen. 2001.

Band 59 Aleksandar Jaksic: Arbitration and Human Rights. 2002.

Band 60 Islamisches und arabisches Recht als Problem der Rechtsanwendung. Symposium zu Ehren von Professor Emeritus Dr. iur. Omaia Elwan. Veranstaltet vom Institut für ausländisches und internationales Privat- und Wirtschaftsrecht der Universität Heidelberg und der Gesellschaft für Arabisches und Islamisches Recht e.V. Herausgegeben von Herbert Kronke, Gert Reinhart und Nika Witteborg. 2001.

Band 61 Patrick Fiedler: Stabilisierungsklauseln und materielle Verweisung im internationalen Vertragsrecht. 2001.

Band 62 Werner Mangold: Die Abtretung im Europäischen Kollisionsrecht. Unter besonderer Berücksichtigung des spanischen Rechts. 2001.

Band 63 Eike Dirk Eschenfelder: Beweiserhebung im Ausland und ihre Verwertung im inländischen Zivilprozess. Zur Bedeutung des US-amerikanischen discovery-Verfahrens für das deutsche Erkenntnisverfahren. 2002.

Band 64 Bernd Ehle: Wege zu einer Kohärenz der Rechtsquellen im Europäischen Kollisionsrecht der Verbraucherverträge. 2002.

Band 65 Heiko Lehmkuhl: Das Nacherfüllungsrecht des Verkäufers im UN-Kaufrecht. 2002.

Band 66 Jochen Nikolaus Schlotter: Erbrechtliche Probleme in der Société Privée Européenne. IPR-Harmonisierung im einheitlichen Europäischen Rechtsraum. 2002.

Band 67 Konrad Ost: Doppelrelevante Tatsachen im Internationalen Zivilverfahrensrecht. Zur Prüfung der internationalen Zuständigkeit bei den Gerichtsständen des Erfüllungsortes und der unerlaubten Handlung. 2002.

Band 68 Tobias Bosch: Die Durchbrechungen des Gesamtstatuts im internationalen Ehegüterrecht. Unter besonderer Berücksichtigung deutsch-französischer Rechtsfälle. 2002.

Band 69 Ursula Philipp: Form im amerikanischen Erbrecht. Zwischen Formalismus und harmless error. 2002.

Band 70 Christian Stefan Wolf: Der Begriff der wesentlich engeren Verbindung im Internationalen Sachenrecht. 2002.

Band 71 André Fomferek: Der Schutz des Vermögens Minderjähriger. Ein Vergleich des deutschen und des englischen Rechts unter Berücksichtigung des schottischen und irischen Rechts. 2002.

Band 72 nicht erschienen

Band 73 Markus Dreißigacker: Sprachenfreiheit im Verbrauchervertragsrecht. Der Verbraucher im Spannungsfeld zwischen kultureller Identität und Privatautonomie. 2002.

Band 74 Vassiliki Myller-Igknay: Auskunftsansprüche im griechischen Zivilrecht. Auswirkungen im deutsch-griechischen Rechtsverkehr sowie im deutschen internationalen Privat- und Verfahrensrecht. 2003.

Band 75 Stefan Bruinier: Der Einfluss der Grundfreiheiten auf das Internationale Privatrecht. 2003.

Band 76 Nika Witteborg: Das gemeinsame Sorgerecht nichtverheirateter Eltern. Eine Untersuchung im soziologischen, rechtsgeschichtlichen, verfassungsrechtlichen, rechtsvergleichenden und internationalen Kontext. 2003.

Band 77 Peter Stankewitsch: Entscheidungsnormen im IPR als Wirksamkeitsvoraussetzungen der Rechtswahl. 2003.

Band 78 Jan Wilhelm Ritter: Euro-Einführung und IPR unter besonderer Berücksichtigung nachehelicher Unterhaltsverträge. Eine Untersuchung mit Blick auf das deutsche, französische und schweizerische Recht. 2003.

Band 79 Wolf Richard Herkner: Die Grenzen der Rechtswahl im internationalen Deliktsrecht. 2003.

Band 80 Ira Ditandy: Internationale Zuständigkeit. Neuregelung durch die LOPJ 1985. Vergleich mit dem europäischen Vorbild und Auswirkungen auf das spanische internationale Zivilverfahrensrecht. 2003.

Band 81 Andrea Verena Schefold: Werbung im Internet und das deutsche Internationale Privatrecht. 2004.

Band 82 Klaus Herkenrath: Die Umsetzung der Richtlinie 93/13/EWG über missbräuliche Klauseln in Verbraucherverträgen in Deutschland, dem Vereinigten Königreich, Frankreich und Italien. Auswirkungen nationaler Umsetzungstechniken auf dem Harmonisierungserfolg. 2003.

Band 83 Alexander Thünken: Das kollisionsrechtliche Herkunftslandprinzip. 2003.

Band 84 Barbara v. Daumiller: Die Rechtswahl im italienischen internationalen Erbrecht: und ihre Auswirkungen im deutsch-italienischen Rechtsverkehr. 2003.

Band 85 Robert Mödl: Macht, Verantwortlichkeit und Zurechnung im Konzern. Eine rechtsvergleichende Untersuchung auf der Grundlage des deutschen, spanischen und US-amerikanischen Rechts. 2003.

Band 86 Ursula Kerpen: Das Internationale Privatrecht der Persönlichkeitsrechtsverletzungen. Eine Untersuchung auf rechtsvergleichender Grundlage. 2003.

Band 87 Barbara Ploeckl: Umgangsrechtsstreitigkeiten im deutsch-französischen Rechtsverkehr. Bestehende internationale und nationale Regelungen und der geplante *europäische Besuchstitel*. 2003.

Band 88 Katrin Wannemacher: Die Außenkompetenzen der EG im Bereich des Internationalen Zivilverfahrensrechts. Der räumliche Anwendungsbereich des Art. 65 EGV am Beispiel der EuGVO und der EheVO. 2003.

Band 89 Maren B. Eilinghoff: Das Kollisionsrecht der ungerechtfertigten Bereicherung nach dem IPR-Reformgesetz von 1999. 2004.

Band 90 Patrick Niehr: Die zivilprozessuale Dokumentenvorlegung im deutsch-englischen Rechtshilfeverkehr nach der deutschen und der englischen Prozessrechtsreform. 2004.

Band 91 Anna Christina Gördes: Internationale Zuständigkeit, Anerkennung und Vollstreckung von Entscheidungen über die elterliche Verantwortung. Die VO(EG) Nr. 1347/2000, ihre geplanten Änderungen und das Verhältnis beider zum Minderjährigen- und Kinderschutzabkommen. 2004.

Band 92 Martin Rädler: Rechtsbehelfe des Käufers eines Unternehmens oder einer unternehmerischen Beteiligung gegen den Verkäufer im deutschen und französischen Recht. 2004.

Band 93 Marc-Yngve Dietrich: Rechtsstellung und Beteiligung der Gläubiger im französischen Insolvenzverfahren. 2004.

Band 94 Katia Niemann: Die rechtsgeschäftliche und organschaftliche Stellvertretung und deren kollisionsrechtliche Einordnung. Deutschland und England im Vergleich. 2004.

Band 95 Daniel Ludwig: Neuregelungen des deutschen Internationalen Insolvenzverfahrensrechts. Eine Untersuchung unter vergleichender Heranziehung der Europäischen Insolvenzverordnung. 2004.

Band 96 Cordelia Faulenbach: Der gemeinschaftsrechtliche Vorbehalt im europäischen Wettbewerbsrecht. Die Herkunftslandanknüpfung der E-Commerce-Richtlinie unter dem Einfluss der Grundfreiheiten. 2004.

Band 97 Ulf Dörner: Der Vertragsgerichtsstand nach dem Protokoll von Buenos Aires. 2004.

Band 98 Martin Schmidhuber: Verhaltenskodizes im nationalen und grenzüberschreitenden elektronischen Geschäftsverkehr. Zur Frage der Integration der Selbstregulierung durch Private in die staatliche Rechtsordnung. 2004.

Band 99 Florian Kienle: Die fehlerhafte Banküberweisung im internationalen Rechtsverkehr. Unter besonderer Berücksichtigung des Artikels 4A US Uniform Commercial Code. 2004.

Band 100 Thomas Alexander Brandt: Die Adoption durch eingetragene Lebenspartner im internationalen Privat- und Verfahrensrecht. 2004.

Band 101 Florian Pulkowski: Subunternehmer und Internationales Privatrecht. Der Subunternehmer als Quasi-Verbraucher im Europäischen Kollisionsrecht. 2004.

Band 102 Ulrich Becker: Grundrechtsschutz bei der Anerkennung und Vollstreckbarerklärung im europäischen Zivilverfahrensrecht. Bestimmung der Grenzen für die Einführung eines europäischen Vollstreckungstitels. 2004.

Band 103 Thomas Badelt: Aufrechnung und internationale Zuständigkeit unter besonderer Berücksichtigung des deutsch-spanischen Rechtsverkehrs. 2005.

Band 104 Florian D. Wagner: Vorvertragliche Aufklärungspflichten im internationalen Franchising. Zur Harmonisierung von Delikts- und Vertragsstatut im internationalen Privatrecht unter besonderer Berücksichtigung der Franchise-Gesetzgebung des US-Bundesstaates Kalifornien. 2005.

Band 105 Vera Heine: Die Umsetzung der *EG-Richtlinie über missbräuchliche Klauseln in Verbraucherverträgen* im englischen und deutschen Recht. 2005.

Band 106 Alexander Franz: Überregionale Effektentransaktionen und anwendbares Recht. Eine kollisionsrechtliche Untersuchung unter besonderer Berücksichtigung der Vorschrift des § 17 a DepotG. 2005.

Band 107 Hanna-Maria Uhlenbrock: Gesetzliche Regelungen für nichteheliche Lebensgemeinschaften in Deutschland und Frankreich. Ein Vergleich des Unterhaltsrechts bei der eingetragenen Lebenspartnerschaft und beim Pacte civil de Solidarité. 2005.

Band 108 Katrin Stieß: Anknüpfungen im internationalen Urheberrecht unter Berücksichtigung der neuen Informationstechnologien. 2005.

Band 109 Hendrik Otto: Der gesetzliche Abschlussprüfer im italienischen Recht. Eine rechtsvergleichende Untersuchung unter besonderer Berücksichtigung der zivilrechtlichen Haftung. 2005.

Band 110 Frauke Stuphorn: Bankhaftung für Kreditauskünfte im deutschen und französischen Recht. 2005.

Band 111 Nina Fürer: Die zivilrechtliche Haftung für Raucherschäden. 2005.

Band 112 Giovanni B. Barillà: *Contratto autonomo di garanzia* e *Garantievertrag*. Categorie civilistiche e prassi del commercio. 2005.

Band 113 Timo Torz: Gerichtsstände im Internationalen Insolvenzrecht zur Eröffnung von Partikularinsolvenzverfahren. 2005.

Band 114 Martina Schmid: Die Grenzen der Auslegungskompetenz des EuGH im Vorabentscheidungsverfahren nach Art. 234 EG. Dargestellt am Beispiel der überschießenden Richtlinienumsetzung. 2005.

Band 115 Stephan Lesage-Mathieu: Dispositives Kollisionsrecht im prozessualen Kontext. 2005.

Band 116 Jürgen Görtz: Die subjektiven Grenzen der Rechtskraft US-amerikanischer Urteile. 2005.

Band 117 Vera Hoppe: Die Einbeziehung ausländischer Beteiligter in US-amerikanische class actions. Unter Berücksichtigung des Class Action Fairness Act 2005. 2005.

Band 118 Silke Pütz: Parteiautonomie im internationalen Urhebervertragsrecht – Eine rechtsdogmatische und rechtspolitische Betrachtung der Grenzen freier Rechtswahl im internationalen Urhebervertragsrecht unter besonderer Berücksichtigung des neuen deutschen Urhebervertragsrechts. 2005.

Band 119 Alice Nieroba: Die europäische Rechtshängigkeit nach der EuGVVO (Verordnung (EG) Nr. 44/2001) an der Schnittstelle zum nationalen Zivilprozessrecht. 2006.

Band 120 Jan Kayser: Alternative Formen gerichtlicher und außergerichtlicher Streitbeilegung im deutschen und französischen Zivilprozess. Les modes alternatifs judiciaires et extrajudiciaires de résolution des conflits en procédure civile allemande et française. 2006.

Band 121 Mirko Ehrich: Der internationale Anwendungsbereich des deutschen und französischen Rechts gegen irreführende Werbung. Freie Wahl von Form und Mittel, Rom II und Herkunftslandprinzip. 2006.

Band 122 Daniel Thelen: Die Haftung des Sekundärschädigers für Gewalttaten anderer im US-amerikanischen Deliktsrecht ausgehend von dem Problem rechtsextremistisch motivierter Gewalttaten. 2006.

Band 123 Anne Winterling: Die Entscheidungszuständigkeit in Arbeitssachen im europäischen Zivilverfahrensrecht. 2006.

Band 124 Sarah Gerling: Die Gleichstellung ausländischer mit inländischen Vollstreckungstiteln durch die Verordnung zur Einführung eines Europäischen Vollstreckungstitels für unbestrittene Forderungen. Im Vergleich zum bisherigen Recht und zur Rechtslage in den USA. 2006.

Band 125 Christian Bank: Präventivmaßnahmen börsennotierter Gesellschaften zur Abwehr feindlicher Übernahmeversuche in Deutschland und Großbritannien. Eine rechtsvergleichende Untersuchung des deutschen und britischen Rechts unter Berücksichtigung der Europäischen Übernahmerichtlinie. 2006.

Band 126 Christian Weis: Kaufrechtliche Gewährleistung und Garantievergabe in Deutschland und Spanien. Unter besonderer Berücksichtigung des Unternehmenskaufs. 2006.

Band 127 Emilio Maus Ratz: Der Nacherfüllungsanspruch nach UN-Kaufrecht. Im Lichte der deutschen, spanisch-mexikanischen und US-amerikanischen Rechtswissenschaft. 2006.

Band 128 Constanze Jacobs: Die Sachmängelgewähr im deutschen und belgischen Kaufrecht nach Umsetzung der Verbrauchsgüterkauf-Richtlinie. 2006.

Band 129 Ulrike Teichert: Lückenfüllung im CISG mittels UNIDROIT-Prinzipien – Zugleich ein Beitrag zur Wählbarkeit nichtstaatlichen Rechts. 2007.

Band 130 Sascha Reichardt: Internationale Zuständigkeit im Gerichtsstand der unerlaubten Handlung bei Verletzung europäischer Patente. 2006.

Band 131 Bilgehan Cetiner: Die Sachmängelhaftung des Verkäufers im UN-Kaufrecht und im neuen deutschen Schuldrecht. Eine rechtsvergleichende Studie. 2006.

Band 132 Jan Streer: Die Umsetzung der Verbrauchsgüterkaufrichtlinie im englischen Recht durch die Sale and Supply of Goods to Consumer Regulations 2002. 2007.

Band 133 Kathrin Wannenmacher: Einstweilige Maßnahmen im Anwendungsbereich von Art. 31 EuGVVO in Frankreich und Deutschland: Eine Betrachtung ausgesuchter Verfahren des einstweiligen Rechtsschutzes im internationalen Zivilverfahrensrecht – gerichtliche Zuständigkeit, Anerkennung und Vollstreckung. 2007.

Band 134 Wim Kreytenberg: Die individuelle Schwerpunktbestimmung internationaler Schuldverträge nach der Ausweichklausel des Artikel 4 Absatz 5 Satz 2 EVÜ. Ein Beitrag zur Förderung von Rechtssicherheit und Einzelfallgerechtigkeit im europäischen Kollisionsrecht der Schuldverträge. 2007.

Band 135 Nikolaus Geiben: Der Vorvertrag im Internationalen Privatrecht. Unter besonderer Berücksichtigung des Immobilienerwerbs im portugiesischen und brasilianischen Recht. 2007.

Band 136 Predrag Maksimovic: Der Kapitalschutz im europäischen, serbischen und deutschen Recht der Gesellschaft mit beschränkter Haftung. 2007.

Band 137 Alexander Rathenau: Die Anwendung des EuGVÜ durch portugiesische Gerichte unter Berücksichtigung des autonomen internationalen Zivilverfahrensrechts. 2007.

Band 138 Matthias Creydt: Die Besicherung von Weltraumvermögenswerten. Ein neues einheitliches internationales Sicherungsrecht und dessen Vergleich zum US-amerikanischen Mobiliarsicherungsrecht. 2007.

Band 139 Oliver Borkhardt: Registerpublizität und Kollisionrecht besitzloser Mobiliarsicherheiten nach dem neuen Art. 9 UCC. 2007.

Band 140 Jens Engelmann-Pilger: Deliktische Haftung für das Fehlverhalten Dritter im Common Law. 2007.

Band 141 Bastian Rotmann: Der Schutz des Dritten in der europäischen Mobiliarzwangsvollstreckung. Eine rechtsvergleichende Untersuchung vor dem Hintergrund der Verordnung (EG) Nr. 805/2004 zur Einführung eines Europäischen Vollstreckungstitels für unbestrittene Forderungen. 2007.

Band 142 Oliver Ratzel: Die Präklusion isolierter Unterhaltsverfahren durch den ausländischen Scheidungsverbund. Zugleich ein Beitrag zur internationalen Verbundszuständigkeit im Lichte der Quellenveränderung. 2007.

Band 143 Bettina Maria Stade: Die Konstitutionalisierung des Zivilprozessrechts in Spanien und Deutschland vor dem Hintergrund der Europäisierung des Zivilprozessrechts. 2007.

www.peterlang.de

Christian Gohm

Maßnahmen zur Beschleunigung und Konzentration im neuen spanischen und deutschen Zivilprozess

Eine rechtsvergleichende Analyse im Lichte der Europäisierung des Zivilprozessrechts

Frankfurt am Main, Berlin, Bern, Bruxelles, New York, Oxford, Wien, 2004.
XVIII, 321 S.
Schriften der Deutsch-Spanischen Juristenvereinigung.
Schriftleitung: Marc André Gimmy. Bd. 15
ISBN 978-3-631-53145-7 · br. € 51.50*

Hauptgegenstand der Arbeit ist die neue, zu Beginn des Jahres 2001 in Kraft getretene spanische Zivilprozessordnung, die *Ley de Enjuiciamiento Civil*. Im ersten Teil erfolgt eine ausführliche Schilderung des gesamten spanischen Erkenntnisverfahrens unter Hervorhebung der Beschleunigungselemente einschließlich des Mahnverfahrens und des Rechtsmittelrechts. Der zweite Teil enthält einen Vergleich zum reformierten deutschen und teilweise auch europäischen Zivilprozessrecht, wobei diese Rechtsmaterien im Rahmen der zu vergleichenden Punkte vorab gedrängt dargestellt werden. Die aus dem Vergleich gewonnenen Erkenntnisse werden dazu herangezogen, Vorschläge zur Weiterentwicklung des spanischen, deutschen und europäischen Zivilprozessrechts zu unterbreiten.

Aus dem Inhalt: Einführung in das spanische Zivilprozessrecht · Die spanischen Regelverfahren *juicio ordinario* und *juicio verbal* · Spanisches Mahnverfahren · Rechtsmittelsystem in Spanien · Europäisches Zivilprozessrecht (insbesondere europäisches Mahnverfahren) · Deutsche Zivilprozessreform 2001 · Vergleich und Bewertung der jeweiligen Beschleunigungsinstrumente (Mündlichkeit, Unmittelbarkeit, Prozessförderungspflichten des Gerichts, Prozessförderungspflichten der Parteien, Mahnverfahren, im Rechtsmittelrecht)

FSC
www.fsc.org
MIX
Papier | Fördert
gute Waldnutzung
FSC® C083411

Kolibri 360 GmbH
Ferdinand-Jühlke-Straße 7
99095 Erfurt, Deutschland
produktsicherheit@kolibri360.de

Druck:
CPI Druckdienstleistungen GmbH
im Auftrag der
Kolibri 360 GmbH
Ferdinand-Jühlke-Str. 7
99095 Erfurt